철학 테마 강의

철학 테마 강의

philosophy

김상득
김영례
김요한
박일호
박준호
양은석
유지웅
이 선
이충한
정재민
진성수
황갑연

전북대학교출판문화원

서 문

'철학'이라는 말은 여러 의미를 가지고 있다. 그리고 그것들은 여러 맥락에서 다양하게 변화한다. '경영철학', '국정운영철학', '야구철학', '연기철학'과 같이, 여러 대중매체들은 유명인들의 인생관, 세계관 등을 '철학'이라는 단어로 표현한다. 이렇게 주변에서 흔히 찾아볼 수 있는 '철학'이라는 말은 우리에게 그렇게 낯선 단어가 아니다. 그러나 다른 한편으로는 '철학'이라는 단어만큼 낯선 단어도 드물다. 초등학교에서 고등학교로 이어지는 우리나라 교육에서 '철학'은 정규 교육 과정 밖에 있는 학문이다. 이 때문에, 대학에서 처음 접하는 '철학'이라는 과목이 다루는 근본적인 물음과 비판적인 사고들은 기존에 배웠던 학문과는 동떨어진, 심지어 우리 생활과는 무관한 학문으로 생각되기도 한다.

이렇게, 철학은 익숙하면서도 낯선 어떤 것이다. 일상생활 속 철학과 학문영역 속 철학의 이질감은 철학과 철학을 배우려는 학생들을 더욱 고립시키고, 철학에 대한 다양한 오해들을 불러일으키기도 한다. 하지만 철학은 그런 것이 아니다. 학문영역 속 철학이 다루는 근본 물음과 비판적 사고들은 우리의 실제 삶에 여러 영향을 주고 있으며, 우리의 일상생활 속에 등장하는 여러 철학들 역시 학문으로서의 철학이 다루는 근본적인 물음에 나름의 통찰을 제공하고 있다.

이 책, 〈철학 테마 강의〉는 이런 철학을 둘러싼 이질감을 해소하는 것을 목표로 기획되었다. 우리는 독자들에게 실제 생활 속에서 접할 수 있는 문제들을 철학적으로 사고할 수 있는 기반을 제시하여, 그것을 바탕으로 독자 스스로 여러 문제들에 대한 답을 찾을 수 있도록 책을 구성하였다.

〈철학 테마 강의〉는 크게 세 부분으로 나뉜다. 제1부에서는 철학의 핵심 영역이라고 할 수 있는 형이상학, 논리학, 인식론, 윤리학이 다루어진다. 이를 통해서 독자들은 철학이 다루는 주된 문제가 무엇이고, 그것들이 구체적인 맥락에서 어떻게 적용될 수 있는지 조망할 수 있을 것이다. 제2부는 조금 더 세부적인 철학 주제들을 다루고 있다. 사람의 마음과 기계의 마음, 과학과 과학이 아닌 것, 예술의 본성, 정의와 실천, 행복한 삶 등 일상생활과 학문영역에서 논의되는 다양한 내용들의 철학적 의미들이 제2부의 중심 테마들이다. 마지막 제3부는 우리 삶의 여러 가치들과 방식들을 동양철학의 시선에서 검토한다. 특히 유가철학, 도가철학, 불가철학을 핵심 주제로 잡아, 현대 사회 속 동양의 가치들이 어떻게 발현되고 어떤 역할을 할 수 있는지 확인한다.

이 책은 대학에서 처음으로 철학 수업을 받게 될 학생들을 대상으로 집필되었다. 되도록 평범한 언어로 작성하고자, 그리고 스스로 생각해 볼 수 있는 주제들을 다루고자 하였다. 철학을 처음 접한 학생들에게 이 책이 철학 나침반의 역할을 할 수 있기를 기대한다. 선뜻 집필에 참여해주신 여러 선생님들께 감사의 말씀을 전한다. 특히, 책의 기획 단계부터 여러 논의를 함께 해 주신 유지웅, 이선, 이충한 선생님께 감사드린다. 더불어, 이 책이 나오는 데 여러 도움을 준 전북대학교출판문화원에게도 감사의 인사를 드린다.

집필진을 대표하여

박일호

목 차

1
철학이란

p h i l o s o p h y

철학과 형이상학 누구나 철학을 한다

논리학 삶은 우리에게 논리를 요구한다

인식론 지식이란 무엇일까?

윤리학 옳은 행위와 좋은 삶을 묻다

p h i l o s o p h y

1
철학이란

• 철학과 형이상학 •

누구나 철학을 한다

박준호

Ⅰ. 인간은 누구나 철학을 한다!

언제나 어떤 사람이든 어떤 의미로 철학을 갖고 산다. 여기서 '어떤 의미'란 여럿이지만 전문 철학자의 의미도 포함한다. 먼저, "철학"의 어떤 의미에 따르면 철학은 신념의 일종이다. 일종이라 함은 신념 가운데는 철학이 아닌 것도 있기 때문이다. 내 앞에 놓인 사과를 보면서 '저기 사과가 있군'이라고 믿는다면 이는 철학에 속하는 신념은 아니다. 그렇다면 신념 가운데 어떤 것이 철학인가? 누군가를 향해서 "철학이 없다!"고 말한다면 이는 욕설이다. 이와 반대로 "확고한 철학을 가진 사람!"은 칭찬이다. 그렇다면 다소 밋밋한 "철학이 있는"이라는 수식어는 어떤가? 맞든지 말든지 크게 상관없는 사교적 발언이라도 여전히 칭찬에 사용된다. "철학"은 대개 칭찬의 말이다.[1] 철학은 칭찬받을 만큼 중요한 신념이다.

철학이 중요한 신념인 이유는 신념 가운데 가장 근본적인 자리를 차지하기 때문이다. "인생은 의미를 갖는다. 신의는 인간의 도리이다. 운명이란 없다. 사회정의란 공정한 차등을 배제하지 않는다. 역사는 진보한다. 신은 존재한다. 민주주의는 독재 보다 더 나은 제도이다. 등등"이 철학에 속하는 신념의 적은 예라는 데 착안하면 이를 납득할 수 있을 것이다. 이들은 해당 주제와 관련된 신념 가운데, 대개 그들의 최종적인 근거역할을 한다는 의미로 근본적이다. 또한, 이들은 가장 일반적이기도 하다. 해당 주제와 관련된 신념 가운데서 적용 범위가 가장 넓다.

그런데 철학의 중요성에 찬성했으면서도 앞에 열거된 철학의 예에 약간의 불편을 느낀다면, 그 사람은 철학을 한층 잘 파악할 준비가 잘 된 셈이다. "인생은 무의미하다. 신의 보다 자신의 이익이 더 중요하다. 인간은 운명에 얽매여 있다. 사회정의란 산술적 평균을 의미한다. 역사는 퇴보한다. 신은 존재하지 않는다. 독재가 민주주의 보다 우월하다. 등등" 역시 최고의 근본성과 일반성을 띤 신념이라는 의미로 철학이다.

---

1 물론 철학에 "개똥"이 붙으면 얘기는 달라진다. 매우 얕잡아 보는 말이 된다. 하지만 철학과 개똥의 격차가 만들어내는 수사적 효과가 극적인 역할을 하고 있다는 점에서 보면, 철학을 폄훼하기 위한 조어인지는 불명확하다.

서로 상반되는 두 신념 가운데 어떤 신념이 옳은가? 상반되므로 동시에 옳기는 어렵기 때문이다. 적어도 어떤 것이 더 나은가? 우리는 이런 상황에 직면해서 당연히 고민하게 된다. 아니, 이때 고민하는 일이 철학자의 하는 일과 정확하게 일치한다. 철학적 신념을 상대로 고민하는 일을 철학이라고 말하기도 한다. 흔히 이를 활동으로서의 철학이라고 말한다. 철학의 둘째 의미이다. 자신의 신념에 대해 의구심을 품어보고 고민해본 본 사람이라면 누구나 이런 의미의 철학에 종사한 셈이다. 철학자는 이런 활동에 더 자각적으로, 체계적으로 임한다는 점에서, 자신의 생각을 글과 말로 표현한다는 점에서 일상인과 활동의 정도 차이를 보이고 있을 뿐이다.

> "우리는 인식을 하든 하지 않든 철학을 한다. 어떤 것이 올바른 일인지, 무엇이 진실인지, 혹은 인간으로 산다는 게 무엇을 의미하는지를 생각할 때마다 우리는 철학을 하고 있는 것이다. 그러므로 절대 다수에게 철학은 그들 삶에 관여하며, 인생을 성찰하는 데 도움이 되고, 인생이란 무엇인가에 대해 더 명확하게 알게 해준다."[2]

그래서 인간은 언제나 누구나 철학을 갖고 있고 철학을 했다. 기록을 남기지 못했던 시기의 인간, 현재에 살고 있는 가장 오지에 살고 있는 인간 역시 뇌성벽력과 밤하늘의 별을 보면서 운명과 인생의 의미, 인간의 도리 등을 생각했으며, 이는 신념을 마음에 품기만 한 과정이 아니라 그것들 가운데 더 옳아 보이는 것을 탐색하는 과정이기 때문이다. 철학자들이 하는 일이란 이런 탐색의 과정을 정교하게 해나가는 것이다. 철학자는 철학적 신념 가운데 더 나은 것이 어떤 것이지 탐색하여, 이 검토의 과정에서 살아남는 철학적 신념을 드러내고 엮어내는 일을 하고 있다. 다시 말하지만, 이런 관점에서 보면 철학자의 철학과 일상인의 철학은 정도의 차이를 드러낼 뿐이다. 어떤 주제에 관해서든 더 나은 신념 즉 정확하고 적절하며 정합하고 근거를 거느린 신념은 우리가 삶에서 부딪치

---

2 Baggini, Julian(2007), *What's It All About? Philosophy and the Meaning of Life*, Oxford University Press, 문은실 외 옮김, 빅퀘스천: 삶의 의미라는 커다란 물음, 필로소픽, p. 220.

는 고난을 효과적으로 극복하도록 도우며, 나아가 행복과 성공에 더 수월하게 다가가도록 돕는다. 자신의 신념이 더 나아지기를 바라는 사람은 누구나 철학에 관심을 두어야 할 이유가 여기에 있다.

II. 최초의 철학자

신념으로서의 철학을 가진 사람, 활동으로서의 철학에 종사한 사람은 기록 이전에도 있었을 것이다. 하지만 신뢰할만한 기록에 남아 있는 최초의 철학자는 탈레스(Thales of Miletus, c. 620 B.C.E.~c. 546 B.C.E.)이다. 아리스토텔레스(Aristotle, 384-322 B.C.E.)가 자신의 저작에서 탈레스를 최초의 철학자로 기록했다.[3] 당시에 현자로 추앙받았던 탈레스에 대한 일화는 철학자들이 가치를 두었던 것이 무엇인지 확인하게 해준다. 그는 별을 관찰하다가 우물에 빠졌는데, 사람들은 그를 비웃었다. "제 발 밑도 모르는군!" 그는 자신을 향한 조롱에 현명하게 답했다. 천문관측을 통해서 올리브 풍작을 예견하고, 올리브기름 추출기를 대량으로 확보해서 큰돈을 벌은 뒤, "철학자가 바라는 것은 돈이 아니라 진리이다!"라고 일갈했다.

이 대목에서 탈레스가 이용한 지식이 천문학에 속하기 때문에 그는 철학자가 아니라 천문학자였다고 해야 하지 않을까? 아리스토텔레스가 탈레스를 철학자로 취급한 데는 나름의 이유가 있었다. 과학적 주장 뿐 아니라 탈레스는 만물의 원인이 무엇인지 알고자 했고, 자신의 의견을 내세웠다. 그는 물을 만물의 원인으로 생각했다. 이 세계에 관한 가장 근본적인 신념을 주장했다. 이 주장에 대해서도 세계에 관한 물리학적 주장을 한 것이기 때문에 역시 그는 철학에 종사하기 보다는 과학에 종사했다고 해석해야 할 것처럼 보인다.

---

3 어떤 평가에 따르면, 최초의 철학사가는 아리스토텔레스이다. Kenny, Anthony(2004), *A New History of Western Philosophy, volume 1: Ancient Philosophy*, Oxford University Press, 김성호 옮김(2008), 『케니의 서양철학사 1권: 고대철학』 파주: 서광사, p. 29.

이런 논란은 철학의 뿌리와 연결되어 있다. "철학"이라는 낱말은 한자 "哲學"을 우리말로 읽은 낱말이며, 이는 서양의 낱말, 예를 들어, 영어의 "philosophy"의 번역어이다. 다시 이는 그리스어 "φιλοσοφία"에 뿌리를 두고 있는 낱말인데, 지혜나 지식(σοφία, sophia)을 사랑한다(φιλοσ, philos)는 뜻을 갖고 있다. 이 낱말은 근대 일본에서 "希哲學"(희철학), 즉 지혜로움(哲)을 갈구하여(希) 배운다(學)는 뜻으로 번역이 이루어졌다. 이어서 "希"가 탈락하여 지금의 "철학"이라는 낱말이 되었고, 지금은 동양권에서 공통으로 사용되고 있다.[4] 이 무렵에 일본에서 "과학"이라는 용어도 번역되었고, 이것이 수용되어 현재에 이르렀다. 하지만 고대 세계에서 과학과 철학은 그리 뚜렷하게 구분되지 않았다. 과거에 철학이라는 명칭은 현재의 일반적인 의미의 학문(學問)과 비슷했다. 어떤 신념에 대한 이성적 탐구와 이를 거쳐서 획득된 지식의 체계를 학문이라고 한다.

탈레스는 세계를 이해할 때 기존의 관행대로 신화에 의존하지 않고 이성적 탐구를 전개한 점에서 학문에 종사했고, 철학의 조상이며 과학의 조상이라고 할 수 있다. 그가 자연의 근본 원인에 관심을 가진 점에서 그는 과학자의 조상이며, 무엇이 되었든 근본 원인이 있다고 주장한 점에서 철학자의 조상이다. 아리스토텔레스에 따르면, 어떤 것이 근본적으로 존재하고 다른 것이 이에 의존해서 존재한다는 사고방식 즉 실체-속성 형이상학을 탈레스가 처음 펼쳐 보였다.

하지만 다양한 잣대로 조상을 따질 수 있다. 자기 자신을 철학자라고 칭한 최초의 인물은, 탈레스보다 훨씬 후대에 활동한 피타고라스(Pythagoras of Samos, c. 570~c. 495 B.C.E)이다. 그는 당시의 권력자였던 레온(Leon of Phlius)이 "당신은 누구요?"라고 묻자, 성자나 현인(sophos)이라기보다는 지혜를 사랑하는 자(philosophos, 철학자)라고 답한다.[5] 기록의 연대 면에서 보면, 피타고라스보다 후대에 활동한 헤라클레이토스

---

4 박준호(2018), 「철학의 단일성 가정 비판: 근대 일본의 "哲學"과 "形而上學"의 용어 확정을 중심으로, 韓國日本語文學會」, 『日本語文學』 제79호, pp. 353-373.

5 Laertius, Diogenes(1972), *Lives of the Philosophers*, trans. Hicks, R. D., Cambridge, Mass.: Harvard University Press, 전양범 옮김 2008 『그리스 철학자 열전』, 동서문화사. 여기서는 이 책의 §8.8참고. 라에티우스의 활동 시기는 3세기 무렵이다. 플라톤은 소크라테스의 입을 통해서 이런 피타고라스의 말을 반복한다.

(Heraclitus, fl. c. 500 B.C.E.)가 앞선다. 다시 말해, 헤라클레이토스에 대한 기록이 피타고라스에 대한 기록보다 더 오래되었다. 그리고, "φιλοσοφία"를 반복해서 지속적으로 사용한 최초의 사람은 플라톤(Plato, 427~347 B.C.E.)이다. 그래도 이들에 비해서 아리스토텔레스의 의견에 대한 논란이 훨씬 적다.

Ⅲ. 철학의 본성과 방법

철학을 가장 근본적이고 일반적인 신념에 대한 이성적 탐구라고 이해할 경우에 철학과 몹시 비슷해 보이지만 철학이 아닌 것을 이해하기 쉽다. 먼저 이성적 탐구라는 점에서 철학 역시 학문이지만, 다른 분과학문과 차이를 보인다. 분과학문 즉 과학의 주제는 제한되어 있다. 수학, 천문학, 물리학, 화학, 생물학, 의학, 공학, 경제학, 사회학, 심리학 등등의 여러 과학은 해당 분야에 관한 학문이다. 물론 역사적으로 보아서, 중요한 분과학문들은 철학을 모태로 삼아 분화되었다. 주제가 특정된 뒤에 충분한 탐구가 이루지고, 일정한 성과가 축적되면 하나의 학문 분야가 탄생하게 되는데, 그 이전에는 모두 "철학"이라는 이름 아래 탐구가 이루어졌거나 철학에 포함되어 탐구가 이루어졌다. 누구나 물리학자로 알고 있는 뉴턴(Isaac Newton, 1642~1727)이 자신의 만유인력에 관한 주장을 펼친 책의 제목은 『자연철학의 수학적 원리』(*Mathematical Principles of Natural Philosophy*, 1687)이다.[6] 뉴턴이 활동하던 시기, 특히 이 책이 출판된 년도를 감안하면 철학이라는 명칭이 학문이라면 어떤 것에나 사용되던 시절이 얼마나 길었는지 짐작하게 된다.

또한 철학을 만학의 "왕"이 아니라 "여왕"으로 칭한 이유도 추측할 수 있다. 철학자에게 온갖 질문에 대한 만능 답변을 요구하는 풍토는 학문 미분화의 시기에 활동한 철학자

『변론』에서 소크라테스는 자신이 현인이 아니라 지혜를 사랑하는 자라고 주장한다(박종현 역주(2003), 『플라톤의 네 대화편: 에우티프론, 소크라테스의 변론, 크리톤, 파이돈』, 서광사, 18b와 20d).

6 원래 책제목은 라틴어이다. *PHILOSOPHIÆ NATURALIS PRINCIPIA MATHEMATICA.*

에게 잘 어울린다. 많은 사람이 자신에게 중요한 문제에 대해서 철학자가 대답해줄 것으로 기대하면서, 그런 기대를 충족시키지 못하는 전문화된 철학자들에게 잘못된 길로 가고 있다고 힐난하는데, 이런 풍토 역시 학문과 철학을 동일시하던 시절의 유산이다.

과학과 이성적 탐구 방법을 공유하지만 주제의 일반성이나 근본성에서 차별화되듯이, 철학은 종교와 주제의 일반성이나 근본성 면에서 유사하다. 종교적 신념은 세계와 인간에 대한 근본적인 지점을 향한다. 세계와 인간의 본성은 물론이고, 인간의 운명이나 인간의 도리에 관한 고민이 종교에서 빠지지 않는다. 철학자들의 일거리가 이런 주제에만 국한되지는 않지만 이들이 포함되어 있는 것은 분명하다. 이들은 미분화된 철학 뿐 아니라, 현재의 철학자 역시 고민하는 주제이다. 그런데 종교는 이런 주제에 관한 의문에 기도나 신비체험의 기대어 답을 찾으려 하거나, 신 또는 종교적 지도자나 경전의 권위에 의존해서 답을 내리는 점에서 철학과 구별된다. 철학은 이런 부류의 의문에 대해서도 이성적 탐구가 이루어져야 한다고 주장한다. 심지어 철학자는 신이 존재하는지, 권위자나 경전이 진리의 근거 역할을 할 수 있는지 여부에 의문을 제기한다.

어떤 사람들은 철학을 학문이기 보다는 일종의 예술(藝術, art)이라고 말한다. 플라톤의 여러 대화편들은 최고의 고전으로 대접받는데, 단지 철학적 신념에 대한 이성적 탐구를 담고 있어서가 아니라 그 자체로 명쾌하고 생동감 있는 필체를 담고 있는 하나의 문예작품이라는 데서 그 이유를 찾을 수 있다. 그가 문제를 다루고 답을 찾는 과정 자체를 자신의 방식으로 담고 있는 바로 그것이 철학으로서의 가치이기도 하다. "철학은 본질적으로 지적인 천재 각 개인의 작품이며 세익스피어가 호메로스를 대신할 수 없듯이 칸트가 플라톤을 대신할 수 없다."[7] 분명히 텍스트를 기반으로 이루어지는 철학은 수학이나 과학과 다르다. 똑같은 종류의 주장을 누가 어떤 방식으로 서술했는지를 고려하고 감안한다.

그런데 철학이 이런 특징을 갖는 것도 분명하지만, 이런 특징만으로 철학을 온전히 예술로 간주하기는 어렵다. 철학이 이성적 탐구의 일종인 한은 철학의 주제인 철학적 신념

7 Kenny 같은 책, 17-18. 이 구절은 케니 자신의 생각이 아니라, 철학을 예술로 보려는 사람들을 대변하여 그가 서술한 내용이다.

에 대한 탐구의 결과를 평가하는 객관적 절차가 느슨하지만 존재하기 때문이다. 다름 아닌 논증(論證, argumentation)과 변증(辨證, dialectic)의 방법이 그것이다. 변증이란 논증으로 이루어지는 대화나 토론을 말한다. 논증이란 어떤 주장이나 신념에 대한 근거를 제시하는 일이다. 이 책의 제2장에서 논증의 방법에 대해 배운다. 더불어, 논증이나 변증 이전에 의미를 명료하게 드러내려는 노력이 철학에서는 반드시 필요하다. 같은 소리나 모양을 다른 뜻으로 말하고 쓴다면 우리는 도통 탐구라는 것을 아예 진행할 수 없기 때문이다. 따라서 이에 대해서도 제2장에서 언급하게 될 것이다. 또한 예술이 기술의 일종인 것처럼 철학도 할 줄 앎이라는 점을 강조하려는 의도로 철학을 예술의 일종이라고 말하기도 한다. 우리는 이미 앞에서 이에 대해 지적했었다. 신념으로서 철학과 활동으로서의 철학이 구별되면서도 양립하고 있다는 점을 다시 떠올려 보시라!

다른 것과 비교하여 유사성과 차이를 드러내면서 어떤 것의 특징이 잘 드러나는 것은 사실이다. 어떤 사람은 철학을 배관과 유사하다고 말한다.[8] 대다수의 사람은 배관이 있는지도 모르고 거주하지만 상하수관은 꼭 필요한 일을 하고 있다. 선택이 아니라 필수이다. 하지만 대부분의 사람은 이것이 존재하는지도 모른다. 그리고 잘못되면 매우 심각한 결과가 빚어진다. 고치기도 힘들며, 누군가 전면적으로 계획하여 교체하기도 어렵다. 철학도 이와 마찬가지라는 것이다. 이 밖에도 철학의 특징을 드러내려는 여러 시도를 할 수 있을 것이다.[9]

Ⅳ. 철학의 주요 분야

철학의 특징을 드러내려는 여러 노력은 주로 철학자의 손에서 이루어진다. 다른 분과과학의 상황은 다르다. 물리학의 특징, 주제나 방법을 고민하고 정립하려는 일은 물리학

---

8 Midgley, Mary(1996), *Utopias, Dolphins and Computers: Problems in Philosophical Plumbing*, Routledge. pp. 1-2.

9 이를테면, 철학을 그물구조에 비유할 수도 있다. 박준호(2011), 『철학과 형이상학』, 서광사, 제2장 참고.

내부의 일이 아니며, 이는 다른 분과학문의 경우에도 마찬가지이다. 하지만, 철학 자체에 관한 상위 탐구에 비견되는 철학의 실질적인 탐구활동은 세계, 인간, 신, 선, 정의, 미 등에 관한 최고의 일반성과 근본성을 띠고 있는 신념에 대한 검토이다. 이들 신념 가운데 더 나은 것을 찾고자 한다. 그리고 아리스토텔레스가 탈레스를 서술하고 평가했듯이 다른 철학자의 주장과 논거를 소개하는 철학사 역시 매우 중요한 철학의 분야이다.

철학에서 다루는 주제의 근본성에 따라서 철학의 분야를 나눌 수 있다. 이 분류에 따르면 철학의 주요 분야는 형이상학, 인식론, 가치론 등으로 나뉜다. 이 분야는 각각 우리가 세상에 대해서 생각할 때 의존하게 마련인 가장 기본적인 세 가지 방식을 반영한다. 무엇에 대해서든 "있는가?"라고 묻고, "있다" 또는 "없다"고 답하고 믿을 수 있다. 이를 무엇인가의 존재에 관한 질문과 신념이라 할 수 있겠다. 또한 그에 대해서 "아는가?" 묻고, "안다""모른다"고 답하고 믿을 수 있다. 이를 인식 즉 지식에 관한 질문과 신념이라 한다. 나아가 "값어치 있는가?"라고 물을 수 있고, 그에 대해서 긍정하거나 부정하는 대답과 신념을 가질 수 있다. 이를 가치에 관한 질문과 신념이라 한다. 이런 세 종류의 신념은 서로 겹치지 않는 배타성을 띤다.

존재, 인식, 가치와 관련된 질문과 신념 역시 일반성이나 근본성의 차이를 띤다. 이미 말했듯이 철학은 이 가운데 일반성이나 근본성이 가장 큰 것에 관심을 둔다. 이를테면 강원도 정선에 정선 아리랑이 남아있다는 신념은 철학적 신념이 아니지만, 사물이 아니라 사건이 근본적으로 존재한다는 것은 철학적 신념이다. 전주 한옥마을 소재의 경기전에 조선왕조실록을 보관했던 사고(史庫)가 있었다는 지식을 철학이 다루지 않지만, 철학자들은 세계에 관한 어떤 지식이든 감각경험에 바탕을 두어야 한다는 데 대해서는 긴 논쟁을 벌였다. 특정인이 특정 장소에 행한 행동의 올바르고 그릇됨은 철학자의 관심사가 아니지만, 행위의 올바름이란 무엇인지, 이런 올바름이 가치 있는 이유가 무엇인지 묻고 답하는 것은 철학자가 행할 바이다. 이들 각각을 이미 말한대로 형이상학, 인식론, 가치론이라고 한다. 철학자들끼리는 이 분류를 중요하게 생각하며, 현재까지 분류지가 셋이므로 "철학의 삼총사"라 불러도 무방하다. (이 가운데 형이상학에 대해서는 다음 절에서 약간 더 소개하겠다.)

이런 목록이 완전하지 않다는 점을 반영하는 논란이 있다. 이를테면, 윤리학이 가치론 대신해야 한다는 주장도 있겠다. 윤리학에서 다루는 도덕적 가치는 가치 일반에 대한 논의를 포함하게 마련이므로 이런 주장은 설득력을 갖는다. 그래서 이 목록을 형이상학, 인식론, 윤리학으로 제시하기도 한다. 하지만 윤리학의 주제가 도덕적 가치에 국한되며, 가치에 관한 일반적 논의는 이 목적을 위한 수단적 성격이 강하기 때문에 가치론을 삼총사의 대표로 삼았다. 나아가, 이 분류가 배타적 분류이기는 하지만 인간의 관심사 전부를 드러내고 있는지 여부에도 역시 논란이 있다. 예를 들어, 논리학과 같은 학문을 새로이 포함하자는 주장도 가능하다. 이 역시 설득력있는 주장이다. 논리학이 위의 삼총사와는 배타적인 주제를 다루며, 또한 인간의 사고에서 차지하는 논리의 근본성을 생각할 때, 특히 그렇다. 하지만 어떤 것의 존재, 지식, 가치와 대비해서 생각한다면, 어떤 것의 논리는 병렬해서 생각하기 어렵다. 논리란 어떤 것에 귀속되기 보다는 우리의 여러 생각, 신념, 주장, 명제 또는 이들을 표현한 진술들 사이에서 성립되는 어떤 것이기 때문이다.

분류란 정하는 기준에 따라서 다양하게 이루어질 수 있다. 철학 역시 예외가 아니다. 지역이나 문화권에 따라서, 동양철학이나 서양철학, 나라에 따라서, 한국철학, 중국철학, 인도철학, 독일철학, 영국철학, 미국철학 등으로 나눌 수 있다. 심지어 특정 철학자를 분류기준으로 삼아, 공자 철학, 율곡 철학, 아리스토텔레스 철학 등으로 나눌 수 있다. 특정 분야나 화제를 중심으로 분류할 수도 있다. 이를 테면, 언어에 관해서 철학하는 분야를 언어철학이라고 한다. 이런 식으로 논리학, 논리철학, 과학철학, 종교철학, 예술철학, 도덕철학, 법철학, 기술철학, 영화철학 등 많은 분야를 열거할 수 있다. 또한 고대철학, 중세철학, 근대철학, 현대철학 등의 분야는 시대를 기준으로 삼은 분류이다. 나아가 주의주장의 내용에 따라서 분류할 수도 있다. 실존주의 철학, 이성주의철학, 경험주의 철학 등의 분류에 이에 해당한다. 또한 일반성의 정도에 따라서 이론 철학과 응용 철학의 분류 역시 가능하다.

물론 이런 분류만 가능한 것은 아니다. 화제의 시급성, 또는 독자의 수요나 흥미도 등에 의해서도 분류하는 것이 가능하며, 이 밖의 여러 기준에 의한 분류가 가능하다. 이 책이 택하고 있는 분류가 바로 이렇다. 상위철학과 실질철학을 구분하였고, 각 장별로 철학사를 일부 다루었다. 그리고 지역별 분류도 감안했다. 제3부에서 동양 철학을 다루었다. 또한 제1부에서는 주제의 근본성에 맞추어 논리학, 형이상학, 인식론, 윤리학을 다룬다. 제2부에서는 화제별로 철학을 소개했는데, 독자의 수요나 흥미와 시대적 흐름에 맞추려고 노력했다. 심리철학, 과학철학, 예술철학, 법철학과 사회정치철학을 다루었을 뿐 아니라 행복에 대한 철학적 성찰도 추가했다.[10]

V. 형이상학은 이상하지 않다

여기서는 철학의 한 분야인 형이상학에 대해서 좀 더 살펴보겠다. 철학을 공부할 때 형이상학에 대한 기초 사항은 반드시 확인해야 하지만, 이 책에서 형이상학에 따로 장을 할애하지 않기 때문에 필요한 사항만을 짧게 서술하겠다. 앞에서 말한 바에 따르면, 형이상학은 존재에 관한 가장 일반적이고 근본적인 신념에 대한 이성적 탐구이다. 하지만 "형이상학"이라는 낱말에서는 이런 점이 전혀 드러나지 않는다.

오히려 "형이상학"이라는 낱말을 읽을수록 이상하게 뜻을 파악하기 어렵게 된다. "형이상학"이라는 낱말을 읽을 때 "형-이상학"이나 "형-이상-학"으로 읽지 않아야 한다. 형이상학은 이상하지 않으며 이상한 것을 다루지도 않기 때문이다. 이상심리학이나 이상병리학과 매우 다른 명칭이다. 그리고 "형이상-학"은 그 나마 낫지만 매우 바람직하지는 않다. (이에 대해서는 바로 아래에서 이유를 확인할 수 있다.) 단숨에 "형이상학"이라고 읽어야 정확하다. 그래도 "형이-상학"처럼 들린다.

널리 알려진 바대로, "형이상학"(形而上學)이라는 낯선 한자어는, 서양의 언어, 이를 테면, 영어의 "metaphysics"의 번역어로 근대 일본에서 도입되었고 이 낱말이 동양에서 수용되었다. 이때, 『주역(周易)』의 다음 구절에서 따온 말이다.

---

10 이 부분은 박준호(2015), 「철학」(김범수 외 지음(2015), 『키워드로 배우는 철학의 이해』, 전북대학교출판문화원, 제1장에 수록)을 참고.

형이상자 위지도, 형이하자 위지기(形而上者 謂之道, 形而下者 謂之器)

않은 형이상(形而上, 즉 형태를 갖지 않는 것)이 도(道)라고 주장하며,[11] 여기서 "도"란 가장 일반적인 수준의 "원리, 원칙, 법칙, 도리" 등의 뜻을 갖기 때문에, 형이상학이란 형태를 갖지 않는 것을 연구하거나, 도 즉 세계의 원리, 법칙, 인간의 본성과 도리 등을 탐구하는 학문이라는 뜻이었을 것이다. 이는 근대 일본인이 바라본 "metaphysics"에 부합할지 모른다. "형이상학"을 소개한 최초의 일본 철학 사전에서 "형이상"을 "추상적인 것"(abstracts)의 번역어로 채택했다. 형태 없는 추상적인 것을 연구하는 학문으로 생각했던 것 같다. 하지만 현재 통용되는 형이상학을 이렇게 정의하거나 설명하기는 어렵다. 인간의 자유의지를 고민하는 철학적 논의는 인간이라는 구체적인 대상에 대해 형이상학하고 있는 예이다. 나아가, 현재의 형이상학은 인간의 도리를 탐구하는 학문이 아니며, 우주의 법칙을 탐구하는 또 다른 학문이 물리학이라는 점을 생각해보라.

"metaphysics"라는 말도 아리스토텔레스 저작을 편집하는 과정에서 생겨났다. 아리스토텔레스가 남긴 저작은 방대한 반면에, 체계적으로 분류되어 있지 않았기 때문에, 그의 저작을 편찬하면서 편찬자들은 새롭게 분류를 시도하였다. 기원전 1세기 후반에 활동한 안드로니쿠스(Andronicus of Rhodes)는 아리스토텔레스의 작품들 가운데 현재의 자연 과학적 주제(Physica)에 속하는 것을 앞에 두고, 현재 형이상학에 해당하는 저작을 그 뒤에 분류하였다. 그는 그 분류 명칭을 "자연[에 관한 책] 다음[에 있는 책]"(the [books coming] after the [books on] nature)이라고 했다. 그에 해당되던 말이 "ta meta ta physika"(타 메타 타 피지카)인데 바로 여기서 "metaphysics"가 생겨났다. 그런데 아리스토텔레스 자신이 그 책을 편찬하였다면, 아마도 책의 이름을 "제일철학"이라고 불렀을 것이다. 형이상학적 주제를 다루던 분야를 가리키기 위해 그가 사용하던 용어가 바로 "제일철학"이었기 때문이다. 당시의 "철학"이 요즈음의 학문(學問, science in general)을 의미했기에, 제일철학은 이 가운데 논리적으로 가장 근본적인 신념을 다루는 학문이라

11 그런데, 주역을 읽을 때는 "형-이상"이라 읽는다.

는 의미였을 것이다. 아리스토텔레스가 탈레스를 최초의 철학자로 보았는데, 이는 최초의 형이상학자로 보았다고 말해도 그대로 통할 것 같다. 이런 연유에서 보면, 형이상학을 철학의 전부라고 오해하는 일도 우연은 아니다.

"meta-"라는 접두어는 "다음"이라는 뜻 이외에도 "-의 너머", "-에 관하여" 등의 뜻도 갖고 있다. 이런 뜻을 보다 심각하게 받아들여서, 형이상학을 감각가능한 자연"의 너머"를 연구하는 학문, 즉 자연학을 초월하는 학문(trans-physics)이라고 새기기도 한다. 실제로 아퀴나스(Thomas Aquinas, 1225~1274)는 아리스토텔레스의 『형이상학』 주석서의 서문에서 이런 취지의 낱말을 사용하기도 했다. 그는 아리스토텔레스의 『형이상학』에서 다루는 내용이 실체를 다루므로 "신학"(divine science or theology), 물리적 질서를 초월하는 사물이 분석의 과정을 통해 발견되므로 "형이상학"(metaphysics), 사물의 제일 원인을 연구하므로 "제일철학"(first philosophy)으로 불린다고 해설한다. 그리고 우리가 사용하는 한자어 "형이상학" 역시 이런 취지를 이어받아서 채택된 용어로 짐작된다. 원래 『주역』의 "형이상"이란 감각이나 감각가능성을 초월하고 있다는 뜻까지 포괄할 수 있기 때문이다.

하지만 다른 낱말의 경우에도 그러듯이, 어원이나 어의에 매달려서 "형이상학"의 어의를 규정하는 일은 정확하지 않다. "형이상학"과 관련해서, 가장 그럴듯해 보이는 초월의 의미만 보아도 이를 알 수 있다. 형이상학적 문제와 대답 가운데 일부는 초월과는 거리가 멀다. 또 다른 예를 들어보자면, 형이상학의 문제 가운데 심신문제(심신문제, mind-body problem)는 인간의 문제라는 점에서 초월적인 것이 아니다. 심지어 나의 외부세계(外部世界, external world)의 실재성에 관한 문제와 답이 모두 초월적인지 여부는 분명하지 않다. 예를 들어 현상주의(現象主義, phenomenalism)의 입장은 전혀 초월적 대답이 아니다. 현상주의는 실재란 인간의 감각 경험인 현상과 다르지 않다는 입장이기 때문이다. 더욱이 초월적이라고 해서 모두 형이상학이 관심을 갖는 것은 아니다. 수학의 대상인 수적 실재는 추상적인 것이어서 감각가능하지 않은데, 이를 다룬다 해도 수학은 형이상학이 아니다. 과학이 찾고자 하는 자연법칙은 추상적이기는 하지만 이를 발견하는 일은 형이상학의 일이 아니라 과학의 업무이다.

형이상학의 실질적인 물음은 'x는 존재하는가?' '존재하는 것은 무엇인가?' '진정으로 존재하는 것 즉 실재(實在, reality)는 무엇인가?'라는 형태의 존재와 관련된 물음을 제기한다. 둘째 질문은 존재하는 것의 최종적인 종류를 묻고 있다. 이런 최종적 종류를 "범주"(範疇, category)라 한다. 이 말을 이런 용도로 처음 쓰기 시작한 아리스토텔레스는 실체(實體, substance) 범주를 비롯하여 10개의 범주가 있다고 주장했다. 지금은 모든 분류지(分類枝)를 의미하도록 사용되고 있지만, 원래 "범주"는 세계의 가장 근본적인 분류지인 것이다.

이들 사이에 우선성이나 근본성에 의문을 제기하는 것이 마지막 질문이다. 아리스토텔레스에 따르면, 10개의 범주 가운데 실체가 우선적이며, 나머지 9가지 귀속성(歸屬性, attributes)은 모두 실체에 의존적이다. 때로 셋째 질문은 실재를 묻는 방식으로 제기된다. 진정으로 존재하는 것 즉 실재는 무엇인가? 데카르트(René Descartes, 1596~1650)는 두 종류의 실체 즉 정신적 실체와 물질적 실체가 실재한다고 주장했다. 또한 이 두 실체는 사유와 연장이라는 두 종류의 속성을 각각 갖는다. 그의 이런 생각을 실재에 관한 이원주의라고 말한다. 실체만 실재의 후보는 아니다. 어떤 철학자는 실체란 실재가 아니며, 실체인 듯 보이는 것이 실은 속성의 다발이라고 주장한다. 영국의 철학자 흄(David Hume, 1711~1776)은 인간의 영혼 역시 실체라기 보다는 여러 감각적 속성의 다발이라고 주장했다. 플라톤은 눈에 보이는 세계는 겉으로 드러난 현상일 뿐이며 실재는 이데아(Idea)의 세계라고 말했다.

이 가운데 가장 전형적인 형이상학적 문제는 첫째 문제이다. '보편자는 존재하는가?', '신은 존재하는가?', '수는 존재하는가?', '도덕적 사실은 존재하는가?', '인식독립적인 사실은 존재하는가?', '아름다움이 인간의 정신이나 언어와 따로 존재하는가?', '과학의 이론적 대상은 실재하는가?', '심성(心性, mentality)은 존재하는가?' 등등이 첫째 질문의 사례이다. 이런 질문에 긍정적인 답변을 내놓을 경우 실재론(realism)이라고 말한다. 부정적인 답변을 내놓으면 비실재론(nonrealism) 또는 반실재론(antirealism)이다.

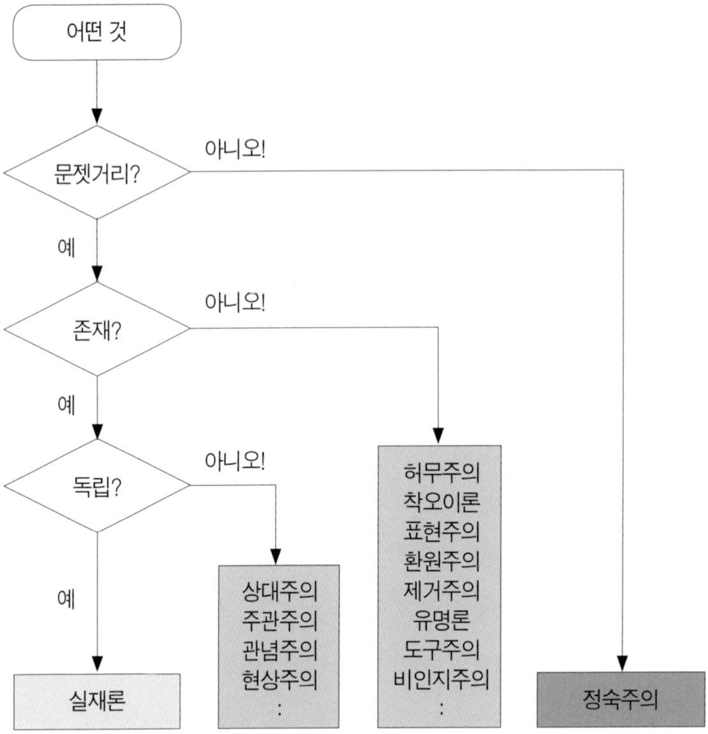

앞의 그림에서 어떤 것이 존재한다는 것을 거부하는 입장, 독립적으로 존재한다는 것을 거부하는 입장을 통틀어서 비실재론, 반실재론이라고 한다. 어떤 것과 관련된 실재론 논쟁이 불필요하다는 입장을 정숙주의(quietism)라고 말한다. 실재론자만이 형이상학자이고 반실론재자는 형이상학자가 아니라는 식의 오해가 생길 정도이니, 이런 오해를 불식하는 데 그림이 보여주는 구분은 중요하다. 외부 세계에 대한 실재론 논쟁, 보편자 실재론 논쟁, 신에 관한 실재론 논쟁, 도덕적 사실에 관한 실재론 논쟁, 수학적 대상에 대한 실재론 논쟁, 과학의 이론적 대상에 대한 실재론 논쟁 등등이 모두다 형이상학적 논쟁(과 더불어 인식론 및 언어적 논쟁)에 해당한다. 이를테면, 보편자 실재론을 지지하는 사람을 형이상학자라고 밀어붙이면서, 그 자체로 반박되어 버리는 것처럼 취급하는 태도는 형이상학에 대한 오해의 전형이다.

하지만 형이상학에 대한 이런 오해는 비교적 심하지 않다. 형이상학을 과학 이전의 원시적인 사고방식으로 생각하는 오해는 형이상학에 대한 매우 심각한 도전이다. 흄은 형이상학은 무의미하므로 형이상학 책을 불에 던지라고 외쳤다. 흄과 그의 정신을 이어받은 논리실증주의자들은 수학과 과학이 지식의 전부이며 이런 범주에서 어긋나는 주장은 모두 무의미하다고 말했다. 무의미하지 않다면 언어의 의미에 관한 탐구일 뿐이다. 형이상학은 존재에 대해 탐구하기 보다는 "존재"라는 말의 의미를 천착하면서 실재를 알아가려 한다고 오해하는 연구기획이다. 하지만 형이상학의 일부 주제는 언어의 탐구이지만, 모든 형이상학의 주제가 언어인 것은 아니다. 그리고 수학과 과학 이외에는 무의미하다는 주장에 따를 경우, 철학의 다른 분야, 이를 테면, 인식론 역시 무의미한 짓에 불과하다.

칸트(Immanuel Kant, 1724~1804) 역시 형이상학을 비판했는데, 알고 보면 자신의 형이상학이 진정한 형이상학이라는 주장을 펼치기 위한 사전 작업이었을 뿐이다. 그는 감각경험을 초월한 것 즉 감각할 수 없는 것에 대해서 이러쿵저러쿵 떠드는 일을 초월적 형이상학이라고 하면서, 이것이 무의미하지는 않지만 진정한 지식에 도달하기 어렵다고 주장한다. 선험적 형이상학은 이런 시도를 하지 않는다. 대신에 이렇게 추론한다. "감각 불가능한 물자체가 존재하지 않는다면, 과학이 성립하지 않는데, 과학은 충분한 성공을 거두고 있으니, 물자체가 존재한다." 칸트는 자신이 펼친 추론을 선험적 논증, 이 논증의 첫째 전제를 선험적 전제라 말했다. 이런 추론에 기대어 성립하는 선험적 형이상학만이 적법하다고 말했다. 따라서 칸트의 형이상학에 대한 비판은 대안 형이상학을 내세우기 위한 전략이었을 뿐 형이상학 자체에 관한 비판으로 성립하기 어렵다.

흄을 비롯한 논리실증주의자들 역시 칸트가 지식으로는 부족하다 비판했던 초월적 형이상학을 무의미하다고 비판하려 했다. 그래서 아무리 초월적 형이상학을 무의미하다고 판정했다 하지만, 이들 역시 존재하는 것에 관한 어떤 견해에 얽혀들 수밖에 없다는 의미에서 형이상학적 신념을 갖고 있었다. 이들의 입장을 위의 그림에서 나타난 현상주의라고 말하는데, 이 입장은 실재론이 아니지만 형이상학 논쟁의 영역에 속하고 있다는 점

을 주목하라. 이들 역시 형이상학의 영역 내에서 논쟁을 벌이고 있었던 셈이다.[12]

---

12 형이상학이라는 학문 분야와 실재론이라는 주의주장은 서로 다른 층위를 갖는다. 경험주의자들의 형이상학에 대한 비판이나, 일부 실재론자의 형이상학 옹호(예를 들어, 마이클 루가 자신의 『형이상학 강의』(박제철 역, 아카넷)에서 보인 입장)는 이 둘을 구별하지 않은 채로 이루어진 듯하다. 이 부분의 내용과 형이상학에 대한 여러 오해에 대해서는 박준호(2017), 『형이상학과 존재론』, 전북대학교 출판문화원, 제1장을 참고하시오.

| 생각해보기 |

우리가 철학자라면

1. 과학은 실험과 관찰이라는 방법에 매우 크게 의존한다. 철학은 실험과 관찰에 과학만큼 의존하지 않는다. 그런데도 과학과 철학을 모두 이성의 방법을 사용한다고 말할 수 있는가? 과학과 철학의 방법 상의 공통점과 차이점에 대해서 생각해보자.

2. 유대기독교적인 "신은 존재한다"거나 "신은 존재하지 않는다"는 신념은 모두 일반성이 없는 신념이다. 유대기독적 전통에서는 이들이 단 하나의 신에 대한 언급이기 때문이다. 이 두 신념을 모두 철학적 신념이라고 할 수 있는데, 왜 그런지 설명하시오. 그리고 이 신념에 대해 종교적인 태도와 철학적인 태도의 차이는 무엇인지 말해보시오.

3. 근본적인 신념에 도달하는 경로는 비교적 단순하다. 어떤 주장에 대해서 "왜?"라는 질문을 제기하면, 다시 말해서 그 신념의 근거를 추궁해 가다보면, 근본적인 신념에 도달하게 된다. 약속을 어긴 철수를 향해서, "철수는 나빴어!"라고 외쳤다고 해보자. 이때 "왜?"라고 묻게 되면 "철수가 약속을 어겼으니까."라는 답이 돌아 올 것이다. 다시 "약속을 어긴 것이 왜 나쁜데?"라고 묻게 되면 "약속을 지키지 않으면 모두에게 손해이므로!"라는 답이 돌아왔다고 해보자. 우리는 다심 "왜?"를 물을 수 있다. 이제 우리는 철학적 수준의 신념에 도달하게 된다. "해를 끼치는 행위는 그릇되다." 그렇다면,

"이득을 가져오는 행위는 올바르다." 역시 철학적 신념이다. "해를 끼치는 행위가 그릇된 것은 아니며, 이득을 가져오는 행위가 올바른 것은 아니다."는 신념 역시 철학적 신념이다. 이처럼 어떤 신념의 근거를 묻고 대답하는 사이에 근본적인 신념에 부딪치게 되는 것이다. 일상에서 이런 예에 해당하는 대화를 하나 재구성해보고, 이를 재료로 삼아서 서로의 생각을 교환해보자.

---

4. 앞에서 줄리언 바지니의 말을 인용했었다. 그 인용문은 다음과 같이 이어진다. "내가 이런 생각[즉 대부분의 사람에게 철학하는 일이 불가피하다는 생각]을 적극적으로 드러내지 않았다면, 그것은 모든 사람이 훨씬 더 많은 철학책을 읽어야 한다거나(철학책이 더 많이 읽힌다면 좋기야 하지만), 철학 토론 모임에 참여해야 한다고 생각하지 않기 때문이다(때로는 독선적인 다변가들과 의견을 교환하는 것에 지나지 않는다). 나는 우리가 더 철학적이 된다면 사회적으로 이로울 것이라고 믿지만, 더 많은 철학자들이 필요한지는 확신하지 못하겠다. 당신도 철학자들 주변에서 많은 시간을 보내보면 이 말에 동의할 것이다." 철학과 철학자의 관계에 대한 당신의 생각은 무엇인가? 은행원은 돈을 많이 다루지만 부자가 아니다. 혹시 철학자는 철학이라는 돈다발을 만지는 은행원은 아닌가? 과학자가 반드시 과학적인 것은 아니듯이 철학자가 철학적인 것만은 아닐 수 있지 않은가?

• 논리학 •

삶은 우리에게 논리를 요구한다

양은석

I. 논리학: 배경과 맥락

(1) 논리란? 삶의 배경과 맥락

지금은 많이 바뀌었지만 많은 사람들이 '논리'라는 말을 '비인간적인', '깐깐한'과 같은 부정적인 뉘앙스를 풍기는 말로 받아들인다. 아울러 '논리'라는 말을 들을 때 우리는 우리 일상인들보다 훨씬 똑똑한 셜록 홈즈와 같은 인물을 연상한다. (그 점에서 논리적이라는 말은 평범한 사람인 나와는 별로 관련이 없는 것처럼 생각한다.) 이러한 상황이나 생각은 반은 맞고 반은 틀리다.

'반은 맞다'고 말한 이유는 인간을 이성과 감성을 가진 존재로 간주할 때, 논리는 감성이 아닌 이성에 철저히 기반을 두고 있기 때문이다. 설령 때로 비합리적으로 보일지라도, 우리의 결정은 친구, 가족과 같은 인간관계에 많은 영향을 받는다. 가령 학교에 어떻게 갈 것인가를 결정할 때, 수업 시간 등을 고려하여 가장 빠르게 갈 수 있는 방법을 선택하는 대신 시간과 거리상 손해를 볼지라도 가장 가까운 친구와 함께 가는 방법을 택하곤 한다. 그리고 그로 인해 이따금 수업에 늦기도 한다. 그 점에서 감성적인 부분이 제거된 순전히 이성적인 결정을 행하는 사람들은 비인간적으로 비쳐지며 대신 감성적으로 보이는 결정을 하는 사람들이 오히려 따뜻한 마음을 갖고 있는 것으로 비춰지고는 한다. 실제로 완전히 이성적인 결정만을 하는 사람들은 우리 삶에서 만나기 쉽지 않다.

'반은 틀리다'고 말한 이유는 논리란 사실 대단한 것이 아니라 우리가 살아가면서 행하고 있는 합리적인 추리 그 이상도 그 이하도 아니기 때문이다. 이러한 추리는 생존을 위해 인간뿐만 아니라 동물들도 실제로 행하고 있는 것이다. 실례를 들면 저자는 조그만 오래된 단독주택에 살고 있고 개를 실외에 키우고 있다. 대체로 일정한 시간과 장소에 매일 개를 위해 사료를 준다. 언제부턴가 한 까치와 집에서 기르는 개 사이에서 실랑이가 벌어졌다. 그 이유는 그 까치는 개사료를 먹으려고 하는 반면 집에서 기르는 개는 자기 밥을 까치가 못 먹도록 하려고하기 때문이다. 개가 자고 있거나 다른 곳에 있으면 그 까치는 여지없이 날아와서 개사료를 먹는다. 여기서 중요한 것은 그 까치가 자신의 축적된 경험을 바탕으로 오늘도 특정 장소에 가면 음식(개사료)을 먹을 수 있다는 추론을 하고 있다는 것이다. 즉 합리적 추론은 사실 생존에 필요한 요소이다.

이러한 점에 비추어 보면 논리란 사실 대단한 것이 아니라 우리가 늘 행하고 있는 것 그 이상도 그 이하도 아니다. 가령 영호는 1교시 수업을 위해 비슷한 시간에 일어나 준비하고 학교에 간다. 그리고 해당 시간에 수업을 듣는다. 어제는 친한 친구와 늦게까지 술을 마셨는데 전날 알람을 맞춰 놓는 것을 잊어 버려서 너무 늦게 일어났다. 그리고는 순간 "아 씨"라고 외친다. 이러한 본능적 외침은 사실 추론에 기반 한 것이다. 왜냐하면 그러한 외침은 내가 늦게 일어났다는 것으로부터 해당 수업에 참여하지 못하거나 해당 수업에 늦는다는 추론에 기반 한 것이기 때문이다. 눈 뜨고 몇 시 몇 분인지를 확인하는 순간 거의 동시에 나오는 그러한 외침은 사실 그 찰나의 순간에 이루어진 추론을 표현한 것에 지나지 않는다.

이러한 점에서 보면 논리는 오히려 본능에 가깝다. 왜냐하면 모든 생물체들이 생존 가능성을 높이려고 하는 본능을 가지고 있고, 비합리적인 추론을 하는 경우보다는 합리적인 추론을 하는 경우가 생존 가능성을 높이기 때문이다. 가령 한 암컷 치타가 새끼를 낳았다고 할 때, 그 새끼를 어떤 곳에서 기를 것인가를 결정할 때 해당 치타는 포식자들이 새끼를 발견하기 어려운 곳에 새끼를 두고 기르는 것이 합리적이다. 그 이유는 포식자들에게 쉽게 노출될 수 있는 지역보다는 그렇지 않은 지역에 새끼를 기르는 것이 해당 치타 새끼의 생존율을 높이기 때문이다. 합리적 추론이란 사실 이러한 종류의 추론에 해당한다.

(2) 논리학이란? 개관

'논리학'이란 문자 그대로 풀어쓰면 논리에 대한 연구 내지 논리를 연구하는 학문이다. 앞서 삶의 문맥에서 논리가 (생존을 위해) 합리적 추론을 행하는 것에 해당한다는 점에 비추어 보면 논리학은 합리적인 추론에 대한 연구 정도로 볼 수 있다. 실제로 논리학은 추론 내지 논증에 관한 학문으로 정의된다. 즉 논리학은 추론 내지 논증을 연구하는 학문이다.

추론 내지 논증은 전제들과 결론으로 이루어진 전제와 결론의 쌍을 가리킨다. 그리고 전제와 결론 사이의 관계는 흔히 귀결관계(consequence relation)로 불린다. 이 점에서 논리학은 일종의 귀결관계를 다루는 학문이다.[1] 그리고 귀결 관계를 이루는 혹은 귀결 관계를 갖추고 있는 논리에는 연역 논리와 귀납 논리가 있다. 연역은 주어진 전제들로부터 반드시 따라 나오는 것들을 결론으로 하는 논리이고, 귀납 논리는 반드시 따라 나오지는 않지만 대신 개연적으로 따라 나오는 것들을 결론으로 하는 논리이다.

연역 논리학은 귀결 관계의 엄밀성 내지 정확성으로 인해 논리학의 모범으로 간주되는 데, 이는 크게 다음의 세 가지로 구분된다. 첫째는 전통 논리학(traditional logic)으로 아리스토텔레스 삼단논법(Aristotelian syllogistic)이 이를 대표한다. 삼단논법은 일반적으로 두 전제와 하나의 결론으로 이루진 논증을 가리키는 데, 이들 각각은 정언명제(categorical propositions)라고 불리는 특수한 문장들로 이루어진다. 두 전제는 대개념(major term), 매개념(middle term), 소개념(minor term)의 세 개념으로 구성되는 데, 두 전제에 공통된 개념을 매개념이라고 부른다. 삼단논법은 간접추론이라고도 불리며, 하나의 전제로부터 하나의 결론을 이끌어내는 추론을 직접추론이라고 한다.

직접추론에는 전제의 내용을 보존하면서 결론을 이끌어 내는 데 있어 전제 결론에서 개념의 위치를 바꾸는 환위(conversion), 긍정 형태를 부정 형태로 바꾸는 환질(obversion), 그리고 개념의 위치와 긍정부정 형태를 모두 바꾸는 이환(contraposition)이 있다. 이는 아리스토텔레스가 고안한 것으로 당시 아리스토텔레스는 존재론적 관점이라고 불리는 (주어진 개념을 만족하는) 적어도 하나의 대상이 있다는 가정에서 개념들의 관계를 다루었다.

근대 들어 좀 더 일반적인 관점 즉 가정적 관점이라고 불리는 그러한 대상이 없을 수 있다는 관점이 제시되었다. 즉 타당성을 평가하기 위해서 대상들이 있는 경우뿐만 아니

---

1 귀결관계에 있어서 전제가 없는 즉 결론만 있는 경우가 있을 수 있다. 이러한 결론은 아무런 전제 없이도 항상 성립하는 진술을 의미하며 이러한 진술들은 논리적 원리에 해당한다.

라 그렇지 않은 경우 모두에 적용될 수 있는 타당성를 고려해야 한다는 것이다. 후자의 경우와 관련하여 불(G. Boole, 1815~1864)은 아리스토텔레스 논리학에서 사용된 명제들에 대한 집합론적 해석을 제시했고, 이 해석을 바탕으로 벤에 의해 다이어그램을 그려서 타당성을 검토하는 방식이 제시되었다. 일반적으로 이러한 방식은 벤 다이어그램(Venn's diagram)에 의한 타당성 평가로 불리며 이는 가정적 관점에 기반 한 우리에게 가장 널리 알려진 전통 논리에 대한 타당성 평가 방식이다.

둘째는 고전 논리학(classical logic)으로 대부분의 논리학 교재에서 다루고 있는 명제, 술어 논리학이 이에 해당한다. 고전 논리학은 전통 논리학을 계승 발전시킨 논리학으로 전통 논리학과 마찬가지로 모든 진술은 참이거나 거짓이라는 '양가의 원리(principle of bibalance)'에 바탕을 두고 있다. (아리스토텔레스의 전통 논리학과 고전 논리학을 모두 양가의 원리에 바탕을 두고 있는 논리학이란 점에서 2치 논리학(two-valued logic)이라고 부른다.) 2치 논리학에서 가장 중요하게 간주되는 논리적 원리는 동일률(the law of identity), 무모순율(the law of non-contradiction), 배중률(the law of excluded middle)로 이는 논리학 내에서 뿐만 아니라 철학적으로도 상당히 중요하게 취급되어왔다.

셋째는 비고전 논리학(non-classical logic)으로 이는 크게 두 가지로 구분된다. 하나는 고전 논리학에서 성립하는 논리적 원리들을 모두 받아들이고 그것을 더 확장한 확장 논리학(extended logic)이고 다른 하나는 고전 논리학에서 성립하는 논리적 원리의 일부를 거부하는 대안 논리학(alternative logic)이다. 양상 논리학(modal logic), 시제 논리학(temporal logic), 인식 논리학(epistemic logic), 고계 논리학(higher order logic) 등이 전자의 범주에 속한다. 대안 논리학은 고전 논리학에 대한 철학적 문제 제기를 통해 파생한 논리학으로 직관주의 논리학(intuitionistic logic), 다치 논리학(many-valued logic), 퍼지 논리학(fuzzy logic), 연관 논리학(relevance logic) 등이 이에 속한다.

개연적 귀결관계(probable consequence relation)를 다루는 귀납 논리학에서 기본적으로 소개하고 있는 것은 귀납법의 창시자로 알려진 베이컨을 계승한 밀의 다섯 가지 방법(일치법, 차이법, 병용법, 공변법, 잔여법)이다. 오늘날 귀납 논리학은 확률, 통계 등을 활용하여 다양화 되고 있으며 과학 방법론으로 점점 더 많이 각광받고 있다. 지면관계상 우리는 연역 논리학 중 아리스토텔레스 삼단논법과 고전 논리학의 귀결관계를 매우 제한적으로 다룬다.

II. 기본 개념들[2]

(1) 논리학이란? 기본 정의들

논리학을 "추리 내지 추론에 관한 학문"이라고 할 때, 추리 내지 추론에 해당하는 영어는 reasoning으로 이것을 풀어쓰면 '이성을 사용하고 있음(reason + ing)' 정도가 된다. 이제 다음 상황에서 진우와 영우 중 누구의 추론이 더 설득력이 있을 지를 상상해 보자.

> "진우와 영우는 [철학 테마 강의]란 과목을 수강하고 있고 지금 수업을 듣기 위해서 담당 교수를 기다리고 있다. 저쪽에서 누군가 오는 발자국 소리가 난다. 소리에 민감한 진우는 영우가 소리에 둔감하다는 것을 알고 자신이 유리할 것이라고 판단하여 점심 내기를 했다. 진우는 00 교수님의 독특한 발소리에 착안하여 교수님이 오고 있는 중이라고 했고, 영우는 항상 지금 쯤 영민이가 온다는 점에 착안하여 영민이라고 했다."

이제 진우가 한 말이 맞고 영우가 한 말이 틀렸다고 해 보자. 우리는 두 사람이 각각 자신의 주장을 펴기 위해 각각 어떤 방식으로 추리했는지 그 추리 과정을 기술할 수 있고, 또 어떤 사람이 올바로 추리했는지를 따져 볼 수 있다. 여기서 각 사람이 어떻게 추리했는지를 기술하는 것은 이들의 추리가 올바른가하는 문제와는 직접적인 관련이 없다. 왜냐하면 가령 진우가 잘못 추리했지만 누가 오는 지를 우연히 맞췄을 수 있기 때문이다.

---

2 이절의 내용은 『사고와 토론』(전북대출판문화원, 2016) 교재 2장 1절-3절의 내용에 기반하고 있다. 보다 자세한 설명을 위해서는 해당 교재를 참조하기 바란다.

예를 들어 실제로 그 발소리는 00 교수의 발소리가 아니라 교수 옆에서 함께 걷고 있던 철호의 발소리였고 전날 밤새도록 과음한 진우는 판단이 흐려져 철호의 발소리를 00 교수의 발소리라고 착각하고 00 교수가 온다고 주장했을 수 있다.

전자의 경우를 즉 '사람들이 어떻게 추리하는 지'를 연구하는 것은 일반적으로 심리학의 과제로 간주된다. 반면 후자의 경우를 즉 '사람들이 어떻게 추론해야하는 지'를 연구하는 것은 논리학의 과제로 간주된다. 이러한 의미에서 볼 때 논리학은 올바른(correct) 혹은 좋은(good) 추론과 그렇지 못한 추론이 무엇인지에 관한 물음을 다룬다. 그 점에서 논리학은 **올바른 혹은 좋은 추리 내지 추론이 무엇인지를 연구하는 학문**에 해당한다. 좀 더 거창하게 표현하면 추론의 본성을 연구하는 학문에 해당한다.

논리학에서 다루는 추론 개념을 보다 정확히 이해하기 위해 이제 추리(reasoning), 추론(inference), 논증(argument) 개념을 좀 더 살펴보자. 이를 위해 바커가 쓴 『논리학의 기초』에 나오는 다음 예를 살펴보자.

> "가인은 혼자 생각하고 있다. 그녀는 작년에 그녀의 고용주가 재정적으로 곤란한 상태였고, 그래서 그녀의 봉급을 20% 삭감하여야 했던 사실을 기억한다. 이제 사업은 호전되었고 따라서 그녀는 20% 인상된 봉급을 받게 될 것이다. 처음에 가인은 기분이 매우 좋았지만 좀 지나자 기분이 조금씩 나빠지기 시작했다. 왜냐하면 그녀의 오른 봉급은 원래 봉급의 96%밖에 되지 않으리라는 것을 깨달았기 때문이다. 그래서 그녀는 "난 삭감되기 전보다 적은 봉급을 받게 될 것이야."라고 결론을 내린다."

일반적으로 추리는 이미 알려져 있는 사실들에 기초하여 알려지지 않은 새로운 사실을 이끌어내는 과정을 의미한다. 가인에게 있어 작년 회사 사정과 20% 삭감되었던 자신의 봉급 그리고 올해 나아진 회사 사정과 20% 인상된 봉급을 받게 될 것이라는 것이 알려진 사실들에 해당한다. 앞으로 원래 봉급의 96%에 해당하는 봉급을 받게 된다는 것은 알려진 사실들을 토대로 이끌어낸 알려지지 않았던 새로운 사실에 해당한다.

논리학에서 다루는 추리도 이와 별로 다르지 않다. 논리학에서 추리는 위에서와 같은 일련의 생각의 과정을 의미한다. 그러한 과정들 중 논리학에서 특별히 관심을 갖는 추리는 추론이라고 불리는 것으로 **추론**은 '전제(들)로부터 결론을 이끌어내는 추리'에 해당한다.[3] 즉 추론은 〈전제(들), 결론〉의 쌍으로 구성되고 귀결 관계라고 불리는 이들 사이에서 성립하는 관계를 나타내는 개념이다.

논증은 이러한 생각이 말로 표현되었을 때를 일컫는 개념이다. 즉 추론이 사람들이 행하는 생각의 과정을 나타내고 이러한 과정이 언어로 표현되었을 때 그것을 논증이라고 부른다. 즉 추론이 말이나 글로 표현되었을 때, 우리는 그것을 논증이라고 한다. 언어가 필요한 상황은 주로 논쟁(debate) 상황으로 논쟁에서 중요한 것은 자신의 주장을 다른 사람들이 동의할 만한 적절한 근거를 들어 정당화하는 것이다. 따라서 일상에서 논증이라고 할 때는 전제, 결론이라는 표현 대신에 주장과 근거라는 표현을 더 많이 사용한다. 즉 논증은 〈근거(들), 주장〉의 쌍으로 구성되며 주장과 그것을 뒷받침하는 근거 사이의 관계를 나타낸다. 여기서 논증의 주장은 추론의 결론에 해당하며, 논증의 근거(들)은 추론의 전제(들)에 해당한다.

추론은 생각의 전개 과정상 전제에서 결론으로 나아가는 이행 과정인 반면 논증은 내가 하고 싶은 주장이 있고 그것을 뒷받침할 근거가 무엇인가를 고민한다는 점에서 주장에서 근거로 이행해 가는 과정인 것처럼 보인다. 하지만 논리학에서는 이런 종류의 이행 과정에 대해서는 큰 관심을 갖지 않는다. 논리학에서 추론이나 논증이라고 부를 때 중요하게 생각하는 것은 지지 관계이다. 관련하여 추론에서 전제는 결론을 지지하는 역할을 하고 논증에서 근거는 주장을 지지하는 역할을 한다. 이에 비추어 보면 추론과 논증은 전제(근거)가 결론(주장)을 지지한다고 하는 기본적인 역할에 있어서 아무런 차이가 없다. 차이점은 그것이 생각의 과정을 나타내는가, 아니면 언어로 표현하는 과정을 나타내는가의 차이에 불과하다. 따라서 우리가 기본 역할을 논할 때에는 추론과 논증 양자를 굳이 구분할 필요가 없다.

실제로 논리학에서는 추론과 논증을 별로 구분하지 않고 사용한다. 아울러 추론보다

---

3 종종 논리학 교재들에서는 추리를 추론에 해당하는 좁은 의미로 소개하기도 한다.

는 논증이라는 표현을 더 선호해서 사용하고, 주장과 근거라는 표현보다는 전제와 결론이라는 표현을 더 선호해서 사용한다. 앞으로 우리도 추론보다는 논증이란 말을 주로 그리고 그 구성 요소들을 논할 때 전제와 결론이라는 말을 주로 사용할 것이다.

우리가 논증이라는 말을 사용할 때 알 수 있는 것은 논증은 언어로 이루어진다는 것이다. 그 점에서 논증을 구성하는 전제와 결론은 문장들을 통해 표현된다. 이때 모든 문장이 다 논증을 구성하는 언어가 될 수 있는 것은 아니다. 논증에서 특별히 관심을 기울이는 문장은 참, 거짓을 판단할 수 있는 문장이다. 고교시절 우리는 그러한 문장들을 **명제**(propositions)라고 배웠다. 즉 명제는 참, 거짓을 판별할 수 있는 문장이며, 논증은 이러한 문장들로 구성된다.

(2) 연역과 귀납

논리학을 이제 전제로부터 결론을 이끌어 내는 논증에 관한 학문이라고 하자. 논증의 대표적 두 유형은 연역(deduction)과 귀납(induction)이다. 이 두 개념은 각각의 언어가 발생한 어원학적인 설명을 통해 더 잘 이해될 수 있다.

연역의 영어 표현 deduction은 de와 duction으로 분석될 수 있다. 여기서 duction은 라틴어 ducere에서 온 말로 이는 영어의 lead에 해당하는 "--로 이끈다"는 것을 의미한다. 그리고 de는 영어의 from/out of에 해당하는 "--로부터 (떨어져)"를 의미한다. 이 둘을 합치면 연역은 거칠게 표현하여 "--로부터 (밖으로) 끌고 나온다"는 말에 해당한다. 여기서 안에 있었던 것들이 논증의 전제에 해당하고 밖으로 끌려져 나온 것이 논증의 결론에 해당한다. 주의할 것은 끌려져 나온 것 또한 이미 안에 있었던 것이라는 점이다. 즉 결론의 내용은 이미 전제들 안에 있던 내용에 해당한다. 이제 이를 전제, 결론을 통해 표현하면, 연역은 주어진 전제(들)로부터 반드시 따라 나오는 것을 결론으로 이끌어내는 논증에 해당한다. 예를 들어 "모든 사람은 죽는다."고 전제하고서 사람에 속하는 특정 대상 가령 영수를 들어 "영수는 죽는다."를 결론으로 끌어내는 형태의 논증이다. 이 경우 전제를 받아들인다고 했을 때 결론은 이미 전제 안에 들어있는 내용이기 때문에 결론 또한 반드시 받아들여야 한다.

앞서 우리는 논증이 명제라고 불리는 언어로 구성된다고 했다. 이 점에 착안하여 연역을 정의하면 연역은 **전제가 참이라면 결론이 반드시 참이 되는 형태의 논증 즉 전제가 참이면서 결론이 거짓이 되는 것이 불가능한 형태의 논증**이다. 우리는 이를 바탕으로 전제로부터 결론이 반드시 도출되는 논증과 그렇지 않은 논증을 구분할 수 있다. 전자에 해당하는 논증은 연역적으로 올바른(correct) 논증에 해당하며, 후자의 논증은 그렇지 않은 잘못된(incorrect) 논증에 해당한다.

그렇다면 잘못된 논증은 모두 배제되어야 하는가? 그렇지 않다. 가령 다음의 경우를 고려해 보자. "일반적으로 영수는 1교시 수업을 듣기 위해 8시에 집을 나가 8시 10분쯤 버스를 타고 8시 45분쯤 학교에 도착하여 수업에 들어간다. 지난주에 영수는 수업에 지각하는 경험을 했다. 왜냐하면 지난주에 비가 심하게 와서 도로가 미끄러워 차들 사이에서 충돌 사고가 발생했고 이로 인해 교통 정체가 심해 버스를 8시 10분이 아니라 8시 30분이 돼서야 탔고 그 버스는 9시 25분이 돼서야 학교에 도착했기 때문이다. 영수는 예전처럼 이번 주에 1교시 수업을 듣기 위해 8시에 버스를 타러 나간다."

연역적 관점에서 보면 9시 1교시 수업을 듣기 위해 영수가 8시에 집을 나간 것은 잘못된 추론에 바탕을 둔 것이다. 하지만 일상에서 우리는 이번 주 영수의 행동이 잘못되었다고 생각하지 않는다. 그 이유는 일상에서 우리는 몇몇 예외적인 상황을 제외하고는 비슷한 상황이 발생한다는 것을 잘 알고 있고 그 점에 비추어 보면 영수의 판단이 합리적이라고 생각하기 때문이다. 즉 전제가 결론을 100% 보장해 주지는 않지만 상당히 높은 수준으로 보장해 줄 경우 우리는 그러한 종류의 추론을 행하는 것을 비합리적이라고 생각하지 않는다.

우리가 신뢰할만한 이러한 종류의 추론 내지 논증에 해당하는 것이 귀납이다. 귀납의 영어표현 induction에서 in은 "안으로(into)"를 의미한다. 즉 어원적으로 귀납은 "(밖에 있는 것들을) 안으로 끌고 들어간다"를 의미한다. 여기서는 밖에 있었던 것들이 전제에 해당하고 그것들이 들어간 안이 결론에 해당한다. 즉 귀납은 전제에 해당하는 내용들을 결론에 해당하는 내용의 일부로 끌고 들어가는 형태의 논증에 해당한다. 이때 주의할 것은 전제가 결론을 포함하는 것이 아니라 결론이 전제를 포함한다는 것이다. 즉 귀납은 전제가 결론 내용의 일부에 해당할 뿐, 결론 내용 전부를 의미하지는 않는, 그로 인해 주어진 전제(들)을 넘어선 내용을 결론으로 삼는 논증에 해당한다.

가령 위의 연역과 반대로 귀납은 "영수가 죽었다."는 전제로부터 이를 일반화 한 "모든 사람은 죽는다."와 같은 결론을 끌어내는 형태의 논증이다. 영수의 죽음은 모든 사람의 죽음의 일부에 해당한다. 이 경우 결론이 전제의 범위를 넘어서 있기 때문에 전제가 모두 참이더라도 결론이 반드시 참이라고 할 수 없다. 가령 먼 미래에 만화영화 <은하철도 999>에서 철이가 찾았던 죽지 않는 그런 사람을 발견할 수도 있다. 하지만 이럴 가능성은 그리 높지 않다. 이러한 점에 착안하여 귀납을 정의하면 귀납은 전제가 결론을 개연적으로 지지해 주는 즉 **전제가 참이라면 결론이 개연적으로 참이 되는 형태의 논증**이다.

따라서 귀납논증에서 우리는 논증이 올바르다/잘못되었다고 말할 수 없다. 대신 결론을 지지해 줄 개연성이 높은 논증과 그렇지 못한 논증을 구분할 수 있다. 일반적으로 전자의 논증을 좋은 논증이라고 하고 후자의 논증을 나쁜 논증이라고 한다. 대신 귀납에서는 전제가 결론을 지지해 주는 정도에 따라 더 강한 지 약한 지를 논할 수 있다. 가령 "영수가 죽었다."는 전제에 "철호도 죽었다."는 전제가 추가되고 이로부터 "모든 사람은 죽는다."는 결론을 끌어냈다면 이 논증은 앞서 언급한 논증보다 결론을 더 강하게 지지한다. 반대로 전자는 후자보다 더 약하게 지지한다. 귀납의 경우 "더 강한(더 약한)" 등의 표현을 사용하여 논증의 강도를 비교, 평가한다.

(3) 타당성과 건전성

다음 두 삼단 논법을 고려해 보자.

(1) 모든 사과는 과일이다. (대전제)
모든 부사는 사과이다. (소전제)
따라서 모든 부사는 사과이다. (결론)

(2) 모든 사과는 식물이다. (대전제)
모든 여자는 사과이다. (소전제)
따라서 모든 여자는 식물이다. (결론)

두 논증은 모두 다음과 같은 형식을 지니고 있다. “모든 M는 P이다. 모든 S는 M이다. 따라서 모든 S는 P이다” (*). 같은 형식을 갖고 있음에도 불구하고 (1)의 논증 예는 올바르지만 (2)는 그렇지 않아 보일 것이다. 왜냐하면 (1)의 경우 전제 결론 모두 참이지만, (2)의 경우 소전제와 결론이 거짓이기 때문이다.

여기서 두 논증이 같은 형식을 지니고 있다는 것은 논증의 타당성과 밀접히 연관된다. 전제가 참이라는 가정에서 전제가 결론의 참을 보장할 때 우리는 그 논증이 타당(valid)하다고 하고, 그렇지 못할 경우 **부당**(invalid)하다고 한다. 일단 (*) 형식을 지닌 논증은 타당하다. 왜냐하면 첫째 전제는 M에 해당하는 집합이 P에 해당하는 집합에 부분집합이 된다는 것을 의미하고 있고 둘째 전제는 S에 해당하는 집합이 M에 해당하는 집합에 부분집합이 된다는 것을 의미하고 있기 때문에 이 두 전제를 받아들일 경우 S에 해당하는 집합이 P에 해당하는 집합에 부분집합이 된다는 것을 받아들일 수 있고 이에 상응하는 진술이 각각의 결론이기 때문이다.

이와 관련하여 주의할 것은 타당성에 관한 한 전제가 실제로 참인지는 중요하지 않다는 것이다. 즉 전제가 참이라고 가정 했을 때 결론이 참이라고 말할 수 있는 지 없는지가 타당성을 평가하는 기준이지 실제 전제와 결론이 참인지 아닌지는 타당성의 평가기준이 아니다. 가령 위의 두 논증은 모두 타당하다. 그 이유는 (*)로 표시한 논증 형식을 두 예가 모두 만족하고 있고, (*) 형식을 만족하는 예는 모두 타당하기 때문이다.

관련하여 타당한 **논증의 전제가 실제로 참이어서 결론 또한 실제로 참일 경우**, 우리는 그러한 논증을 건전하다(sound)고 하고 그렇지 못할 경우 건전하지 않다(unsound)고 한다. 이런 점에서 예 (1)은 타당할 뿐만 아니라 건전한 논증이다. 반면 예 (2)는 타당하지만 건전하지 않은 논증이다.

연역 논리학은 타당성을 통해 정의되며 실제로 연역 논리학에서 연구하는 논증은 타당한 논증이다. 즉 연역 논리학은 논증의 건전성이 아닌 타당성을 연구한다. 이 점에서 연역 논리학은 논증을 구성하는 전제와 결론이 실제로 참인지 여부에 대해서는 큰 관심을 갖지 않는다. 그것들이 참인지 아닌지는 전제, 결론을 구성하는 문장들의 내용을 다루는 개별 학문에서 밝혀야 할 과제이지 연역 논리학에서 밝혀야 할 과제는 아니다. 연역 논리학은 전제의 참을 보장하지 않기 때문에 결론의 참 또한 보장하지 않는다.

※ 일상에서 논증에 대한 비판은 타당성과 건전성 두 가지 차원에서 제기될 수 있다. 가령 위 (2)의 경우, 논증이 타당하기 때문에 우리는 타당성 대신 건전성을 문제 삼을 수 있다. 건전성을 문제 삼는 가장 좋은 방법은 주장과 모순을 일으키는 반례를 제시하는 것이다. 가령 가수 이소라가 사람이지만 사과는 아니라는 점을 들어 (2)의 소전제를 비판할 수 있다.

III. 타당성 평가하기(1): 삼단논법의 벤다이어그램에 의한 타당성 평가

(1) 정언명제

전통 논리학을 대표하는 아리스토텔레스 삼단논법은 정언명제라고 불리는 특수한 형태의 문장들을 다룬다. "정언적(categorical)"이라는 용어는 술어를 뜻하는 희랍어에서 온 "범주(category)"라는 말과의 관련성으로 인해 사용되었다. 아리스토텔레스는 존재하는 것들의 방식을 10가지 범주로 구분하고 그 범주들에 맞는 술어를 사용할 수 있다고 보았다. 정언 명제는 주어가 (그러한) 술어와 연관을 맺는 문장들에 적용된다.

기본적으로 정언 명제는 주어와 술어명사, 계사(copula), 그리고 주어 앞에 오는 양화사로 이루어진다. 계사로는 "이다"와 "아니다"가 올 수 있으며, 양화사로는 "모든"과 "어떤"이 올 수 있다. 따라서 정언 명제들의 표준 형식으로 다음의 4가지를 고려할 수 있다.

1) 전칭긍정(약호: A): 모든 S는 P이다.
2) 전칭부정(약호: E): 모든 S는 P가 아니다(어떠한 S도 P가 아니다).
3) 특칭긍정(약호: I): 어떤 S는 P이다.
4) 특칭부정(약호: O): 어떤 S는 P가 아니다.

전칭과 특칭 "모든"과 "어떤"이 양에 따른 구분을 나타내며, 긍정과 부정 "이다"와 "아니다"는 질에 따른 구분을 나타낸다.

정언 명제들의 주어, 술어명사가 동일한 경우에 그 명제들 사이에 위의 네 가지명제들 사이의 상호관계가 성립되는데 이는 모순(contradiction), 반대(contrary), 소반대(subcontrary), 함의(implication)라고 불리는 "대당 관계(relations of opposition)"를 이룬다. 대당 관계들은 정언 형식의 명제들 사이에 성립하는 진리 값의 관계들을 보여준다. 대당 관계에서 흥미로운 부분은 가령 "모든 까마귀는 검다"와 "어떤 까마귀는 검지 않다" 사이에 성립하는 모순관계로 A와 O형 그리고 E와 I형 문장 사이에 그러한 관계가 성립한다. 즉 A(E)형의 문장이 참일 경우 O(I)형의 문장은 거짓이고, A(E)형의 문장이 거짓일 경우, O(I)형의 문장은 참이 된다.[4]

(2) 타당성 평가

이제 벤다이어그램을 이용한 삼단논법의 타당성 검사 방법 즉 어떤 정언삼단논증이 타당한지 부당한지를 알아보기 위해 사용하는 시각적인 확인 방법을 살펴보자.

※ 정언명제들을 벤다이어그램으로 그리기[5]

A. 한 원 그리는 방법 (S: 주어, P: 술어):

1) S와 P가 지칭하는 대상들의 집합을 S와 P가 표시된 원들로 표시한다.
2) S(또는 P)가 공집합이라는 것 즉 S에 아무 원소도 없다는 것은 원 안을 빗금을 그어 표시한다.
3) S에 적어도 하나의 원소가 있다는 것은 원 안에 변항 기호 x를 써 넣어 표시

4 기타 대당 관계와 관련된 자세한 사항은 일반 논리학 교재 예를 들어 바커, 『논리학의 기초』(서광사, 1986)를 참조할 것.

5 정언명제의 벤다이어그램을 그리는 방식에 대해서는 서정선, 『논리학의 첫걸음』, 181-82쪽 등을 참조할 것.

한다. 이는 어떤 사과처럼 적어도 하나의 막연한 불특정 대상이 있다는 것을 나타낸다.

4) S의 여집합인 $\bar{S}$는 S원을 제외한 밖의 부분을 나타낸다.

B. 두 원 그리는 방법: 두 원은 상호 겹치는 부분이 있게 그려야 한다. 이때

1) 두 개의 원 둘 다에 속하는 영역은 SP로 표시한다. 이는 두 집합의 교집합에 해당한다.

2) 하나의 원에 속하고 다른 하나의 원에 속하지 않는 영역은 $S\bar{P}$, $\bar{S}P$로 표시한다. (전자는 S에 속하고 P에 속하지 않는 것을 후자는 P에 속하고 S에 속하지 않는 것을 나타낸다.) 이는 차집합에 해당한다.

C. 세 원 그리는 방법: 정언삼단논증에 대한 벤다이어그램을 그리기 위해서는 세 원이 필요하다. 이는 두 원을 그리는 방법과 같은 방법으로 그리면 된다.

※ 벤다이어그램에 의한 타당성 평가

먼저 정언명제에 대한 벤다이어그램은 아래의 표와 같다.

정언명제 기본형	벤다이어그램
A: 모든 S는 P이다	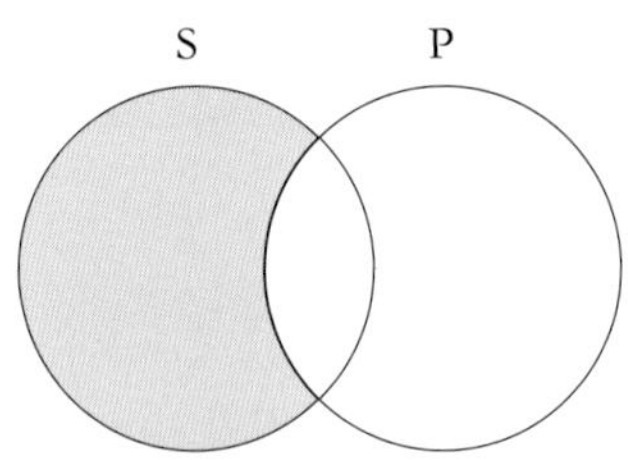
E: 모든 S는 P가 아니다	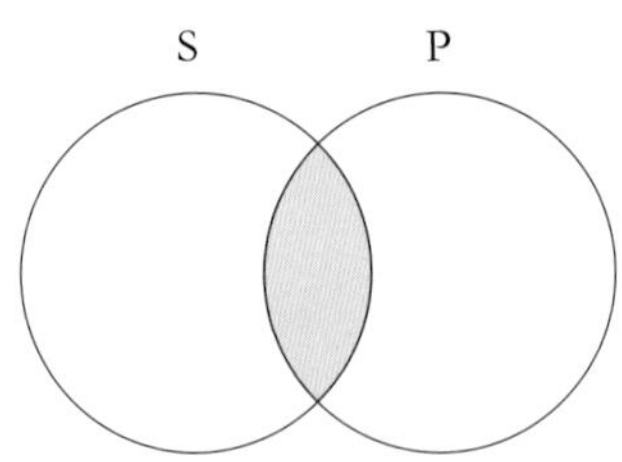

I: 어떤 S는 P이다	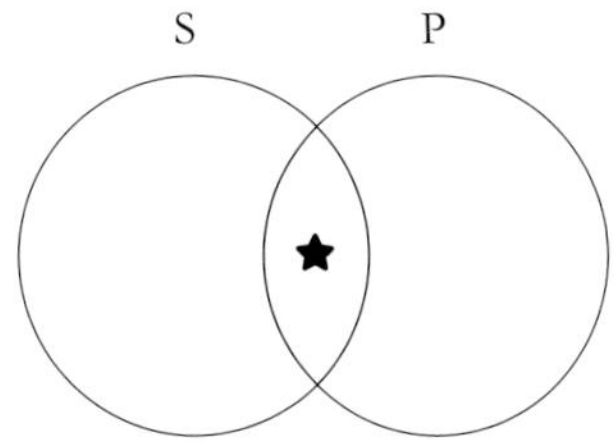
O: 어떤 S는 P가 아니다	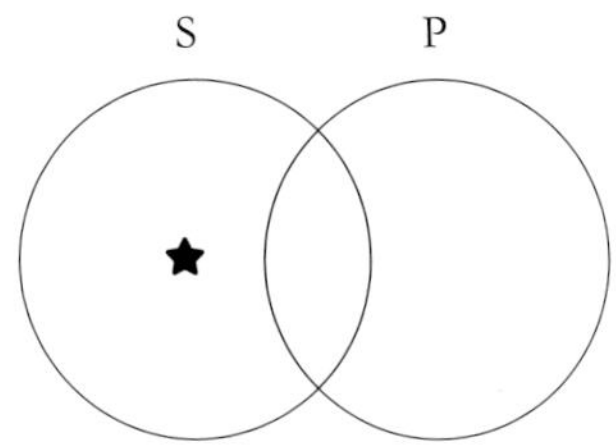

벤다이어그램에 의한 정언삼단논증의 타당성 평가는 다음의 단계에 의해 이루어진다.

1단계: 두 전제를 구성하는 세 개념(S, M, P)의 관계를 나타내는 벤다이어그램을 그린다.

2단계: 그려진 그림에서 결론의 내용을 읽어낼 수 있으면 이 논증은 타당하고 그렇지 않으면 부당하다.

※ 주의사항

1. 두 전제들이 모두 전칭명제이거나 모두 특칭명제일 경우, 아무 전제나 먼저 그려도 된다.
2. 두 전제들 중 하나가 전칭명제이고 다른 하나가 특칭명제일 경우, 전칭명제를 먼저 그린 후 나머지 영역에 특칭명제를 그린다.
3. 특칭명제가 경계선을 중심으로 한 두 영역 중 어디에 x를 표시해야 하는 지를 언급하고 있지 않을 때는 경계선상에 x 표시를 한다.

IV. 타당성 평가하기(2): 명제논리의 진리표에 의한 타당성 평가

(1) 기호화

명제 논리학에서는 정언명제에 제한되지 않은 명제 일반을 다룬다. 명제 논리학에서는 문장을 하나의 분리되지 않는 단위로 하며, 문장을 구성하는 주어, 술어 같은 내부구조에 대해서는 관심이 없다. 오직 문장과 문장의 논리적 결합에만 관심을 갖는다.

이제 아래 예들을 고려해 보자.

예1) 철수는 음악회에 간다.

예2) 철수는 음악회에 가고 영희는 발표회에 간다.

명제는 예1)처럼 더 이상 다른 명제로 분석될 수 없는 요소명제와 예2)처럼 여러 명제가 결합된 복합명제로 나뉜다. 명제와 명제의 결합을 위해 일상 언어에서 접속사가 필요하듯이, 논리학에서도 접속사가 필요하다. 논리학에서는 그것을 연결사(connectives)라고 부르는 데, "그리고", "또는", "만약 --이면", "--이 아니다"에 해당하는 연언(conjunction), 선언(disjunction), 조건언(if then or implication), 부정(negation) 등이 이에 해당한다.

명제논리에서 요소명제에 해당하는 단순문장은 p, q, r 등으로 기호화 하고, 연결사 연언은 ∧로, 선언은 ∨로, 조건언은 →로, 부정은 ~로 나타낸다. 가령 위 예들은 다음과 같이 기호화될 수 있다. (p: 철수는 음악회에 간다. q: 영희는 발표회에 간다.)

예1) p.

예2) p∧q.

(2) 진리표에 의한 타당성 평가

진리표는 요소명제들이 가질 수 있는 모든 가능한 진리 값들의 조합에 대응하여 합성명제의 진리 값을 만들어내는 기계적인 방식이다. 이를 통하여 우리는 논증의 타당성을 검토할 수 있다. 우선 가장 단순한 형태의 합성명제의 진리표는 아래와 같다.

〈가장 단순한 형태의 합성명제의 진리표〉

p	q	p∧q	p∨q	p→q	p↔q	~p
T	T	T	T	T	T	F
T	F	F	T	F	F	F
F	T	F	T	T	F	T
F	F	F	F	T	T	T

이러한 진리표를 사용하면 합성 명제들은 크게 다음의 세 가지로 분류될 수 있다.

1. 항진 : 항상 참

   예) "p∨~p"(배중률) : 영희는 모범생이거나 모범생이 아니다.
2. 항위 : 항상 거짓

   예) "p∧~p"(모순) : 영희는 학생이면서 학생이 아니다.
3. 우연 : 경우에 따라서 참이 되기도 하고, 거짓이 되기도 함

   예) "p∧q" : 영희는 학생이고 안경을 꼈다.

동일률, 무모순율, 배중률처럼 논리적 원리로 간주되는 것들은 항진의 범주에 속한다. 이제 논증의 타당성을 살펴보기 위해 다음의 예를 고려해 보자.

예3) 만약 영희가 철수를 좋아한다면, 영희는 철수에게 초콜릿을 줄 것이다.

영희는 철수를 좋아한다.

따라서 영희는 철수에게 초콜릿을 줄 것이다.

이는 다음처럼 기호화될 수 있다. (P: 영희는 철수를 좋아한다, q: 영희는 철수에게 초콜릿을 준다)

$$p \rightarrow q.\ p \therefore q$$

기호화된 각 명제의 진리표를 고려하면 아래와 같다.

p	q	p → q.	p	∴ q
T	T	T	T	T
T	F	F	T	F
F	T	T	F	T
F	F	T	F	F

이제 위 진리표 상에서 전제가 모두 T인 경우(첫째 줄)을 고려해 보자. 이 경우 결론 q 또한 T이다. 즉 전제가 모두 참이라면 결론 또한 참이다. 따라서 이 논증은 타당하다. 이는 타당성 개념을 활용한 타당성 점검 방식으로 이 방식은 다음의 단계로 이루어진다.

1단계. 논증을 기호화 하고 진리 값을 할당하기

2단계. 전제들이 모두 참인 라인을 체크하기

3단계. 해당 라인들의 결론 또한 참이면 그 논증은 타당하고 그렇지 않으면 부당

| 생각해보기 |

우리가 논리학자라면

1. 5쪽에 나오는 가인의 추론 예를 논증으로 표현해 보고 연역, 귀납인지를 판별하고 연역이면 왜 연역인지를 귀납이면 왜 귀납인지를 설명해 보자. 아울러 가인이 기분이 좋았던 것이 그가 "나는 작년과 같은 봉급을 받게 될 것이다."라는 결론을 내린 데 의한 것이라고 할 때, 이를 논증 과정으로 표현해 보고, 어느 과정에 잘못이 있는지를 지적해 보자.

2. 다음 논증을 비판해 보자. (PSAT기출)

전제 1 : 만일 국제 평화가 유지된다면, UN은 불필요하다. 또 만일 국가 간에 전쟁이 일어난다면, UN은 전쟁 방지라는 목적을 성취하지 못한 것이기 때문에 불필요하다.

전제 2 : 국가 간에는 평화 아니면 전쟁 상태만 존재한다.

결 론 : 따라서 UN은 불필요하다.

3. 벤다이어그램에 의해 아래 논증의 타당성을 평가해 보자.

(1) 모든 남자는 늑대이다. 어떤 학생은 남자가 아니다. 따라서 어떤 학생은 늑대가 아니다.

(2) 모든 여자는 여우이다. 어떤 여자는 연예인이다. 따라서 어떤 연예인은 여우이다.

4. 다음 논증을 명제언어로 기호화하고 논증의 타당성을 진리표를 통해 평가해 보자.

만약 영희가 늦게 잔다면, 영희는 아침에 늦게 일어날 것이다.
영희가 늦게 일어난다면, 영희는 학교에 늦을 것이다.

따라서 영희가 늦게 잔다면, 영희는 학교에 늦을 것이다.

• 인식론 •

지식이란 무엇일까?

정재민

I. 인식론: 맥락과 배경

우리 모두는 지식과 믿음을 갖고 있다. 그리고 이러한 지식과 믿음은 우리의 삶의 여러 영역에 큰 영향을 끼친다. 가령 아침에 자신의 집 침실에서 일어난 옥희가 목이 마르다고 해 보자. 그는 물을 마시기 위해 부엌으로 가서 냉장고 문을 열 것이다. 그가 이러한 행동을 하는 중요한 이유 중 하나는 자신의 집 부엌에 냉장고가 있고 그 안에 물이 있다는 사실을 **알기** 때문일 것이다. 만약 그가 이러한 **지식**을 가지고 있지 않았다면, 그의 행동 방식은 달랐을 것이다. 지식만이 우리의 행위에 영향을 끼치는 것은 아니다. 지식이 아닌 **믿음**도 우리의 행위에 큰 영향을 끼친다. 가령 늦잠을 잔 옥희가 아침에 일어나 출근을 하려고 밖을 보니 구름이 잔뜩 낀 흐린 날씨라고 해 보자. 불행히도 그에게는 일기예보를 확인할 시간이 없다. 옥희는 비가 올지 안 올지 **모른다**. 만약 비가 올 것이라고 **믿는다**면, 그는 우산을 들고 출근할 것이다. 반면 비가 올 것이라고 **믿지 않는다**면, 그는 우산을 집에 놓고 출근할 것이다. 이처럼 지식과 믿음은 우리 행위의 중요 이유가 된다. 물론 지식과 믿음의 역할은 물을 마시는 행위나 우산을 들고 가는 행위와 같이 비교적 사소한 것에 한정되지 않는다. 지식과 믿음은 우리 삶의 매우 중요한 영역에도 큰 영향을 끼친다. 따라서 우리가 어떠한 지식과 믿음을 갖고 있느냐는 우리의 삶에 있어 매우 중요한 문제일 것이다. 그렇다면 지식과 믿음의 본성을 이해하는 것은 우리에게 있어 매우 중요한 문제 중 하나라고 할 수 있다. 인식론은 지식과 믿음의 본성을 탐구하는 철학의 한 분야이다.

인식론에서 다루는 주요 질문은 다음과 같다: 지식이란 무엇인가? 지식의 원천은 무엇인가? 우리는 어디까지 알 수 있는가? 믿음은 어떻게 정당화되는가? 믿음에 대한 정당화는 우리 마음 안에서 이루어지는가 아니면 마음 밖에서 이루어지는가? 지식을 포함한 우리의 믿음 체계는 어떠한 구조를 지니는가? 앞으로 우리는 이 중 첫 번째 질문을 중심으로 논의를 진행해 나가도록 하겠다.

II. 지식에 대한 전통적 정의와 게티어 상황

지식이란 무엇인가? 우선 지식이란 우리 외부에서 우리와 독립적으로 존재하는 것들과는 다른 종류의 것이다. 가령 지식은 태양이나 달처럼 우리 외부에 독립적으로 존재하는 것이 아니다. 분명한 점은 지식은 우리 내부에 있는 심적 상태 중 하나라는 점이다. 그렇다면 지식은 어떠한 종류의 심적 상태인가? 지식을 정의하기 위해서는 그것을 위한 필요·충분조건을 제시해야 한다. 그렇다면 위의 질문은 다음과 같이 재 서술될 수 있다: 어떤 심적 상태가 지식이 되기 위한 필요·충분조건은 무엇인가? 이 질문에 대한 본격적인 논의에 앞서 우선 필요조건, 충분조건, 필요·충분조건이 무엇인지를 각각 간략히 살펴보자.

앞으로의 논의에서 참이나 거짓이 될 수 있는 것을 '명제'라고 하자. 명제는 지식의 대상이 될 수 있는 것이다. 명제 X가 명제 Y를 위한 필요조건이라는 것은 만약 Y가 참이라면 X도 반드시 참이어야 한다는 것이다. 이를 달리 말하면, X가 Y를 위한 필요조건이라는 것은 만약 X가 거짓이라면, Y도 거짓이어야 한다는 것이다. 가령 "복실이는 강아지이다"라는 명제와 "복실이는 동물이다"라는 명제를 고려해 보자. 만약 "복실이는 동물이다"라는 명제가 거짓이라면, "복실이는 강아지이다"라는 명제도 거짓일 수밖에 없다. 왜냐하면 동물이 아닌 강아지는 있을 수 없기 때문이다. 따라서 "복실이는 동물이다"라는 명제가 참이라는 것은 "복실이는 강아지이다"라는 명제가 참이 되기 위한 필요조건이다.

명제 X가 명제 Y를 위한 충분조건이라는 것은 만약 X가 참이라면 Y도 반드시 참이어야 한다는 것이다. 가령 "정희는 여자이다"라는 명제가 참이라는 것은 "정희는 사람이다"라는 명제가 참이 되기 위한 충분조건이다. 왜냐하면 "정희는 여자이다"라는 명제가 참이라면 "정희는 사람이다"라는 명제도 반드시 참일 것이기 때문이다.

명제 X가 명제 Y를 위한 필요·충분조건이라는 것은 X가 Y를 위한 필요조건인 동시에 충분조건이라는 것이다. 이를 달리 말하면, X가 Y를 위한 필요·충분조건이라는 것은 만약 X가 참이라면 Y도 반드시 참이어야 하고, 만약 X가 거짓이라면 Y도 반드시 거짓이어야 한다는 것이다. 가령 "정희는 결혼을 하지 않은 성인 여자이다"라는 명제는 "정희는 처녀이다"라는 명제를 위한 필요·충분조건인 것으로 보인다. 왜냐하면 "정희는 결혼을 하지 않은 성인 여자이다"라는 명제가 거짓이라면 "정희는 처녀이다"라는 명제도 거짓일 것이고, "정희는 결혼을 하지 않은 성인 여자이다"라는 명제가 참이라면, "정희는 처녀이다"라는 명제도 참일 것이기 때문이다.

어떤 개념을 분석하여 정의하는 것은 그 개념에 대한 필요·충분조건을 제시하는 것으로 이해될 수 있다. 그렇다면 지식을 위한 필요·충분조건은 무엇인가? 이러한 질문에 대한 탐구는 아주 오래전부터 이루어졌다. 가령 플라톤은 다음과 같이 지식을 정의한 것으로 이해된다.

지식에 대한 전통적 정의:

S는 P를 안다 iff

(1) P는 참이고,

(2) S는 P를 믿고,

(3) P에 대한 S의 믿음은 정당화되었다.

여기서 'S'는 지식을 지니는 앎의 주체를 나타내고, 'P'는 지식의 대상이 되는 명제를 타나낸다. 마지막으로 'iff'는 영어 표현 'if and only if'를 줄여서 쓴 것으로, "(1) P는 참이고, (2) S는 P를 믿고, (3) S에 대한 P의 믿음은 정당화되었다"가 "S는 P를 안다"를 위한 필요·충분조건임을 나타낸다. 즉 만약 실제로 "(1) P는 참이고, (2) S는 P를 믿고, (3) S에 대한 P의 믿음은 정당화되었다"가 "S는 P를 안다"를 위한 필요·충분조건이라면, 전자가 참일 때 후자도 반드시 참이고, 전자가 거짓일 때 후자도 반드시 거짓일 것이다. 이와 같은 지식에 대한 정의를 '지식에 대한 전통적 정의'라고 부른다. 그리고 여기서 (1)을 지식을 위한 '진리 조건', (2)를 지식을 위한 '믿음 조건', (3)을 지식을 위한 '정당화 조건'이라고 부른다. 여기서 주목할 점은, 지식에 대한 전통적 정의에 따르면, 진리 조건, 믿음 조건, 정당화 조건 각각은 지식을 위한 필요조건이라는 점이다. 이 점은 우리가 갖고 있는 상식에 잘 부합하는 것 같다. 우선 지식을 위한 진리 조건부터 고려해 보자. 우리는 거짓인 명제에 대해 그것을 안다고 할 수 없다. 예를 들어, 비록 어떤 사람이 "지구는 평평하다"라는 거짓인 명제를 믿을 수는 있겠지만, 그가 "지구는 평평하다"라는 점을 안다고 할 수는 없을 것이다. 지식을 위한 믿음 조건도 매우 받아들일만하다. 예를 들어, 만약 어떤 사람이 "지구는 둥글다"라는 것을 애당초 믿지 않는다면, 그는 "지구는 둥글다"라는 점을 안다고 할 수 없을 것 같다. 어떤 명제를 알기 위해서는 그것을 마음에 떠올려 파악하는 것이 필요하고, 바로 그 명제에 대한 믿음이 이러한 역할을 하는 것 같다. 이처럼 믿음 조건이 지식을 위한 필요조건이라면, 지식은 믿음이라는 심적 상태의 한 종류일 것이다. 마지막으로 정당화 조건을 고려해 보자. "S에 대한 P의 믿음은 정당화되었다"에서 '정당화'가 의미하는 바는 무엇인가? 이는 S가 P가 참이라고 믿을만한 좋은 증거를 지니고 있음을 의미한다. 혹은 S가 P가 참임을 증명할 수 있음을 의미한다. 이러한 정당화 조건도 지식을 위한 필요조건인 것으로 보인다. 예를 들어, 어떤 사람이 좋은 증거도 없이 "우리 우주 말고 또 다른 우주가 존재한다"라는 것을 믿는다고 해 보자. 그리고 우리 우주 말고 또 다른 우주가 실제로 존재한다고 가정해 보자. 그렇다고 그가 "우리 우주 말고 또 다른 우주가 존재한다"라는 것을 안다고 할 수 있을까? 그렇지 않은 것 같다. 참인 믿음이 지식이 되기 위해서는 그것이 적절한 증거에 의해 뒷받침되어야 하는 것 같다.

지식에 대한 전통적 정의는 직관적 호소력이 있다. 그래서 다수의 철학자들에 의해 지식에 대한 적절한 정의로 받아들여졌다. 그리고 몇몇 철학자들은 이와 유사한 방식으로 지식을 정의하고자 시도했다. 가령 로데릭 치좀(Roderick Chisholm, 1916~1999)은 지식을 다음과 같이 정의한다.

지식에 대한 치좀의 정의:

S는 P를 안다 iff

(1) P는 참이고,

(2) S는 P를 수용하며,

(3) P에 대한 S를 위한 적절한 증거를 지닌다.

또한 알프레드 에이어(Alfred Ayer, 1910~1989)는 지식을 다음과 같이 정의한다.

지식에 대한 에이어의 정의:

S는 P를 안다 iff

(1) P는 참이고,

(2) S는 P가 참이라고 확신하며,

(3) S는 P가 참이라고 확신할 권리가 있다.

이들의 정의는 지식에 대한 전통적 정의와 다소간에 차이는 있지만 매우 유사하고 큰 틀에서 같은 방식으로 이해될 수 있다.

그렇다면 지식에 대한 전통적 정의는 지식을 성공적으로 정의하는가? 1963년에 출판된 논문 "지식은 정당화된 참인 믿음인가?"에서 에드먼드 게티어(Edmund Gettier, 1927~)는 그렇지 않다는 점을 흥미로운 방식으로 논증한다. 게티어는 지식에 대한 전통적 정의가 거짓이 되는 것으로 보이는 두 가지 흥미로운 상황을 제시한다. 그 중 하나를 소개하자면 다음과 같다:

게티어 상황 1

취업 준비생인 명숙과 효정은 A 회사에 입사 지원을 했고, 둘이 같이 최종 면접시험을 보았다. 불행히도 둘 중 한명만이 A 회사에 입사하게 된다. 그런데 명숙은 다음 명제에 대한 아주 좋은 증거를 가지고 있다.

(가) 효정이 A 회사에 입사하고 그의 지갑에는 100원짜리 동전 10개가 있다.

(가)에 대해 명숙이 가지고 있는 증거는 다음과 같다. A 회사 사장은 명숙을 만나서 "효정이 A 회사에 입사한다"라고 말해 주었다. 그리고 (어떤 이유에서이든 간에) 10분 전에 명숙은 효정의 지갑에 있는 100원짜리 동전의 개수를 세어보았다. (가)를 토

대로 명숙은 다음 문장 (나)를 믿게 되었다.

(나) A 회사에 입사하는 사람의 지갑에는 100원짜리 동전 10개가 있다.

여기서 주목할 점은 (가)가 참이면 (나)도 반드시 참일 것이라는 점이다. 또한 (가)를 위한 명숙의 증거는 (나)를 위한 좋은 증거도 된다. 따라서 (나)에 대한 명숙의 믿음은 정당화된 것이라고 볼 수 있다. 그런데 사실 명숙 그 자신은 미처 몰랐지만 효정이 아닌 명숙이 A 회사에 입사한다고 해 보자. 더 나아가 그의 지갑에도 100원짜리 동전 10개가 있다고 해 보자. 이제 (가)는 거짓이지만, (나)는 여전히 참이다. 그렇다면 명숙은 (나)에 대해 참인 정당화된 믿음을 갖고 있는 것이 된다.

게티어 상황 1에서 과연 명숙이 (나)를 안다고 할 수 있을까? 그렇지 않은 것으로 보인다. 왜냐하면 (나)가 참인 것은 명숙이 미처 몰랐던 정보에 크게 의존하기 때문이다. 그렇다면 지식에 대한 전통적 정의가 말하는 것과는 달리, "P는 참이고, S는 P를 믿고, P에 대한 S의 믿음은 정당화되었다"가 "S는 P를 안다"를 위한 충분조건은 아닌 것이 된다. 여기서 주목할 점은 게티어 상황 1에서 진리 조건, 믿음 조건, 정당화 조건 각각이 지식을 위한 필요조건이라는 점이 부정되지는 않는다는 것이다. 다만 참된 정당화된 믿음이 지식을 위한 충분조건이라는 점이 부정되는 것이다.

아래에서는 게티어가 제기한 문제를 해결하기 위한 철학자들의 몇 가지 시도를 살펴볼 것이다. 이를 통해서 지식을 정의하는 문제가 생각보다 까다로운 것임을 확인할 수 있을 것이다.

III. 어떻게 지식에 대한 전통적 정의를 수정할 것인가?

게티어가 제기한 문제에 대한 해결책은 다음과 같이 크게 두 가지로 나뉜다.

(i) 믿음이 정당화되는 조건을 강화한다.

(ii) 진리 조건, 믿음 조건, 정당화 조건 이외에 지식을 위한 추가 조건을 제시한다.

(i)은 참인 믿음이 지식이 되기 위해 필요한 증거가 될 수 있는 것들을 제약함으로써 게티어 문제를 해결하고자 한다. 가령 거짓인 믿음이 정당화되는 것은 애당초 불가능하다는 방식으로 정당화 조건을 강화하면, 게티어 상황 (1)에서 거짓인 (가)에 대한 명숙의 믿음은 정당화될 수 없고, 따라서 (나)에 대한 명숙의 믿음도 정당화될 수 없을 것이다. 반면 (ii)는 진리 조건, 믿음 조건, 정당화 조건이 지식을 위한 충분한 조건이 아니라는 점을 받아들이고, 추가 조건을 제시함으로써 게티어 문제를 해결하고자 한다. 여기서 우리는 추가 조건을 제시하는 해결책 (ii)에 초점을 맞출 것이다.

(1) 거짓 전제의 배제

길버트 하만(Gilbert Harman, 1938~)은 다음과 같은 지식을 위한 새로운 필요조건을 제시한 것으로 이해된다.

- S가 P를 안다면 S의 P에 대한 믿음은 거짓인 전제에 의존하지 않고서 정당화 될 수 있다.

이 추가 조건을 포함하면 지식은 다음과 같이 새롭게 정의될 수 있다:

지식에 대한 전통적 정의 수정 1 (이하 수정 1):

S는 P를 안다 iff

(1) P는 참이고,

(2) S는 P를 믿고,

(3) P에 대한 S의 믿음은 정당화되었고,

(4) S의 P에 대한 믿음은 거짓 전제에 의존하지 않고서 정당화 될 수 있다.

수징 1은 게티어 상황 1에서 왜 명숙이 (나): "A 회사에 입사하는 사람의 지갑에는 100원짜리 동전 10개가 있다"를 안다고 할 수 없는지 설명할 수 있다. 게티어 상황 1에서 명숙의 (나)에 대한 참인 믿음은 "효정이 A 회사에 입사한다"는 거짓 전제에 의존하지 않고서는 추론될 수 없다. 따라서 지식을 위한 새로운 필요조건인 (4)를 만족할 수 없다. 그러므로 수정 1에 따르면, 명숙은 (나)를 안다고 할 수 없다.

그렇다면 수정 1은 지식을 성공적으로 정의하는가? 불행히도 그렇지 않은 것으로 보인다. 앨빈 골드만(Alvin Goldman, 1938~)이 기본적인 아이디어를 제시한 다음 상황을 생각해 보자.

게티어 상황 2

은미의 앞에 해바라기 꽃이 하나 놓여 있다. 그런데 사실 이 해바라기 꽃과 은미 사이에 레이저 홀로그램이 있고 이는 해바라기 꽃을 향한 은미의 시야를 가로막고 있다. 이 레이저 홀로그램은 해바라기 꽃 모양이고 고해상도라서 시력이 매우 좋은 은미에게조차 실제의 해바라기 꽃처럼 보인다. 더욱이 은미는 이러한 사실을 전혀 모르고 있으며, 자신이 바라보고 있는 것이 레이저 홀로그램이라고 믿을 만한 아무런 이유도 갖고 있지 않다. 이제 이러한 레이저 홀로그램에 의하여 주어진 시각 경험을 통하여 은미는 자신 앞에 해바라기 꽃이 있다고 믿는다.

게티어 상황 2에서 과연 은미가 자신 앞에 해바라기 꽃이 있다는 것을 안다고 할 수 있을까? 그렇지 않은 것으로 보인다. 왜냐하면 은미는 진짜 해바라기 꽃이 아닌 레이저 홀로그램인 가짜 해바라기 꽃을 보고 "내 앞에 해바라기 꽃이 있다"고 믿기 때문이다. 그런데 여기서 주목할 점은 게티어 상황 2에서 은미는 수정 1에서의 네 가지 조건을 모두 만족하는 것으로 보인다는 점이다. 일단 은미 앞에 해바라기 꽃이 있다는 것은 참이다. 비록 진짜 해바라기 꽃 앞을 레이저 홀로그램인 가짜 해바라기 꽃이 막고 있지만 그 뒤에 진짜 해바라기 꽃이 있다는 것은 참이다. 은미는 분명 "내 앞에 해바라기 꽃이 있다"라고 믿고 있다. 게다가 "내 앞에 해바라기 꽃이 있다"는 은미의 믿음은 좋은 증거에 의해 정당화된 것으로 보인다. 왜냐하면 은미가 보고 있는 레이저 홀로그램인 가짜 해바라기 꽃은 은미가 진짜 해바라기 꽃과 똑같은 시각 경험을 하도록 해 주기 때문이다. 즉 은미는 진짜 해바라기 꽃을 볼 때와 똑같은 시각 경험을 하며 "내 앞에 해바라기 꽃이 있다"라는 믿음을 형성한 것이다. 마지막으로 은미의 믿음은 거짓인 전제에 의존하지 않고서 정당화되는 것으로 보인다. 게티어 상황 2에서는 레이저 홀로그램인 가짜 해바라기 꽃이 제공하는 시각 경험 그 자체가 증거로서 직접적으로 "내 앞에 해바라기 꽃이 있다"라는 은미의 믿음을 정당화한다. 그리고 "내 앞에 해바라기 꽃이 있다"라는 명제와 달리, 증거의 역할을 하는 은미의 시각 경험 그 자체는 참, 거짓의 부여 대상이 될 수 없다. 시각 경험 그 자체는 참이나 거짓이 될 수 없고 오직 시각 경험을 통해 형성되는 명제에 대한 믿음만이 참이나 거짓이 될 수 있다. 따라서 은미는 수정 1에서의 마지막 조건도 자연스럽게 만족하는 것으로 보인다. 왜냐하면 "내 앞에 해바라기 꽃이 있다"라는 믿음의 증거인 생생한 시각 경험 그 자체는 참도 거짓 될 수 없기 때문이다. 결국 은미는 수정 1의 4가지 조건을 모두 만족하는 것으로 보인다. 하지만 게티어 상황 2에서 은미는 자기 앞에 해바라기 꽃이 있다는 것을 모르는 것 같다. 이 점을 받아들인다면, 수정 1에서의 네 가지 조건도 지식을 위한 충분조건이 아닌 것으로 보인다.

(2) 지식에 대한 인과론

앞서 살펴본 거짓 전제 배제 조건 대신에 골드만은 다음과 같은 지식을 위한 새로운 필요조건을 제시한다.

- S가 P를 안다면 S의 P에 대한 믿음은 P를 참이게 하는 사실과 인과적 관계를 맺고 있어야 한다.

여기서 인과적 관계는 원인과 결과 관계를 의미한다. 세상의 많은 사건들은 서로 인과적 관계를 맺고 있다. 가령 (많은 경우) 산에 불이 났다는 것은 산에서 연기가 난다는 결과에 대한 원인일 것이다. 물론 이와 달리 인과적 관계를 맺고 있지 않은 사건들도 있다. 가령 프로야구 팬인 보영이 A 팀의 경기를 볼 때마다 A 팀이 경기에서 진다고 해 보자. 그렇다고 해서 보영이 A 팀의 경기를 본다는 것이 A 팀이 경기에서 지는 것의 원인이라고 할 수는 없을 것이다. 골드만이 새롭게 제시한 지식을 위한 필요조건이 말하는 바는 P를 참이게 하는 사실이 S가 P를 믿게 한 원인이어야 한다는 것이다. 이 추가 조건을 포함하면 지식은 다음과 같이 새롭게 정의될 수 있다:

지식에 대한 전통적 정의 수정 2 (이하 수정 2):

S는 P를 안다 iff

(1) P는 참이고,

(2) S는 P를 믿고,

(3) P에 대한 S의 믿음은 정당화되었고,

(4') S의 P에 대한 믿음은 P를 참이게 하는 사실과 인과적 관계를 맺고 있어야 한다.

수정 2도 수정 1과 마찬가지로 왜 게티어 상황 1에서 명숙이 (나)를 안다고 할 수 없는지 설명할 수 있다. 게티어 상황 1에서 명숙의 (나)에 대한 참인 믿음은 "효정이 A 회사에 입사한다"라는 A 회사 사장의 증언과 명숙이 효정의 지갑에 있는 100원짜리 동전의 개수를 세어보았다는 사실을 원인으로 갖고 있다. 즉 (나)에 대한 효정의 믿음은 그것을 참이게 만드는 사실인 명숙이 A 회사에 입사한다는 것과 명숙의 지갑에도 100원짜리 동전이 10개 있다는 사실과 인과적 관계를 맺고 있지 않다. 따라서 지식을 위한 새로운 필요조건인 (4')를 만족할 수 없다. 그러므로 수정 2에 따르면, 명숙은 (나)를 안다고 할 수 없다.

더 나아가 수정 1과 달리 수정 2는 왜 게티어 상황 2에서 은미가 자기 앞 해바라기 꽃의 존재를 안다고 할 수 없는지도 설명할 수 있다. 게티어 상황 2에서 "내 앞에 해바라기 꽃이 있다"라는 은미의 믿음은 그 믿음을 참으로 만드는 실제의 해바라기 꽃과 인과적 관계를 맺고 있지 않다. 은미의 믿음은 레이저 홀로그램인 해바라기 꽃과 인과적 관계를 맺고 있다. 즉 레이저 홀로그램 해바라기 꽃으로 인해 은미는 "내 앞에 해바라기 꽃이 있다"는 믿음을 갖게 되었다. 따라서 지식을 위한 새로운 필요조건인 (4')를 만족할 수 없다. 그러므로 수정 2에 따르면, 은미는 자기 앞에 (실제) 해바라기 꽃이 있다는 것을 안다고 할 수 없다.

그렇다면 수정 2는 지식을 성공적으로 정의하는가? 불행히 이번에도 그렇지 않은 것으로 보인다. 역시 골드만이 제시한 다음 상황을 생각해 보자.

> 게티어 상황 3
>
> 민정은 그의 어린 딸과 수백 채의 한옥들이 줄지어 있는 어느 한옥 마을 거리를 걷고 있다. 한옥을 직접 처음 본 자신의 딸에게 줄지어 있는 수백 채의 한옥들 중 한 한옥을 가리키며 민정은 "저게 한옥이야"라고 말한다. 민정은 본인이 가리킨 것이 실제 한옥이라는 것에 대해 전혀 의심이 없다. 즉 그녀는 그것이 실제 한옥이라고 강하게 믿는다. 그리고 그것은 실제로 한옥이다. 민정은 그 한옥 전체를 볼 수 있으며, 그의 시력은 매우 좋다. 게다가 민정은 충분한 시간 동안 그 한옥을 주의 깊게 보고 있다. 그런데 민정은 전혀 몰랐지만, 그가 가리킨 한옥을 제외하고 그 주변에 줄지어 있는 수백 채의 다른 모든 한옥은 영화 촬영을 위해 만들어진 가짜 한옥이다. 민정이 이들 가짜 한옥을 정면에서 보았을 때 그것들은 실제 한옥과 전혀 차이가 없다. 그러나 진짜 한옥과 달리 이들 가짜 한옥의 뒤편은 텅텅 비어있다.

게티어 상황 3에서 과연 민정이 자신이 가리킨 것이 실제 한옥이라는 것을 안다고 할 수 있을까? 그렇지 않은 것으로 보인다. 왜냐하면 비록 민정이 매우 운이 좋게 수백 채의 한옥들 중 유일한 하나의 진짜 한옥을 가리키며 "저건 한옥이다"라고 믿었지만, 그 주변에 줄지어 있는 수백 채의 다른 가짜 한옥을 가리키며 "저건 한옥이다"라고 믿었을 가능성이 매우 크기 때문이다. 즉 한옥에 대한 민정의 참된 믿음은 너무나 큰 운에 의존한다. 많은 철학자들은 이렇게 큰 운에 의존하는 참된 믿음은 지식이 될 수 없다고 생각한다. 그런데 여기서 주목할 점은 게티어 상황 3에서 민정은 수정 2에서의 네 가지 조건을 모두 만족하는 것으로 보인다는 점이다. 일단 민정이 가리킨 것이 한옥이라는 것은 참이다. 그리고 민정은 그것이 한옥이라는 것을 확신하고 있다. 게다가 "저건 (실제) 한옥이다"라는 민정의 믿음은 (민정의 입장에서) 좋은 증거에 의해 정당화된 것으로 보인다. 왜냐하면 민정은 좋은 시력으로 진짜 한옥을 천천히 보며 생생한 시각 경험을 하고 있기 때문이다. 마지막으로 "저건 (실제) 한옥이다"라는 민정의 믿음은 실제 한옥을 보며 형성된 것이다. 따라서 민정의 믿음은 그것을 참이게 하는 사실과 인과적 관계를 맺고 있다. 하지만 게티어 상황 3에서 민정은 자기가 가리킨 것이 실제 한옥이라는 점을 모르는 것 같다. 이 점을 받아들인다면, 수정 3에서의 네 가지 조건도 지식을 위한 충분조건이 아닌 것으로 보인다.

(3) 민감성 조건

게티어 상황 3은 우리의 믿음이 지나친 우연에 의존해 참이 되는 경우 그것을 지식으로 보기 어렵다는 점을 시사한다. 이러한 점을 극복하기 위해 몇몇 철학자들은 그러한 우연을 다룰 수 있는 양상 조건(modal conditions)을 지식을 위한 새로운 필요조건으로 제시한다. 여기서는 그 중 민감성 조건을 살펴보겠다. 로버트 노직(Robert Nozick, 1938~2002) 다음과 같은 지식을 위한 새로운 필요조건을 제시한다.

- S가 P를 안다면 S의 P에 대한 믿음은 민감하다.

여기서 "S의 P에 대한 믿음은 민감하다"는 것은 "만약 P가 거짓이었더라면 S는 P를 믿지 않았을 것이다"라는 것을 의미한다. 즉 실제로는 P가 참이지만, "만약 P가 실제와는 반대로 거짓이었다면, (그러한 P가 거짓인 가능 세계에서) S는 P를 믿지 않았을 것이다"라는 것을 의미한다. 이러한 형식의 문장을 '반사실적 조건문'이라고 부른다. 그렇다면 민감성 조건을 나타내는 반사실적 조건문의 참, 거짓은 어떻게 결정되는가? 이 질문에 대한 가능한 답변들 중 하나는 다음과 같다: P가 거짓인 가능 세계들 중 현실 세계와 가장 닮은 모든 가능 세계에서 S가 P를 믿지 않는다면 반사실적 조건문이 참이 되고, 그렇지 않으면 거짓이 된다. 그렇다면 P가 거짓인 가능 세계들 중 현실 세계와 가장 닮은 세계는 어떤 세계인가? 이러한 가능 세계는 P가 거짓인 점만 다르고 나머지는 우리가 사는 현실 세계와 (거의) 같은 세계이다. 예를 들어, 시력이 좋은 민정이가 전주 동물원에 가서 한 코끼리를 바라보며, "저기 코끼리가 있다"라는 믿음을 갖게 되었다고 해 보자. 그 코끼리 주변에 다른 코끼리는 없다고 가정해 보자. 그렇다면 민정이는 "저기 코끼리가 있다"가 거짓인 가능 세계들 중 현실 세계와 가장 닮은 세계에서도 "저기 코끼리가 있다"라고 믿을까? 그렇지 않을 것이다. 왜냐하면 그러한 가능 세계에서는 민정이 앞에 코끼리가 없을 것이고, 시력이 좋은 민정이는 그러한 상황에서 "저기 코끼리가 있다"라고 믿지 않을 것이다. 따라서 이러한 상황에서 "저기 코끼리가 있다"라는 민정이의 믿음은 민감하다고 할 수 있다.

지식을 위한 민감성 조건을 추가하면 지식은 다음과 같이 새롭게 정의될 수 있다:

지식에 대한 전통적 정의 수정 3 (이하 수정 3):

S는 P를 안다 iff

(1) P는 참이고,

(2) S는 P를 믿고,

(3) P에 대한 S의 믿음은 정당화되었고,

(4") S의 P에 대한 믿음은 민감하다.

수정 3도 수정 1, 2와 마찬가지로 왜 게티어 상황 1에서 명숙이 (나)를 안다고 할 수 없는지 설명할 수 있다. 가령 명숙은 자신의 지갑에 100원짜리 동전이 9개 있었더라도 (그래서 "A 회사에 입사하는 사람의 지갑에는 100원짜리 동전 10개가 있다"가 거짓이었더라도) A 회사에 입사하는 사람의 지갑에는 100원짜리 동전 10개가 있다"라고 믿었을 것이다. 따라서 게티어 상황 1에서 명숙은 민감성 조건을 만족하지 않는다.

게다가 수정 3은 수정 2와 마찬가지로 왜 게티어 상황 2에서 은미가 자기 앞 해바라기 꽃의 존재를 안다고 할 수 없는지도 설명할 수 있다. 가령 은미는 자신의 믿음을 참으로 만드는 실제의 해바라기 꽃이 레이저 홀로그램 뒤에 있지 않아서 그 믿음이 거짓이었더라도 여전히 레이저 홀로그램 해바라기 꽃을 보며 "내 앞에 해바라기 꽃이 있다"고 믿었을 것이다. 따라서 게티어 상황 2에서 은미는 민감성 조건을 만족하지 않는다.

더 나아가 수정 3은, 수정 1이나 2와 달리, 왜 게티어 상황 3에서 민정이 자기 앞 한옥의 존재를 안다고 할 수 없는지도 설명할 수 있다. 가령 민정이 진짜 한옥 바로 옆에 있는 가짜 한옥을 가리키며 "저게 한옥이야"라고 말했었더라도 그는 여전히 그것이 진짜 한옥이라고 믿었을 것이다. 따라서 게티어 상황 3에서 민정도 민감성 조건을 만족하지 않는다. 따라서 수정 3에 따르면, 민정은 자기 앞 한옥의 존재를 안다고 할 수 없다.

그렇다면 수정 3는 지식을 성공적으로 정의하는가? 이미 예상했겠지만 그렇지 않다. 사울 크립키(Saul Kripke, 1940~)는 게티어 상황 3을 약간 수정해 다음과 같은 새로운 상황을 제시한다.

게티어 상황 4

희영은 그의 어린 딸과 수백 채의 기와집들이 줄지어 있는 어느 기와집 마을 거리를 걷고 있다. 기와집을 직접 처음 본 자신의 딸에게 줄지어 있는 수백 채의 기와집들 중 한 붉은 기와집을 가리키며 희영은 "저건 붉은 진짜 기와집이야"라고 말한다. 희영은 본인이 가리킨 붉은 기와집이 실제 기와집이라는 것에 대해 전혀 의심이 없다. 즉 그녀는 그것이 실제 기와집이라고 강하게 믿는다. 그리고 그것은 실제로 진짜 기와집이다. 희영은 그 붉은 기와집 전체를 볼 수 있으며, 그의 시력은 매우 좋다. 게다가 희영은 충분한 시간 동안 그 붉은 기와집을 주의 깊게 보고 있다. 그런데 희영은 전혀 몰랐지만, 그가 가리킨 붉은 기와집을 제외하고 그 주변에 줄지어 있는 수백 채의 다른 모든 기와집은 파란 기와집이고 영화 촬영을 위해 만들어진 가짜 기와집이다. 희영이 이들 가짜 파란 기와집을 정면에서 보았을 때 그것들은 붉은 기와집과 기와 색상을 제외하고 전혀 차이가 없다. 그러나 붉은 기와집과 달리 이들 파란 기와집의 뒤편은 텅텅 비어있다.

게티어 상황 4에서 과연 희영이 자신이 가리킨 것이 진짜 기와집이라는 것을 안다고 할 수 있을까? 게티어 상황 3에서와 마찬가지로 그렇지 않은 것으로 보인다. 왜냐하면 비록 희영이 매우 운이 좋게 수백 채의 기와집들 중 유일한 하나의 진짜 붉은 기와집을 가리키며 "저건 붉은 진짜 기와집이다"라고 믿었지만, 그 주변에 줄지어 있는 수백 채의 다른 푸른 가짜 기와집을 가리키며 "저건 푸른 진짜 기와집이다"라고 믿었을 가능성이 매우 크기 때문이다. 즉 기와집에 대한 희영의 참된 믿음은 앞서 민정의 믿음과 마찬가지로 너무나 큰 운에 의존한다. 앞서 언급했듯이 많은 철학자들은 이렇게 큰 운에 의존하는 참된 믿음은 지식이 될 수 없다고 생각한다. 그런데 여기서 주목할 점은 게티어 상황 4에서 희영은 수정 3에서의 네 가지 조건을 모두 만족하는 것으로 보인다는 점이다. 일단 희영이 가리킨 것이 붉은 기와로 된 진짜 기와집이라는 것은 참이다. 그리고 희영은 그것이 붉은 진짜 기와집이라는 것을 확신하고 있다. 게다가 "저건 붉은 진짜 기와집이야"라는 희영의 믿음은 (희영의 입장에서) 좋은 증거에 의해 정당화된 것으로 보인다. 왜냐하면 희영은 좋은 시력으로 붉은 진짜 기와집을 천천히 보며 생생한 시각 경험을 하고 있기 때문이다. 마지막으로 게티어 상황 4에서 희영은 민감성 조건도 만족하는 것으로 보인다. 만약 희영이 붉은 기와집이 아닌 가짜인 파란 기와집을 바라보았었다면, 그는 "저건 붉은 진짜 기와집이다"라고 믿지 않았을 것이다. 그러한 가능 세계에서 그는 "저건 파란 진짜 기와집이다"라고 믿었을 것이다. 하지만 게티어 상황 4에서 희영은 자기가 가리킨 것이 붉은 진짜 기와집이라는 점을 모르는 것 같다. 이 점을 받아들인다면, 앞선 정의들과 마찬가지로 수정 4도 지식을 성공적으로 정의하고 있지 않는 것 같다.

IV. 지식은 분석 정의될 수 있는가?

우리는 지금까지 지식을 분석해 정의하고자 하는 몇 가지 시도들을 살펴보았다. 물론 여기서 소개되지 않은 더 많은 시도들이 있다. 그러나 대다수가 동의하는 지식에 대한 성공적인 정의는 아직까지 제시되지 않은 것 같다. 더 나아가 린다 자제브스키(Linda Zagzebski, 1946~)는 진리 조건, 믿음 조건, 정당화 조건에 지식을 위한 추가 조건을 제시하는 어떠한 시도도 성공할 수 없을 것이라고 주장한다. 그래서 몇몇 철학자들은 지식은 분석될 수 없고 정의될 수 없다고 주장한다.

사실 모든 개념이 그것보다 더 근본적인 개념으로 분석될 수 있는 것은 아니다. 가령 유클리드 기하학에서의 점은 그것보다 더 근본적인 개념으로 정의될 수 없다. 티모시 윌리암슨(Timothy Williamson, 1955~)은 이와 유사하게 지식도 믿음으로 분석될 수 없고 정의될 수 없다고 주장한다. 그는 지식이 가장 근본적인 심적 상태 중 하나라고 본다. 따라서 그가 보기에, 위에서 살펴본 지식을 분석하여 보다 근본적인 개념으로 정의하려는 모든 시도들은 실패할 수밖에 없다. 윌리암슨은 지식의 본성에 대한 탐구는 지식이 가장 근본적(Knowledge first)이라는 점을 염두에 두고 진행되어야 한다고 본다.

| 생각해보기 |

우리가 인식론자라면

1. 은미의 친구인 명숙이 12시간 전 인천국제공항에서 파리행 비행기를 탔다고 가정해 보자. 운행 도중 명숙이 탄 비행기가 추락할 확률은 10만분의 1이고 은미는 이 점을 잘 알고 있다. 그리고 사실 명숙이 탄 비행기는 1시간 전에 파리에 안전하게 착륙했다. 그러나 은미는 명숙이 탄 비행기가 파리에 안전하게 착륙했는지 그렇지 않은지 아직 확인하지 않았다. 하지만 은미는 명숙이 탄 비행기가 파리에 안전하게 착륙했다고 믿는다. 그렇다면 은미는 명숙이 탄 비행기가 파리에 안전하게 착륙했다는 것을 아는 것일까? 만약 그렇지 않다면, 왜 그러한가? 당신이 인식론자라면, 어떻게 답했을까? (힌트: 지식에 대한 전통적 정의와 수정 1-3을 각각 적용했을 때, 은미는 명숙이 탄 비행기가 파리에 안전하게 착륙했다는 것을 안다고 할 수 있는지 생각해 보라.)

2. 지식을 위한 양상 조건으로는 앞서 살펴본 민감성 조건 이외에 안전성 조건도 있다. 지식을 위한 안정성 조건은 다음과 같이 제시될 수 있다:

• S가 P를 안다면 S의 P에 대한 믿음은 안전하다.

여기서 "S의 P에 대한 믿음은 안전하다"는 것은 "S가 P를 믿는 모든 가까운 가능 세계에서, P는 거짓이 아니다"라는 것을 의미한다. 즉, S가 P를 믿는 현실 세계를 포함해서 S가 P를 믿는 현실 세계와 유사한 모든 가능 세계에서 P가 거짓이 아니라면, S의 P

에 대한 믿음은 안전하다. 예를 들어, 시력이 좋은 명숙이가 동물원에 가서 사자를 보며, "저기 사자가 있다"라는 믿음을 갖게 되었다고 해 보자. 명숙이가 "저기 사자가 있다"라고 믿는 현실 세계와 유사한 모든 가능한 세계에서 동물원에 사자가 실제로 있다면, "저기 사자가 있다"는 명숙의 믿음은 안전하다.

지식을 위한 안전성 조건을 추가하면 지식은 다음과 같이 새롭게 정의될 수 있다:

지식에 대한 전통적 정의 수정 4 (이하 수정 4):

S는 P를 안다 iff

(1) P는 참이고,

(2) S는 P를 믿고,

(3) P에 대한 S의 믿음은 정당화되었고,

(4‴) S의 P에 대한 믿음은 안전하다.

이제 당신이 인식론자라면 다음 질문들에 대해 어떻게 답했을지 생각해보라.

1. 수정 4도 수정 1, 2, 3과 마찬가지로 게티어 상황 1에서 왜 명숙이 (나)를 안다고 할 수 없는지 설명할 수 있는가?
2. 수정 4도 수정 2, 3과 마찬가지로 게티어 상황 2에서 왜 은미가 "내 앞에 해바라기 꽃이 있다"를 안다고 할 수 없는지 설명할 수 있는가?
3. 수정 4도 수정 3과 마찬가지로 게티어 상황 3에서 왜 민정이 자기 앞 한옥의 존재를 안다고 할 수 없는지 설명할 수 있는가?
4. 수정 4는, 수정 3과 달리, 게티어 상황 4에서 왜 희영이 "내 앞에 붉은 진짜 기와집이 있다"를 안다고 할 수 없는지 설명할 수 있는가?
5. 안전성 조건은 지식을 위한 필요조건일까? 즉 인식주체가 안전성 조건을 만족하지 않지만 어떤 명제를 안다고 할 수 있는 상황이 있지 않을까? 그러한 상황을 제시해

보라.

6. (1) 진리조건, (2) 믿음 조건, (3) 정당화 조건, (4‴) 안전성 조건을 모두 만족하지만, 인식 주체가 어떤 명제를 안다고 할 수 없는 새로운 게티어 상황이 제시될 수 있을까? 만약 그렇다면, 그러한 상황을 제시해 보라.

• 윤리학 •

옳은 행위와 좋은 삶을 묻다

김상득

I. 윤리학(ethics)은 當爲의 學이다.

아리스토텔레스는 철학을 크게 이론철학과 실천철학을 분류하면서, 윤리학을 실천철학에 귀속시켰다. 윤리학의 또 다른 이름은 도덕철학이다. 도덕과 윤리를 구분하는 철학자도 있지만, 대체로 이 두 용어는 동일한 의미로 사용되는데, 도덕에 초점을 맞출 경우 도덕철학이 되고, 윤리에 초점을 맞추면 윤리학이 된다. 실천철학이 말해주듯이, 윤리학은 인간의 실천적인 물음을 다루는 철학의 한 분야이다. 그렇다고 인간의 모든 실천적 물음이 윤리학적 탐구의 대상이 되는 것이 아니다. 즉, 도덕철학이라는 용어에서 알 수 있듯이, 윤리학은 모든 실천이 아니라 도덕 내지 윤리적 실천을 철학적으로 다루는 학문이 된다. 따라서 윤리학은 도덕에 철학적 탐구라고 말할 수 있다.

그러면 도덕이란 무엇인가? 도덕이란 행위에 대한 도덕적 판단, 표준, 그리고 규칙을 가리키는 일반적인 이름으로 사용된다. 이러한 것들은 현존 사회의 도덕률 속에서 발견되는 현실적인 판단, 표준 그리고 규칙뿐만 아니라 이상적인 판단, 표준 그리고 규칙까지도 포함한다. 그러니까 우리 인간은 두 세계에 살고 있는데, 하나는 존재 내지 사실의 세계이고 다른 하나는 당위 내지 가치 세계이다. 존재 내지 사실이란 실제로 사람들이 행하고 혹은 추구하고 있는 세계를 말하는 반면에, 당위 내지 가치는 사람이 마땅히 행해야만 하는 혹은 추구해야만 하는 세계를 말한다. 예를 들어, "물은 H_2O로 구성되어 있다" "나는 철학 수업을 듣고 있다" 등은 있는 '사실'에 대한 판단이다. 그러나 "우리는 약속을 지켜야 한다." "공정한 사회는 좋은 사회이다" 등은 실제로 있는 '사실'이 아니라 마땅해 행해야 할 것 또는 되어야 할 것에 대한 판단이다. 우리말의 문법적 구조는 동일하지만, 학문적으로 전자는 '사실' 판단 혹은 존재판단인 반면에 후자는 그 성격을 달리하는 '당위' 판단 내지 가치판단에 해당된다. 윤리학은 현실에서 일상인들이 내리는 도덕적 판단이나 표준 혹은 일상인들이 따르는 규칙을 사실적으로 탐구하기 보다는 우리가 마땅히 따라야 하는 바람직한 도덕적 판단이나 표준 혹은 가치가 무엇인지를 탐구하는 데 그 목적이 있다. 나아가 윤리학은 이러한 판단이나 규칙이 왜 바람직한 지 그 합리적인 근거를 밝히려는 작업도 수행한다.

이렇게 말하면 윤리학이 단순히 행위의 옳고 그름을 판가름하는 표준이나 따라야 할 행위 규칙만을 연구하는 것으로 오해되기 쉽다. 즉 사람들은 '윤리학이란 옳은 것(the right)과 그른 것에 대한 연구'라고 말한다. 이 정의는 틀린 말은 아니나 너무 좁은 정의로, 윤리학은 이 외에도 여러 가지 문제를 다룬다. 특히 윤리학은 옳은 것에 대해서 뿐만 아니라 좋은 것(혹은 좋음, the good)에 대해서도 관심을 갖는다. 즉 인생에서 좋은 것은 무엇인가 등과 같은 물음도 윤리학의 주제이다. 도덕의 한자어 '道德'도 이를 말해준다. 도(道)는 길, 즉 인간이 마땅히 따라야 할 도리를, 그리고, '덕'(德)은 인간이 마땅히 품어야 하는 덕스러움을 각각 뜻하는데, 윤리학은 도뿐만 아니라 덕도 탐구한다. 전자를 다루는 윤리학을 행위의 윤리학이라 부르는 반면에, 후자의 덕을 다루는 윤리학을 덕 윤리학 혹은 존재의 윤리학이라고 한다. 두 윤리학 모두 중요하지만, 윤리란 본래 사람과 사람 사이에 지켜야 할 도리를 뜻하기에, 행위의 윤리학이 일차적이라고 말할 수 있다. 행위의 윤리학은 윤리적으로 옳은 행위가 무엇인지를 묻는데, 그 근본 물음은 윤리적으로 옳은 행위와 그른 행위를 구분하는 기준의 물음이다. 우리가 알고 있는 칸트주의 윤리설이나 공리주의는 바로 이러한 기준에 관한 이론이라고 말할 수 있다. 이러한 윤리이론들은 좋음과 옳음이란 두 개념을 규정하고 관련짓는 방식에 따라 대체로 목적론(teleology)과 의무론(deontology)으로 구분된다.

II. 도덕적 옳음과 그름의 기준: 목적론과 의무론

목적론은 좋음에 우선성을 두고 옳음을 규정한다. 즉 목적론적 윤리설은 옳음과 상관없이 좋음을 정의내린 다음, 옳음을 그 좋음을 극대화하는 것으로 보는 입장이다. 다시 말해, 옳은 행위나 제도는 가능한 대안들 중에서 최대의 선을 산출하는 것이든가 아니면 적어도 현실적으로 가능한 최선의 행위나 제도들 가운데 하나이어야 한다는 것이다. 우리가 일상적으로 어떤 행위나 제도를 정당화할 때, 그 행위나 제도가 산출하는 좋은 결과를 드는데, 이러한 사고방식이 바로 목적론적 윤리설에 해당된다. 이처럼 우리는 암묵적으로 목적론적 윤리설을 전제하고 살아가고 있다고 하겠다. 이는 합리성 이념과도 일치한다. 합리성이란 보통 어떤 것을 극대화하는 것으로 생각되며, 윤리설에 있어서 그것이 선을 극대화하는 것으로 생각됨이 당연하다.

목적론은 일반적으로 두 요소로 구성된다. 하나는 무엇을 좋은 결과로 보느냐의 물음으로 이를 우리는 가치론이라 부른다. 다른 하나는 누구의 가치를 중요하게 여기느냐의 물음으로 우리는 이를 가치 분배론이라 부를 수 있다. 대체로 가치론에서는 행복 내지 쾌락이 주장되고 있는 반면에, 가치 분배의 물음에서는 행위자 자신의 가치뿐 아니라 그 행위의 영향을 받는 모든 당사자의 가치를 고려해야 한다는 공리주의가 가장 매력적인 이론으로 받아들여지고 있다.

반면에 의무론은 옳음과 상관없이 좋음을 규정하지 않을 뿐만 아니라 옳음을 좋음의 극대화로 생각하지도 않는다. 목적론과 반대 방향에서 이론을 구성해 가는 의무론에 있어서는 목적이나 선에 비해 의무나 법칙이 우선적이며, 옳음에 위반되는 것은 무가치한 것으로 판단된다. 따라서 옳음의 원칙이나 의무의 체계가 선행되고 그에 따라서 가치 있는 선의 한계가 설정된다. 옳음은 보다 근본적이고 환원불가능하며 따라서 직관에 의해서만 파악되는 윤리적 개념임을 내세운다는 점에서 대부분의 의무론자들은 직관론자(intuitionist)로 불리기도 한다.

예를 들어, "대학생 갑이 친구 을에게 10만원 주었다."고 하자. 우리는 갑의 이러한 행위를 도덕적으로 옳다고 생각한다. 그러자 옆에 있던 병이란 친구가 왜 갑의 이런 행위가 옳은가라고 묻자, 을은 "갑이 나에게 일만 원을 주기로 약속하였으니까"라고 대답했다. 이 경우 을은 "약속은 지켜야 한다."는 하나의 도덕 규칙을 타당한 것으로 받아들이고, 개별적인 행위의 옳고 그름은 그 행위가 이 규칙을 준수하는 것이냐 아니면 어기는 것이냐에 따라 결정된다고 생각하는 셈이다. 이런 사고가 의무론의 전형적인 예이다. 다시 말해, 행위의 옳고 그름은 마땅히 지켜야 하는 규칙의 준수 여부에 의해 결정된다는 입장이 바로 의무론이다. 지켜야 할 도덕규칙이 존재한다고 주장하는 의무론은 흔히 규칙 의무론(rule-deontology)이라 부른다. 이런 도덕 법칙이 여럿이어서 상호 충돌할 경우 어떻게 해결하는가의 물음이 규칙 의무론이 해결해야할 난제이다.

이에 반해 행위 의무론(act-deontology)은 이런 규칙의 존재를 인정하지 않고, 인간이 마땅해 행해야 할 구체적인 개별적인 행위가 있으며 또 우리 인간은 이를 직각적으로 알 수 있다고 주장한다. 상황윤리가 여기에 속한다고 하겠다. 여기서는 규칙 의무론에서와 같은 규칙 충돌의 물음은 발생하지 않으나, 하나의 구체적인 상황에서, 예를 들어, 갑과 을의 직관이 서로 다를 경우 어떤 것이 옳은가의 인식론적 물음이 제기된다. 더 근본적으로 이 입장은 도덕이론의 형식적 제약조건인 보편화가능성 원리를 설명할 수 없다는 치명적인 결함을 지닌다.

목적론과 의무론의 구분과 혼동되는 것이 동기주의(motivationalism)와 결과주의(consequentialism)의 구분이다. 인간 행위는 크게 세 가지 요소를 지닌다. 우리는 행위 자체만을 생각하기 쉬우나, 모든 인간 행위에는 동기와 결과라는 다른 두 가지 요소도 아울러 지닌다. 안락사를 예로 들어보자. 직접적 안락사는 그 자체로 타인의 목숨을 빼앗는 행위이다. 그러면 왜 갑이 을을 안락사 시키려고 하는지 그 동기의 물음은 여전히 남아 있다. 뿐만 아니라 이런 안락사가 사회와 타인에게 미치는 영향 역시 우리는 무시할 수 없다. 이 모든 요소를 종합적으로 고찰하여야 하지만 그것이 말처럼 그렇게 쉬운 일이 아니다. 그래서 이 세 요소 중 어느 하나에 우선성을 부여하여 행위의 옳고 그름을 결정짓고자 하는 시도가 있어왔다. 한 행위의 윤리적 옳고 그름은 그 동기의 선함에 의해 결정되어야 한다는 입장이 바로 동기주의이다. 반면에 결과주의는 그 행위가 야기하는 결과에 의해 그 행위의 옳고 그름이 결정된다는 입장이다. 즉, 동기주의는 그 행위를 한 동기가 선해야 옳은 행위라고 주장하고, 결과주의는 그 행위의 결과가 선해야 옳은 행위라고 주장한다. 결과주의의 대표적 예는 우리가 익히 알고 있는 공리주의이다. 반면에 칸트의 윤리설은 일종의 동기주의에 속한다. 따라서 우리는 '동기주의=의무론', '결과주의=목적론'으로 등식화해서는 안 된다. 이 두 구분은 그 기준이 서로 다른 범주이다. 전자의 구분은 행위의 두 요소인 동기와 결과 중 어느 것에 우선성을 두느냐가 기준으로 작용하고 있다. 반면에, 후자는 윤리학의 기본 용어인 옳음(the right)과 좋음(the good) 중 어느 것에 우선성을 두느냐가 그 기준으로 삼은 구분이다.

III. 윤리학의 분류 : 규범윤리학, 분석윤리학, 응용윤리학

지금까지 행위의 옳고 그름에 관한 윤리 이론을 주로 살펴보았다. 대부분의 고전윤리학은 "어떻게 행위 해야 하는가?" "도덕적 옳고 그름의 기준은 무엇인가?" 등과 같은 실천적 물음을 다루었는데, 이를 윤리학에서는 규범윤리학(normative ethics)이라 부른다. 철학이 인식론, 존재론, 윤리학, 논리학 등으로 분류되듯이, 윤리학에도 규범윤리학만 있는 게 아니다. 일반적으로 탐구 성격 내지 탐구 본성에 따라 윤리학은 규범윤리학, 분석윤리학, 응용윤리학 등으로 분류된다. 분석 윤리학은 분석철학 방법의 윤리학에의 적용이라고 말할 수 있다. 분석철학에 따르면 대상이나 실재 세계 자체에 대한 탐구가 아니라, 이를 연구하는 일반 학문이 사용하고 있는 용어의 의미나 그 방법론에 대한 비판적 탐구가 철학의 주요 과제이다. 이를 윤리학에 적용하면, 윤리학도 우리 인간이 마땅히 따라야 할 윤리가 무엇인지 탐구하는 것이 아니라, 윤리학에서 사용되는 용어, 예를 들어, 옳음, 좋음 등의 의미를 명확하게 밝히고, 나아가 윤리학이 사용하고 있는 정당화 논변의 논리적 구조를 비판적으로 해명하는 일을 주된 과제로 삼아야 한다는 결론이 얻어진다. 이처럼 분석 윤리학은 윤리적 용어의 의미 해명과 윤리학적 정당화 방법 내지 논변의 논리적 구조 분석을 주된 탐구 대상으로 삼으며, 인간이 마땅히 따라야 할 도덕적 당위가 무엇인지의 물음에는 관심이 없다. 그래서 분석 윤리학을 다른 말로 메타 윤리학(meta ethics)이라 부르기도 한다. 분석 윤리학의 효시는 도덕적 선의 의미 물음을 처음으로 제기한 무어(G. E. Moore, 1873~1958)이다.

분석철학이 영미 철학계를 지배한 1950년대까지만 해도 분석 윤리학적 논의가 상당히 활발하게 진행되었지만, 1960년대 후반 들어 메타윤리학의 토대가 무너지기 시작하였다. 1960년대 후반은 미국에서 시민권 운동, 반전운동이 일어나고 베트남 전쟁이 발생하였으며 또 학생운동이 활발한 시기이다. 흑인민권운동은 건강하게 살 권리를 요구하였고 여성해방운동은 임신중절과 가족계획에 대한 태도에 영향을 미쳤으며, 환경보호운동은 인구문제와 세계보건 문제에 많은 영향을 미쳤다. 베트남 전쟁에 반대하는 많은 학자들은 과학 기술의 오용을 날카롭게 비판하였다. 이러한 시대적 변화에 철학자들은 아카데믹한 이론적인 문제만을 다룰 수 없게 되었다. 즉 이들은 평등, 정의, 시민불복종, 인종차별, 전쟁과 평화주의, 환경보호 등의 대중적이고 실천적인 문제에 눈을 돌리게 되었다. 그래서 전통적인 규범윤리학과 달리, 구체적인 현실적 문제를 다루는 데 주된 관심을 둔 윤리학이 태동되었다. 이러한 문제 중심의 윤리학을 실천윤리학 또는 응용윤리학(practical or applied ethics)이라 부른다. 응용윤리학의 주된 물음은 "구체적인 도덕문제를 어떻게 해결할 것인가?"이다. 응용윤리학은 단순히 도덕이론을 구체적인 도덕문제에 적용하는 차원을 넘어서, 구체적인 문제에서 출발하여 도덕이론의 확립하고자 한다. 이런 상향적 방법을 통해 응용윤리학은 새로운 윤리학을 시도하고 있다. 새로운 과학기술이 발달함에 따라 현재 환경윤리학, 생명윤리학, 정보윤리학 등은 응용윤리학의 '고전'으로 자리 매김하게 되었고 로봇윤리학, 신경윤리학, 나노윤리학 등 새로운 응용윤리학 분야가 생겨나 활발한 연구가 진행 중에 있다.

다른 한편으로 윤리학은 그 탐구 대상에 따라 행위 윤리학, 존재의 윤리학, 사회윤리학 등으로 분류된다. 그러니까 윤리학적 탐구 대상에는 '도'뿐만 아니라 '덕'도 포함된다고 앞에서 지적하였는데, 우리는 여기에다 한 가지를 더 더할 수 있는데, 그것은 바로 사회 제도이다. 사회 제도를 다루는 윤리학을 사회윤리학이라 부른다. 그러니까 행위 윤리학은 주로 인간이 적극 행해야 하는 의무가 무엇이며, 또 행해서는 안 되는 의무가 무엇인지를 다룬다고 해서 의무 윤리학(duty ethics)이라 부르기도 한다. 존재의 윤리학은 개별 행위가 아니라 그 행위의 주체가 되는 개인 자체가 어떤 존재가 되는 것이 윤리적으로 바람직한지를 묻는다. 인간 존재는 그 품성 내지 인격에 의해 결정되는데, 품성 내지 인격의 본질적 구성요소가 덕이기에 존재의 윤리학은 인간이 가져야 할 덕이 무엇인지의 물음을 회피할 수 없다. 그래서 존재의 윤리학은 덕 윤리학(virtue ethics)이라 불린다. 우리는 사회윤리를 사회에서 지켜야 하는 윤리 정도로 이해하지만, 학문적으로 사회윤리학은 사회제도의 윤리를 뜻한다. 그러니까 법률이나 제도가 정의롭지 않으면 개인적으로 아무리 윤리를 지켜도 우리는 온전한 자아실현을 하면서 인간다운 삶을 살아갈 수 없다. 예를 들어, 군 지휘관을 꿈꾸는 여학생이 있다고 하자. 그런데 국가가 법률로 여성의 육군사관학교 입학을 금지하면, 이 여학생은 아무리 노력을 해도 자아를 실현할 수 없게 된다. 그래서 오늘날 개인 차원을 넘어 국가 내지 사회 차원에서 법률 내지 제도의 윤리를 정의의 관점에서 논의하는 사회윤리학이 강세를 보이고 있는데, 이 책에서는 2부 정치철학 파트가 이 물음을 집중적으로 다루기에 여기서는 논외로 하고자 한다.

여기서 우리는 이런 의문을 던져본다. 의무 윤리와 덕 윤리는 어떤 관계에 있는가? 최근의 일부 덕 윤리학자들은 덕 윤리를 의무 윤리에 대한 대안이라고 주장한다. 즉, 덕 윤리는 의무 윤리가 감당하는 모든 역할을 감당할 뿐만 아니라, 의무 윤리의 한계점마저도 보완해 준다고 이들은 주장한다. 물론 의무 윤리는 한계를 지닌다. 그 한계란 인간의 내면적 성품 내지 행위의 동기에 관심을 기울이지 않는다는 점이다. 그리고 덕 윤리가 이를 보완해 주는 것도 사실이다. 그렇다고 덕 윤리에 문제가 없는 것은 아니다. 덕 윤리는 우리가 일상 삶에서 부딪히는 실질적인 도덕문제에 대해 구체적인 답을 제시하지 않는다는 한계점을 지닌다. 예를 들어, 요즈음 우리 사회의 화두인 존엄사에 대해 덕 윤리는 단지 유덕한 사람의 판단에 의존해야 한다고 말할 따름이고 구체적인 행위 지침을 제공하지 않는다. 사회정의의 물음에 대해서도 마찬가지다. 어떻게 분배하는 것이 정의로운가의 물음에 대해 덕 윤리는 역시 유덕한 사람의 판단 외에는 아무런 지침을 제공하지 않는다. 그래서 많은 학자들은 이 둘의 상보성을 강조한다. 그러니까 의무 윤리와 덕 윤리는 대안적인 서로 다른 두 입장이 아니라, 도덕의 서로 다른 두 측면을 나타내기에 상호 보완해 나갈 때 온전한 윤리적 삶이 가능하다는 것이다.

IV. 옳음의 기준: 상대적인가? 여럿인가?

윤리학을 공부하는 방법은 다양하다. 즉, 우리는 윤리학이 어떻게 발전되어 왔는지 역사적으로 접근할 수도 있고, 아리스토텔레스나 칸트와 같은 윤리학자들에 초점을 맞춰 공부할 수도 있다. 그리고 윤리학적 논의에서 자주 등장하는 주요 개념 내지 이론을 중심으로 공부하는 방법도 그 중 하나인데, 여기서는 이 마지막 접근법에 따라 주요 개념 내지 이론을 몇 가지 더 논의하고자 한다. 일상적으로 가장 많이 듣고 사용하는 개념은 윤리적 상대주의(ethical relativism)일 것이다. 윤리적 상대주의의 반대는 윤리적 절대주의(ethical absolutism)이다. 윤리적 상대주의란 쉽게 말해 윤리란 상대적이라는 입장이다. 그러면 무엇에 상대적인가? 여러 입장이 있지만, 대표적 입장은 사회문화에 따라 상대적이라는 게 윤리적 상대주의의 기본 주장이다. 그러니까 윤리적 상대주의는 다음 논변에 그 토대를 두고 있다.

대전제 : 윤리란 문화의 산물이다.
소전제 : 사회에 따라 문화는 서로 다르다.
결 론 : 따라서 윤리는 사회에 따라 다르다.

이와 반대로 윤리적 절대주의는 인간이 마땅히 따라야 할 윤리가 사회나 문화에 상관없이 항상 동일하다는 입장을 말한다. 그러면 윤리적 절대주의자들은 상대주의자들의 논변에 대해서 어떤 반론을 펼 수 있는가? 위의 논증은 타당하다. 그리고 사회에 따라 문화가 다르다는 소전제 역시 부인하기 어려운 하나의 사실이다. 사실 상대주의자가 주장하는 소전제는 이미 윤리는 상대적이라는 상대주의 입론을 함축하고 있다. 즉, 절대주의자는 윤리는 문화의 산물이 아니라고 주장한다. 예를 들어, 칸트는 윤리를 문화의 산물이 아니라 '이성의 사실'로 여긴다.

이에 대해 상대주의자는 실제로 윤리가 문화에 다르다는 점을 들어 자신의 입론을 옹호한다. 그러나 이에 대해서도 절대주의는 의견을 달리한다. 문화에 따라 윤리가 다른 것은 윤리 규칙이 다른 것이지 궁극적인 윤리원리나 기준은 동일하다는 것이 절대주의자들의 주장이다. 예를 들어, 혼전 성교에 대해 조선시대와 오늘의 미국 사회에 있어서 그 윤리가 서로 다르다고 하자. 이것은 윤리적 상대주의를 지지하는가? 절대주의자들은 그렇지 않다고 주장한다. 비록 혼전 성교의 윤리는 다르다 할지라도 그것은 어디까지나 도덕 규칙의 차원에서 이고 궁극적 윤리 원리에 있어서는 동일할 수 있다는 것이다. 즉, "행복을 증진하라"는 궁극적인 윤리 원리가 시대와 사회, 그리고 문화에 따라 다른 도덕 규칙을 낳는다고 이들은 주장한다. 조선시대에는 혼전에 성관계를 갖지 않는 것이 서로의 행복 증진에 도움을 준 반면에, 미국 사회에서는 혼전성교가 행복을 증진시키기에 서로 다른 윤리-도덕규칙-을 낳는다고 볼 수 있다. 따라서 문화에 따라 윤리가 다르다는 사실 역시 상대주의를 지지해주는 충분한 논거가 되지 못한다.

따라서 상대주의 논변이 타당해도 대전제 자체가 상대주의자와 절대주의자 사이의 논쟁점이기 때문에, 윤리학에 있어서 상대주의/절대주의 논쟁은 오늘날도 여전히 지속되고 있다. 그리고 일상적으로 절대적이란 용어는 예외가 없다는 의미와 모든 인간에게 적용된다는 의미가 있는데, 윤리적 절대주의는 후자를 의미한다. 예를 들어, "약속이행은 도덕적으로 옳다."라는 도덕판단이 절대적이라는 주장은 예외가 없다는 말이 아니라, 시대나 사회 혹은 문화 등의 차이에 상관없이 모든 인간에게 적용된다는 말이다. 예외를 허용하는 도덕이 모든 인간에게 보편적으로 적용된다는 의미에서 윤리적 절대주의는 윤리적 보편주의(ethical universalism)라 부를 수 있다.

윤리적 상대주의와 윤리적 절대주의의 논쟁을 넘어서 현대의 포스트모더니즘 사조에서는 윤리적 다원주의(ethical pluralism)가 팽배하고 있다. 윤리 일원론(ethical monism)의 반대 입장으로서 윤리적 다원주의는 문자 그대로 정의하면 "윤리가 둘 이상"이라는 입장이다. 따라서 넓은 의미로 윤리적 다원주의는 윤리 이원론(ethical dualism)까지 포함한다. 그러나 윤리 다원주의는 이런 일반적인 정의와는 달리 학적으로 다양한 의미를 지닌다. 첫째로 모든 상황에 적용되는 하나의 포괄적인 윤리설이 존재하는 것이 아니라 여러 가지 윤리설이 존재한다는 입장이다. 즉, 옳고 그름의 기준이 하나가 아니라 상황에 따라 다른 기준이 적용될 수 있다는 것이다. 그래서 행위의 영역에 따라 목적론적 윤리설이 적용되는 경우도 있고, 반면에 의무론적 윤리설이 적용되는 경우도 있게 된다. 둘째로 하나의 상황에서 윤리적으로 옳은 행위가 단 하나만 존재하는 것이 아니라 둘 이상 존재한다는 입장이다. 윤리 일원론에 따르면 하나의 상황은 윤리적으로 옳은 행위를 단 하나 낳는다. 그래서 윤리적으로 옳은 행위가 둘이라면 그것은 단지 인식론적인 착오로 인한 것이자, 존재론적인 차원에서 보면 윤리적으로 옳은 행위는 하나밖에 없게 된다. 그러나 윤리적 다원주의는 하나의 상황에서도 윤리적으로 옳은 행위가 둘 이상 가능하게 된다. 이는 단순히 계산이나 인식의 오류로 인해 발생하는 것이 아니라 윤리의 세계

자체가 이런 다원성을 지닌다는 것이다. 예를 들어, 공리주의 윤리이론을 받아들여도 모든 관련 당사자의 쾌와 고통을 100% 정확하게 계산할 경우 완전히 등가인 두 대안적 행동이 가능하다는 것이다. 이런 다원주의를 받아들이면 동일한 상황에 처한 갑과 을은 자신의 인생관에 따라 서로 다른 행위를 선택해도 어느 한 사람이 도덕적으로 그른 행위를 하였다고 말할 수 없게 된다.

윤리적 상대주의는 윤리적 다원주의와 혼동될 뿐만 아니라 상황윤리로 오해되기도 한다. 상황윤리(situation ethics)란 윤리 원칙 내지 기준의 적용에 관한 윤리이다. 그러니까 인간은 언제나 어떤 상황 내지 컨텍스트(context)에 처해져 있다. 인간의 윤리적 행위 역시 예외가 아니니다. 따라서 인간은 항상 원리와 상황이란 두 축 하에서 윤리적으로 옳은 행위를 선택하게 된다. 전통적인 규범윤리학은 대체로 상황에 비해 원리에 우선성을 두어 왔다. 이에 반해 새로운 도덕가들은 원리보다 상황에 우선성을 두고 도덕적으로 옳은 행위를 추구해야 한다고 주장한다. 그 대표자는 「상황윤리」의 저자 조셉 플레처(J. Pletcher)이다. 그렇다고 상황윤리학자들이 원칙이나 규칙을 무시하는 것은 아니다. 이들은 주어진 상황을 위하여 필요한 행위를 하려고 하는 데 있어서 주어진 원리나 규정을 따르지 않을 수 있음을 인정한다. 이들 도덕철학자들은 상황을 중요하게 여긴 나머지 도덕원리나 규칙들로부터 상황적 특수성에로, 그리고 원칙보다 사람들에게 더 헌신하려는 행위로 이동하는 것을 내세웠다. 이렇게 해서 두 가지 명제가 강조되었다. 하나는 원칙이 아니라 사람을 사랑하는 것이며, 다른 하나는 원칙이나 물질적 대상들을 포함한 사물들을 사람을 사랑하는 데 이용하여야 한다는 것이다. 특히 상황윤리는 규칙이나 원리를 절대화해 온 기독교윤리학에서 있어서 하나의 혁명적인 사건이다. 무엇보다 플레쳐는 하나님 사랑과 이웃 사랑이라는 하나님의 명령을 그냥 하나의 사랑 명령으로 통일시킨다. 그러나 이는 잘못하면 상황의 특수성을 지나치게 강조한 나머지 혹은 인간이 지닌 편견으로 인해 상황에 윤리가 예속되는 결과를 빚을 수도 있는 문제점을 지닌다.

윤리적 상대주의와 더불어 일상적으로 자주 듣는 또 다른 말은 이기주의이다. 대개 우리는 자기 이익만 챙기는 혹은 다른 사람을 배려하지 않는 사람을 이기적이라고 비난하는데, 이러한 입장을 우리는 윤리적 이기주의(ethical egoism)라 부른다. 윤리적 이기주의는 이의 바탕이 되는 심리적 이기주의는 인간의 동기에 관한 주장이다. 즉, 인간은 언제나 자기의 쾌락을 증진하고 고통을 회피하려는 자기이익이란 동기에 따라 행동하게 된다는 입론이 바로 심리학적 이기주의이다. 이는 사실에 관한 주장이다. 반면에 윤리적 이기주의는 한 행위의 옳고 그름은 그 행위가 그 행위자 자신의 이익을 얼마나 증진시키느냐에 따라 달라진다는, 행위의 옳음에 관한 입장이다. 즉, 어떤 행위가 그 행위자 자신에게는 전혀 이익을 주지 않는다면 윤리적 이기주의자는 그 행위를 윤리적으로 그르다고 판단한다. 이는 당위에 관한 주장이요, 행위의 옳고 그름의 기준에 관한 주장이다. 윤리적 이기주의는 윤리적 자기중심주의(ethical egotism)와는 구분되어야 한다. 전자는 모든 인간은 각자 자기 이익을 추구하도록 행위 해야 한다고 주장하는 반면에, 후자는 나는 나의 이익을 추구해야 하지만, 타인들은 오직 나의 이익을 위해 행동해야 한다고 주장한다. 이런 윤리적 자기중심중의는 나와 타인의 존재론적 차이를 설명해주지 못하면, 왜 타인이 나의 이익을 증징하도록 행위 해야 하는지 그 이유를 설명할 수 없게 된다.

그러나 윤리적 이기주의에도 문제는 여전히 상존한다. 이는 두 가지 문제점을 지닌다. 하나는 우리 사회에서 일반적으로 인정받고 있는 상담의 물음을 설명할 수 없다는 점이다. 즉, A라는 이기주의자에게 친구 B가 상담을 의뢰하였다고 하자. 그러면 A는 어떤 관점에서 상담해야 하는가? 우리의 상식으로 A는 마땅히 B에게 이익이 가도록 상담해야 한다. 하지만 이는 이기주의의 근본 원칙에 어긋나게 된다. 왜냐하면 이기주의는 A로 하여금 자기에게 이익이 가도록 상담할 것을 요구하기 때문이다. 다른 한편 이기주의는 이기주의의 역설에 빠진다. 즉, 이기주의는 매순간마다 자기에게 최대한의 이익이 되도록 행위 하라고 요구하는데, 이렇게 되면 실제로 그 이기주의자가 일평생 향유할 수 있는 자기이익, 특히 쾌락의 양은 줄어들 것이기 때문이다. 또한 현실적인 여러 가지 제약조건으로 인해 이기주의자들이 모인 사회에서 각자가 자기 이익만 추구하게 되면 서로 상충하여 싸움이 일어나 실제로는 자기 이익을 최대한 추구할 수 없기도 한다. 이를 윤리학에서는 이기주의의 역설(paradox of egoism)이라 한다. 이 역설을 극복하자면 이기주의자는 철저히 합리적이어야 할 것이다. 그래서 헨리 시즈위(H.Sidgwick, 1838~1900)은 '합리적 이기주의'(rational egoism)는 철학적으로 비난하기 어렵다고 고백한다.

윤리적 이기주의의 반대가 윤리적 이타주의(ethical altruism)이다. 이타주의 역시 결과주의 윤리설로서 행위 결과의 좋음과 나쁨에 의해 그 행위의 옳고 그름을 판단한다. 그러나 이타주의는 그 행위가 미치는 당사자의 외연에 행위자 자신이 제외된다는 점에 있어서 이기주의와 반대이다. 그러니까 한 행위가 그 행위를 한 당사자를 제외한 타인에게 좋은 결과를 미치면 옳은 행위가 되고, 반대로 타인에게 나쁜 결과를 미치면 그른 행위가 된다. 윤리적 이타주의는 일반적으로 잘 받아들여지지 않는다. 이타주의가 성립되자면 우리는 타인에게 무엇이 좋은 것인지 알아야 하는데, 실제로 우리는 타인에게 무엇이 좋은지 잘 알 수 없기 때문이다. 실제로 우리가 타인에게 선을 베풀고자 한 행위가 오히려 그 사람을 화나게 하는 일을 종종 경험하지 않는가? 또 이타주의는 인간의 자율성을 침해한다는 비판도 제기된다. 즉, 인간은 근본적으로 자율적인 존재이기에, 똑같은 선이라도 자율적으로 얻은 선이 더 가치 있기에 이타주의는 윤리적으로 문제가 있다는 것이다.

V. 공리주의와 칸트의 윤리설

앞서 우리는 목적론의 대표적인 윤리설로 공리주의(utilitarianism)를 언급하였는데, 이제 공리주의를 좀 더 자세히 알아보자. 공리주의의 창시자 벤담(J. Bentham, 1748~1832)은 행위의 옳고 그름의 기준으로 유용성 원리(principle of utility)를 제시한다. 그에 따르면 유용성 원리란 "모든 행동을 그 행동이 관련 당사자들의 행복을 증진하는 경향을 가졌느냐 혹은 감소하는 경향을 가졌느냐에 따라 시인하고 비난하는 원리"를 말한다. 이를 흔히 "최대 다수의 최대 행복의 원리"라 부르고 있다. 즉, 최대 다수에게 최대 행복을 가져다주는 행위가 윤리적으로 옳은 행위라는 윤리설이 바로 공리주의이다. 여기서 행복은 쾌락을 의미한다. 따라서 일상적인 의미의 공리주의는 엄밀히 말해 쾌락적 공리주의이다.

그러면 어떤 공리주의자가 선택 상황에서 실제로 어떤 추리를 거쳐 하나의 행위를 선택하게 되는가? 행위자는 먼저 그 상황에서 자신이 취할 수 있는 모든 가능한 대안들을 나열한다. 그리고 나서 각 행위가 가져다 줄 쾌락과 고통을 계산한다. 즉, 각 행위가 관련 당사자들에게 미치는 쾌락에는 + 가치를, 반대로 고통에는 - 가치를 각각 부여하여 그 총합을 산출한다. 그런 다음 각 행위의 총합 가운데 어느 행위의 총합이 가장 큰지 비교 계산하여, + 가치가 가장 큰 행위를 선택하면 그 행위자는 윤리적으로 옳은 행위를 하게 된다. 공리주의는 이 쾌락에 대한 해석에 따라 양적 공리주의와 질적 공리주의로 다시 나누어진다. 벤담은 전자에 속하고, 존 슈트어트 밀(J.S. Mill)은 후자에 속한다. 우리가 익히 알고 있는 "만족한 돼지가 되기보다는 차라리 불만족한 인간이 되는 편이 낫다. 바보로서 만족하기보다는 차라리 불만족한 인간이 되는 편이 낫다."라는 밀의 말은 바로 질적 공리주의를 잘 대변해 준다.

우리가 일반적으로 알고 있는 공리주의는 행위 공리주의(act-utilitarianism)이다. 즉, 옳고 그름의 기준인 유용성 원리를 구체적인 개별 행위에 적용시켜 그 행위의 옳고 그름을 판단해야 한다고 주장하는 입론이 바로 행위 공리주의이다. 그런데 이 공리주의는 상식적인 도덕과 어긋난다는 비판을 받게 된다. 예를 들어, A와 B가 영어시험 시간에 똑같이 컨닝을 하였다. 그런데 A는 컨닝하다 시험 감독관에게 발각되어 영어 과목에서 F 학점을 받은 반면에, B는 발각되지 않아 A 학점을 받았다. 설상가상으로 그 결과로 A는 학사경고를 받고, B는 성적이 우수하여 장학금을 받게 되었다. 행위 공리주의에 따르면 A의 컨닝 행위는 나쁜 결과를 산출하였기에 도덕적으로 그르고, B의 컨닝 행위는 좋은 결과를 산출하였기에 도덕으로 옳은 행위가 된다. 그런데 건전한 상식을 지닌 자는 A와 B의 컨닝 행위는 둘 다 도덕적으로 그르다고 생각한다.

상식인의 도덕을 설명하지 못한다는 난점을 벗어나고자 공리주의자들은 규칙 공리주의(rule-utilitarianism)를 제시한다. 즉, 유용성 원리는 개별적인 행위에 적용되는 것이 아니라 어느 규칙을 도덕 규칙으로 제정할 것인가의 물음에 적용된다는 입장이 바로 규칙 공리주의이다. 그러니까 유용성 원리는 도덕규칙의 정당화에 적용되고, 개별 행위의 옳고 그름은 그 규칙과 어긋나느냐 그렇지 않느냐에 따라 판단된다. 위의 예에서, "컨닝을 하지 말라."와 "컨닝을 하라." 둘 중 어느 것이 도덕규칙이 될 수 있는가? 시험 시간에 컨닝을 하는 것보다 컨닝을 하지 않는 것이 전체적으로 유용성이 더 클 것이다. 따라서 "컨닝을 하지 말라."가 공리주의 원리에 따라 하나의 도덕규칙이 되고, A와 B의 컨닝 행위는 모두 이 도덕규칙에 어긋나기 때문에, 규칙 공리주의에 따르면 도덕적으로 그르게 된다. 이처럼 규칙 공리주의는 개별 행위는 도덕규칙과의 부합 여부에 따라 그 옳고 그름을 판별하고, 도덕 규칙 자체는 공리주의에 의해 정당화한다는 점에서 의무론과 목적론을 통합한 이론으로 볼 수 있다.

공리주의는 행복 내지 쾌락의 극대화를 추구한다. 그런데 자유주의 사회에서 우리가 도덕적으로 타인의 행복을 극대화시킬 의무가 있는가? 이 반론을 적극 수용하여 쾌락의 극대화가 아니라 고통의 극소화 원리를 칼 포퍼(K. Popper)는 주장하게 된다. 즉, 행위의 옳고 그름은 쾌락의 극대화에 의해 판단되는 것이 아니라 고통의 극소화에 의해 판단된다는 입론이 바로 '부정 공리주의'(negative-utilitarianism)이다. 전통적으로 쾌락과 고통은 반대 개념으로 이해되어 왔다. 그러나 학자들에 따르면, 실제로 고통은 인간의 필요(need)의 결핍에서 발생하는 반면에, 쾌락은 욕구(desire)의 만족에서 오는 것으로 그 성격이 본질적으로 다르다고 한다. 이렇게 되면 공리주의의 기본 전제, 즉, 쾌락에 + 가치, 고통에 - 가치를 부여하는 것 자체가 무의미하게 된다. 또 이 구분을 받아들이면 우리에게 실제로 중요한 것은 욕구의 만족이 아니라 필요의 결핍을 최소화하는 일일 것이다. 욕구 만족은 개인의 사적인 영역에 속하고, 인간과 인간의 관계를 다루는 윤리에서는 그 중요성이 줄어들 것이다. 그래서 칼 포퍼는 고통의 최소화에 의해 윤리적 옳고 그름이 판단되어야 한다는 부정 공리주의를 제안하고 있다.

공리주의가 목적론은 대변한다면, 칸트(I. Kant, 1724~1804)의 윤리설은 의무론은 대변한다. "A라는 사람이 B에게 빌린 돈 일만 원을 갚았다."라는 구체적인 사례를 통해 칸트 윤리설이 주장하는 바가 무엇인지 알아보자. 우리는 A가 윤리적으로 올바르게 행위 했다고 생각한다. 그러면 왜 A의 약속이행은 윤리적으로 옳은가? 이에 대해 칸트는 왜 A가 약속을 이행하였는가를 문제 삼는다. 몇 가지 이유를 생각해 볼 수 있다. 첫째로 A가 천성적으로 마음이 착하였기 때문이다. 둘째로 A는 그 결과가 선할 것이라는 것을 염두에 두고 약속을 지켰다. 셋째로 A는 B의 협박을 견딜 수가 없어 약속을 지켰다. 넷째로 A는 단지 약속 이행 자체가 도덕적으로 옳다고 생각하였기 때문에 일만 원을 갚었다. 우리가 익히 알고 있는 칸트의 선의지(die gute Wille) 개념은 바로 옳은 행동을 오로지 그것이 옳다는 이유에서 항상 택하려는 의지를 말한다. 즉, 칸트는 선의지에 따른 행위만 윤리적으로 옳다고 주장한다. 위의 예에서 A가 네 번째 이유에서 약속을 이행하였다는 그의 행위가 도덕적으로 옳고 나머지 경우에는 모두 그르게 행동한 셈이 된다.

이런 의미에서 칸트 윤리설은 목적론이 아니라 의무론에 속한다. 즉, 인간이 마땅히 따라야 할 도덕법칙이 존재하며, 그 법칙에 맞는 행위만이 윤리적으로 옳다고 칸트는 주장하기 때문이다. 칸트는 근본적으로 인간이 마땅히 따라야 할 도덕 법칙이 존재한다고 보고, 이를 이성의 사실로 간주한다. 인간에게는 이 사실을 인식할 수 있는 '도덕적 직관력'(moral intuition)이 존재한다고 칸트는 믿는다. 그러나 구체적으로 그 도덕법칙이 무엇인지를 칸트는 제시하지 않고 단지 도덕법칙이 갖추어야 할 형식적 조건을 제시하고 있다. "네 의지의 준칙이 항상 동시에 보편적 입법의 원리로서 타당하도록 행위 하라."는 선천적 입법의 형식이나 "너 자신을 포함한 모든 인격에 있어서 인간성을 항상 동시에 목적으로 대우하고, 결코 수단으로서 사용하지 말라"는 실천이성의 지상 명령 등은 모두 도덕법칙이 갖추어야 할 형식적 요건이다. 이런 의미에서 칸트의 윤리설은 윤리적 형식주의라는 특성을 지닌다.

칸트 윤리설과 더불어 또 다른 의무론을 우리는 로스(W.D. Ross, 1877~1971)의 '조건부적 의무'(Prima Facie Duties)에서 찾을 수 있다. 로스는 도덕적 옳음이 도덕적 좋음에 선행한다고 본다. 즉, 도덕적 옳음은 목적론자들이 주장하는 것처럼 도덕적 좋음이란 가치에 의해 결정되는 것이 아니라, 하나의 기본적인 단순 개념이기에 정의가 불가능하다고 로스는 본다. 이런 의미에서 로스 역시 의무론자이다. 그러면서 로스는 인간이 마땅히 따라야 할 도덕규칙을 몇 가지 제시한다. 실제로 그는 신의와 보상의 의무, 보은의 의무, 선행의 의무, 악행금지의 의무, 정의의 의무, 자기 계발의 의두 등을 제시한다. 이런 의미에서는 그는 규칙 의무론자이다.

그러나 로스는 이러한 의무들을 하나의 조건부적 의무라고 주장하고, 이를 실제적 의무와 구분시키고 있다. 실제적 의무란 이러한 조건부적 의무들 가운데, 현실의 모든 도덕적 고려사항들을 비교 평가한 다음에도 실제로 행위자가 따라야 할 의무를 말한다. 반면에 조건부적 의무란 다른 조건이 같을 경우 의무가 되는 어떤 것, 즉 다른 도덕적 고려사항이 개입되지 않는 한 실제적 의무가 되는 어떤 것이 바로 조건부적 의무이다. 예를 들어, 교수인 내가 중간고사를 치르지 않겠다고 약속하게 되면 나는 일단 학생들에게 중간고사를 치르지 않을 조건부적 의무를 지니게 된다. 그래서 실제로 이 조건부적 의무를 능가할 만한 다른 도덕적 고려사항이 발생하지 않을 경우 이 의무는 나의 실제적 의무가 된다. 그러나 예상 밖의 사정이 발생하여, 예를 들어, 학생들의 집단 수업거부로 학기 초에 부과된 과제물을 학생들이 제출하지 않아 학생들의 성적 평가 근거 자료가 없게 되었다고 하자. 이렇게 되면 교수에게는 성적을 공정하게 평가해야 할 정의의 의무와 약속이행의 의무가 상충하게 된다. 이 경우 정의의 의무가 우선적이기에 교수는 중간고사를 치를 수 있다. 이 경우 약속 이행의 의무는 단지 조건부적 의무로 남게 되고 정의의 의무가 실제적 의무가 되고 만다.

그러나 로스는 이런 조건부적 의무들 사이의 상충 물음을 어떻게 해결할 것인가에 대한 기준을 제시하지는 않고, "결단은 식견에 의존한다."고만 말한다. 즉, 이는 행위자의 실천적 직관력에 의존하게 된다고 말한다. 이 점이 로스 이론의 약점이면서도 장점이다. 왜냐하면 우리는 실제적 의무를 판가름할 수 있는 기하학적인 추론방법을 요구하지만, 이는 현실적인 도덕적 고려사항의 복잡성으로 인해 불가능하기 때문이다. 다시 말해, 로스의 조건부적 의무론은 우리로 하여금 수학적인 의사결정 절차를 제공하지 못한다는 단점을 지니지만, 반면에 인간의 도덕적 현실이 지닌 복잡성을 잘 반영하고 있다고 하겠다.

VI. 가치론과 쾌락주의

다음 두 문장을 비교해 보자.

(1)우리 아버지는 50세로 키가 175Cm이다.

(2)우리 아버지는 좋은 분이다.

이 두 문장은 아버지라는 동일한 대상에 대해 무엇인가를 말해주는 진술이다. 하지만 이 두 문장은 그 성격상 본질적으로 차이가 난다. 전자는 아버지라는 대상을 단순히 기술한 것인 반면에, 후자는 아버지란 대상에 대해 화자가 어떤 평가적 판단을 내리고 있다. 즉, '50세이다' '키가 175Cm이다'라는 표현은 아버지에 대한 하나의 사실이므로, 문장 (1)은 사실판단이라 한다. 반면에 두 번째 문장의 '좋다'는 아버지에 대한 사실이 아니라, 화자가 아버지에 대해 어떤 평가를 내리는 것으로, 우리는 이를 '가치판단'이라 부른다. 즉, 전자의 판단 대상은 사실이고, 후자의 판단 대상은 가치이다. 가치에 대한 정확한 정의는 어렵지만 일상인들은 이처럼 가치를 인정하고 살아가고 있다고 하겠다. 가치에는 도덕적 가치, 미적 가치, 경제적 가치 등 여러 종류가 있다.

특히 도덕적 가치에 대한 철학적 탐구가 바로 가치론이다. "도덕적으로 가치 있는 것이 무엇인가"의 물음이 가치론의 주된 물음이다. 공리주의를 비롯한 목적론은 사실 이 가치론에 있어서 이미 어떤 입장을 전제하고 있다. 행복이나 쾌락이란 개념은 바로 가치 개념이다. 다시 말해, 행복이나 쾌락은 가치 있는 것 중의 하나이다. 그러니까 공리주의는 가치론에 있어서 쾌락을 가치 있는 것으로 받아들이고, 이 가치 있는 쾌락을 최대한 많이 산출하는 행위가 도덕적으로 옳다고 주장하는 셈이다. 실제로 일상생활에서 이 가치론의 차이로 많은 논쟁이 일어나고 있다. 예를 들어, 한 소년에게 피아노 자질이 있음이 밝혀졌다. 그래서 아버지는 이 아들이 피아니스트가 되기를 원하는 반면에, 어머니는 그럼에도 불구하고 이 아들이 판사가 되기를 원한다. 왜 그런가? 바로 아버지와 어머니 각자가 가치 있다는 생각하는 것이 다르기 때문이다.

우리에게 가치 있는 것들은 참으로 많다. 앞에서 말한 쾌락뿐 아니라 돈, 자유, 평등, 정의, 우정, 생명, 사랑, 연필, 컴퓨터 등등. 이런 가치 있는 것들에 대해 우리는 그것이 왜 가치 있느냐고 물을 수 있다. 예를 들어, 돈이 왜 가치 있는가? 이 질문을 받으면 우리는 쌀을 살 수 있고, 진료를 받을 수 있고 등등의 이유를 될 것이다. 그러면 다시 왜 쌀은 가치 있는가? 이에 대해 우리는 아마 생명을 살리기 위해서라고 답할 수 있다. 또 그러면 왜 생명을 가치 있는가? 아마 더 이상 대답하기 곤란하여 우리는 "생명이 가치 있다는 것은 당연하지 않니"라고 답할 것이다. 우리는 여기서 중요한 사실을 발견하게 된다. 즉,

가치 있는 것에는 두 종류가 있다. 하나는 돈과 같은 가치로서 우리는 이를 외래적 가치(extrinsic value) 혹은 수단적 가치를 지녔다고 말한다. 다른 하나는 생명과 같은 가치는 본래적 가치(intrinsic value) 또는 목적적 가치라 부른다. 쉽게 말해 전자는 다른 무엇 때문에 가치 있는 것이고, 후자는 그 자체로 가치 있는 것을 말한다. 수단적 가치를 지닌 것은 무한히 많기 때문에, 가치론은 본래적 가치를 지닌 것이 무엇인가의 물음을 주된 탐구 대상으로 삼는다.

가치 있는 것이 무엇인가에 대한 입장을 우리는 가치관이라 부른다. 좀 더 세분하면 가치관은 다음과 같이 설명된다.

(1) 긍정적 가치를 지닌 것은 무엇인가?
(2) 부정적 가치를 지닌 것은 무엇인가?
(3) 본래적 가치를 지닌 것은 무엇인가?
(4) 가치 있는 것들이 상충할 때 어느 가치가 우선하는가?
(5) 궁극적으로 가치 있는 것이 무엇인가?

이 다섯 가지 물음에 대한 자기 입장이 하나의 체계를 이룬다면 그 사람은 체계 있는 가치관을 지녔다고 할 수 있다. 따라서 가치관이란 바로 가치 있다고 여기는 것이 무엇이냐에 관한 입장이라 할 수 있다. 즉 가치관이란 본래적 가치를 지닌 것들에 대한 입장뿐 아니라 가치 있는 것들 간에 상충 물음이 발생할 경우 어느 가치에 우선성을 두느냐에 대한 입장을 통틀어 우리는 가치관이라 한다. 그런데 가치 없는 것을 가치 있다고 여기거나 가치 있는 것을 가치 없다는 여기는 가치관을 지닐 경우 우리는 '가치관의 혼란'이라고 말한다. 특히 이런 잘못된 가치관 가운데 본래적 가치와 수단적 가치가 뒤바뀐 현상을 우리는 가치전도현상이라 부른다. 예를 들어, 요즈음 황금만능주의와 물질주의가 팽배한데, 이는 물질이나 황금은 본래적 가치를 지니지 않음에도 불구하고 본래적 가치를 지니고 있다고 잘못 생각한데서 연유한다. 그리고 사회적 물의를 불러일으킨 인신매매범의 경우, 수단적 가치에 지나지 않는 돈을 벌기 위해 목적적 가치인 생명을 경시하는 것으로 가치전도현상에 해당된다. 또한 유산을 위해 자기 아버지를 살해한 것 역시 이에 해당된다고 하겠다.

여기서 우리는 묻는다. 그러면 본래적 가치를 지닌 것은 무엇인가? 행복이라고 주장하는 입장이 행복주의라면, 쾌락이라고 강조하는 입장이 쾌락주의이다. 전자는 이 책의 "행복한 삶이란 어떤 것일까?"에서 논의되기에 여기서는 쾌락주의에 국한하여 생각해보자. 쾌락주의(hedonism)는 원래 가치론의 일종이다. 즉, 본래적 가치를 지닌 것은 쾌락밖에 없고 그 밖의 모든 것은 쾌락의 산출 여하에 따라 그 가치가 결정된다는 입장이 바로 쾌락주의이다. 그래서 쾌락주의는 다음 4가지 명제를 함축한다.

(a) 모든 쾌락은 본래적으로 좋은 것이다.

(b) 오직 쾌락만이 본래적으로 좋은 것이다.

(c) 사물은 쾌락을 주는 정도만큼 본래적으로 좋다.

(d) 어떤 것이든 그것을 본래적으로 좋게 만드는 것은 어떤 사람에게 주는 쾌락이다.

그러나 일상적으로는 이 쾌락주의가 이기주의와 결합하여 쾌락주의적 이기주의로 사용되고 있다. 즉, 행위를 할 때 자기 쾌락을 증진시키는 방향으로 행동하는 자를 일컬어 우리는 쾌락주의자라 말한다. 또 쾌락주의는 원래 정신적 쾌락과 육체적 쾌락 모두가 본래적으로 가치있다는 입장인데, 오늘날에 와서 쾌락주의자는 다분히 부정적으로 육체적 쾌락을 추구하는 자를 지칭한다. 그러나 육체적 쾌락과 정신적 쾌락은 이론적으로 구분되지 않는다. 한 예로써, 사랑하는 두 남녀가 성관계를 통해 느끼는 쾌락은 정신적 쾌락인가 아니면 육체적 쾌락인가? 어느 누구도 육체적 쾌락이라고 말하기 어려울 것이다. 이는 원래 인간의 정신과 육체는 구분되지 않기 때문이다.

그리고 쾌락주의는 쾌락주의의 역설이란 어려움을 낳는다. 즉, 쾌락은 그 특성상 목표로 추구하면 할수록 얻기가 그만큼 더 어렵다고 한다. 왜냐하면 쾌락은 일종은 욕구에 대한 만족된 욕구의 비율로 나타낼 수 있는데, 쾌락을 목표로 추구하면 분모에 해당되는 욕구가 엄청나게 커져 그 충족 비율이 상대적으로 감소할 수밖에 없기 때문이다. 이런 현상이 나타나는 것은 쾌락은 행위나 사태에 따르는 결과물이기 때문이다. 예를 들어, 농구 게임을 하기 전에 선수인 갑이 "나는 이번 경기에서 최대한 쾌락을 누려야지" 하는 쾌락 추구의 욕구를 갖고 경기에 임하면 그 경기는 고통스러울 수밖에 없게 된다. 일반적으로 이런 스포츠 게임의 경우 선수는 아무런 쾌락에 대한 기대감 없이 최선을 다하게 될 때 쾌락은 저절로 그 활동의 부산물로 주어지는 것이다. 그래서 학자들은 쾌락주의는 행위의 옳고 그름 기준은 될 수 있을지 모르나, 한 사람의 행위를 안내하는 원리는 될 수 없다고 주장하기도 한다.[1]

---

1 이 글은 김상득, 「생명의료윤리학」(서울: 철학과현실사, 2000) "제12장 윤리이론"을 바탕으로 수정 보완한 것임을 밝힌다.

| 생각해보기 |

우리가 윤리학자라면

1. 1983년 뇌성마비로 미국 캘리포니아 리버사이드 종합병원에 입원해 있던 25세의 여성 엘리자베스 부비아(Elizabeth Bouvia)는 의료진에게 "나는 더 이상 살 가치가 없다"며 자신이 죽을 수 있도록 급식을 중단해 달라고 요청했다. 태어날 때부터 뇌성마비였던 엘리자베스는 부모가 이혼해서 그녀를 돌보지 않았기 때문에 병원에서 혼자 살았다. 그녀는 그때까지 역경을 훌륭하게 극복해 왔다. 주정부 보조금으로 대학에서 사회사업을 전공하고 일자리도 얻고 결혼도 했다. 그러나 임신을 했다가 유산되고 남편마저 떠나자 그녀는 자살을 원했고, 그 방법으로 굶어 죽기를 택했다. 그러나 병원은 자살을 방조해서도 안 되고 급식을 중단해서도 안 된다는 입장에 따라, 식사를 거부하는 그녀에게 고무호스로 강제 급식이 행해졌다. 이 사건이 언론에 보도되자 그녀의 병실로 7톤에 가까운 편지와 200권 이상의 성경책이 쏟아져 들어왔다. 그녀를 옹호하는 사람들은 "인간은 중요한 결정을 스스로 내릴 권리가 있다."고 말하는 반면, 그녀를 비판하는 사람들은 세인들의 관심을 끌기 위한 술책이라고 주장하며 죽고 싶으면 누구의 손길도 닿지 않는 곳으로 떠나 조용히 죽으라고 했다. 만약 당신의 담당 의사라면 어떠한 결정을 내리겠는가? 그리고 그렇게 결정을 내린 윤리적 이유는 무엇인가?

2. 다음 두 사례를 공리주의 및 칸트주의 윤리설에 따라 어떻게 행하는 것이 윤리적으로 옳은지를 설명하라.

사례1)

당신은 전차 기관사이고, 시속 100킬로미터로 철로를 질주한다고 가정해 보자. 저 앞에 인부 다섯 명이 작업 도구를 들고 철로에 서 있다. 전차를 멈추려 했지만 불가능하다. 브레이크가 말을 듣지 않는다. 이 속도로 들이받으면 인부들이 모두 죽고 만다는 사실을 알기에 절박한 심정이 된다. 이때 오른쪽에 있는 비상 철로가 눈에 들어온다. 그곳에도 인부가 있지만, 한 명이다. 전차를 비상 철로로 돌리면 인부 한 사람이 죽는 대신 다섯 사람이 살 수 있다. 당신은 어떻게 하겠는가?

사례 2)

위 상황과 유사한데, 당신은 기관사가 아니라, 철로를 바라보며 다리 위에 서 있는 구경꾼이다. 이번에는 비상 철로가 없다. 저 아래 철로로 전차가 들어오고, 철로 끝에 인부 다섯 명이 있다. 이번에도 브레이크가 말을 듣지 않는다. 전차가 인부 다섯 명을 들이받기 직전이다. 피할 수 없는 재앙 앞에서 무력감을 느끼다가 문득 당신 옆에 서 있는 덩치가 산만 한 남자를 발견한다. 당신은 그 사람을 밀어 전차가 들어오는 철로로 떨어뜨릴 수 있다. 그러면 남자는 죽겠지만 인부 다섯 명은 목숨을 건질 것이다. 당신이 직접 철로로 몸을 던질까 생각도 했지만, 전차를 멈추기에는 몸집이 너무 작다. 그렇다면 덩치 큰 남자를 철로로 미는 행위가 옳은 일인가?

---

3. 부패공화국이라는 비난을 받을 정도로 우리 정치는 그 도덕성을 찾아보기 어렵다. 선거 때는 어김없이 흑색 유언비어가 난무하고 또 지역감점을 자극하여 표를 얻고자 하며, 그리고 뇌물 스캔들은 끊이지 않고 있다. 이미 마키아벨리는 정치란 원래 권력을 추구하는 것으로 권모술수가 판을 치고 도덕을 찾아보기란 어렵다는 것을 지적한 바 있다. 다시 말해, 정치는 '더러운 손'(Dirty Hands)에 의해 움직여진다고 할 수 있다. 정말로 우리는 정치에서 도덕을 추구할 수 없는가? 일부에서는 우리의 정치 현실을

감안할 때 권력을 잡지 않고는 정의로운 사회를 구현할 수 없기에 때로는 '더러운 손'은 필요악이라고 주장한다. 이를 윤리학의 일반 물음으로 바꾸면, "목적이 수단을 정당화하는가?"로 표현할 수 있다. 이에 대해 당신은 어떻게 생각하는가? 자신의 입장을 피력하고 그 윤리학적 논거를 제시하라.

2

철학과 함께

p h i l o s o p h y

심리철학 인공지능은 인간을 넘어설 수 있을까?

과학철학 과학은 왜 성공했는가?

예술철학 예술을 예술로 만드는 것은 무엇일까?

정치철학 어떤 정의를 실현해야 하는가?

행복철학 행복한 삶이란 어떤 것일까?

p h i l o s o p h y

2
철학과 함께

• 심리철학 •

인공지능은 인간을 넘어설 수 있을까?

김영례

I. 인간의 지능과 인공지능: 맥락과 배경

인간은 생각하고 느끼며 행동하는 주체적 존재라는 이유 때문에, 스스로를 자연계의 다른 존재들과는 차별화된 특별한 존재라고 생각해 왔다. 그런데 오늘날 인공지능은 인간의 인지능력을 빠르게 따라잡고 있다. 2016년 알파고와 인간의 바둑대결에서 알파고는 어떤 인간도 생각해 내지 못한 전략을 사용하여 인간을 이겼다. 이제 인공지능이 질병을 진단하고 자동차를 운전하는가 하면 인간의 감정을 이해할 날도 머지않은 것처럼 보인다. 심지어 우리는 인공지능에게 일자리를 빼앗기고 쓸모없는 인간으로 전락할 미래를 상상하며 두려워하기도 한다. 인공지능의 진보가 계속 이어질수록 인공지능은 우리의 생활을 지배하면서 우리의 미래를 결정하는 위력을 점차 더 갖게 될 것이다.

그렇다면 인공지능이란 무엇인가? 1955년 존 맥카시(John McCarthy, 1927~2011)는 인공지능을 '사람이 그렇게 행동했다면 지능적이라고 말할 수 있는 행동을 하는 기계를 만드는 것'이라고 말한다. 이 말은 마치 인간의 지능과 인공지능이 동일하며 그것이 측정 가능하다는 말처럼 들린다. 그러나 과연 양자의 지능은 동일하며, 또 지능을 측정하는 것이 가능할까? 인공지능의 본질은 제한된 데이터를 기초로 적당한 시기에 적절히 일반화 해내는 능력이다. 적용 영역이 넓을수록 그리고 최소한의 정보로 더 빨리 결론을 내릴수록 더 지능적일 것이다. 오늘날에는 얼굴을 인식하고, 병을 진단하며, 클래식을 작곡할 수 있는 프로그램까지 이미 개발되어 있다. 우리는 이러한 프로그램들이 인공의 지능을 가졌다는 데에 동의할 수 있을지는 모르나, 그 프로그램들이 자신이 하는 일의 방식에 대해서, 그리고 자신이 하는 일의 의미에 대해서, 또 자신이 누구인지에 대해서 인간처럼 반성할 수 있는지에 대해서는 회의적이다. 두뇌의 세부구조를 연구해서 인간 마음의 깊이를 가늠해보려고 노력하는 인지과학자들이 풀어야 할 미스터리는 비교적 단순하고 균일한 뉴런들이 연계해서 도대체 어떻게 기억을 저장하고, 시각정보를 처리하고, 몸을 움직이고, 감정을 일으키고, 행동을 유도하며, 자아감을 갖는 등의 엄청나게 다양한 업무를 수행하는가 하는 점이다. 컴퓨터 프로그램이 인간의 두뇌와 똑같은 기능을 수행하려면 사용가능한 처리 용량과 데이터는 얼마나 필요하며, 또 과연 그러한 프로그램을 만들 수는 있는 것일까? 적어도 우리가 영화 'A.I.'에서 보았던 인공지능은 최소한 가까운 미래에는 가능하지 않을 것이다. 그러나 인공지능의 기술이 인간의 생계수단에서 시작해서 자아의식에 이르기까지 우리가 소중히 여기는 다양한 것들에 점차 더 많은 영향을 주게 된다는 것은 분명하다. 과거에 인간 고유의 지능이 필요하다고 믿었던 다양한 업무들을 현재의 인공지능들이 인간의 능력을 뛰어넘는 수준에서 처리하고 있는 것을 목격할 수 있기 때문이다. 오늘날 인공지능들은 엄청난 속도, 정확성, 기억 용량에 힘입어 바둑을 두거나 원문을 번역하는 등의 업무를 인간보다 효과적으로 수행한다. 그래서 우리는 묻지 않을 수 없다. '인간과 기계 사이의 지능의 구분은 점차 무의미해지는 것일까?', 아니 '정말 인공지능은 언젠가는 인간보다 더 똑똑해질까?' 더 나아가 '인공지능에게도 마음이란 것이 있을까?' 이 물음들에 대한 답은 결코 쉽지 않다. 그러나 이에 대한 성찰은 인공지능보다 우리 자신을 위하여 반드시 필요하다. 그것은 '인간이란 무엇인가?' 라는 인간의 본질에 대한 물음에서부터 시작되어야 한다.

II. 20세기 심신문제의 변천: 마음이란 무엇인가?

인간은 어쩌다가 인공지능을 만들게 되었을까? 그 역사적 배경을 성찰의 출발점으로 삼아 인간과 인공지능의 관계를 알아보기로 하자. 철학자들은 오랫동안 인간의 지각, 감정, 기억, 이해, 의식 등의 심적 현상이 어떻게 이루어지는가에 대하여 관심을 갖고 알고자 했다. 우리는 인간의 이러한 인지능력이 마음과 몸의 상호작용에 의해서 이루어진다고 흔히 생각한다. 근대 철학자인 르네 데카르트(René Descartes, 1596~1650)도 그렇게 생각했다. 그는 인간이 마음과 몸이라는 두 개의 다른 성질을 가진 것으로 이루어졌다고 생각했는데, 이러한 주장을 이원론이라고 부른다. 두뇌를 포함한 몸은 그것의 크기, 무게, 부피, 위치 등의 물리적 속성을 가지고 있는 반면, 마음은 물리적 속성을 결여한 사유하는 실체라고 생각한 것이다. 그래서 몸은 자연계의 다른 사물들과 마찬가지로 물질기계이기 때문에 경험적인 과학적 탐구대상이지만, 비물질적인 마음은 보이지 않기 때문에 형이상학적 탐구대상이라고 생각했다. 또한 몸과 마음은 서로 간에 인과적으로 영향을 미치며 그러한 인과적 교차의 장소를 뇌의 '송과선'이라고 주장하였다. 물론 현대의 신경과학적 지식에 따르면, 송과선은 그러한 역할을 전혀 하지 않는다.

그런데 20세기에 들어서 과학이 급격히 발달하면서, 그것은 철학에도 많은 영향을 미치게 된다. 논리실증주의라는 철학의 한 학파는 경험적 관찰에 의해 참인 것으로 증명되지 않는 진술은 더 이상 진리가 아니라고 주장한다. 그래서 마음과 몸을 두 개의 독립된 실체로 인정했던 데카르트의 주장은 이제 엄격한 검증의 대상이 된다. 인간의 몸은 관찰과 분석을 통해 그 물리적 메커니즘을 검증할 수 있지만, 마음은 관찰이 가능하지 않기 때문에 더 이상 그 존재를 인정하기가 어렵게 된다. 그래서 라일(Gilbert Ryle, 1900~1976)은 데카르트의 마음을 '기계 속의 유령'(the ghost in the machine)이라고 비판한다. 그럼에도 인간이 사유하는 존재라는 것은 여전히 의심의 여지가 없다. 그래서 철학자들은 '인간의 사유는 도대체 어떻게 하여 가능한가?', 다시 말해 '마음이 어떻게 몸과 결합될 수 있는가?' 하는 오래된 물음을 다시 탐구하기 시작하였는데, 이러한 문제를 심신문제(mind-body problem)라고 부른다.

일상에서 우리는 몸과 마음이 인과적으로 상호 작용한다는 믿음을 가지고 살아간다. 내가 컵을 집기 위하여 손을 내밀었을 때, 컵을 집고자 하는 나의 의도가 없었다면 나는 컵을 집는 행위를 하지 않을 것이다. 즉 나의 의도는 비물리적 실체에서 발생하는 사건이고, 컵을 집는 행위는 물리적 사건이다. 이때 나의 의도가 컵을 집는 행위의 원인이 되기 위해서는 비물리적 사건이 물리적 신체에 인과적 영향을 미쳐야 하는데 이러한 일은 어떻게 가능한 것일까? 인간의 사유가 두뇌를 기초로 하여 이루어진다는 것은 부정할 수 없으므로, 행동의 물리적 원인은 두뇌에 있을 것이다. 그러려면 마음이 두뇌의 물리적 과정에 영향을 미쳐서 변화를 일으켜야 한다. 그러나 양자 사이의 그러한 교류가 어떤 방식으로 일어나는가는 뇌의 관찰에 의해서는 도저히 알 수가 없다.

그래서 어떤 철학자들은 우리의 일상적인 믿음 자체가 잘못되었다고 하여 이 문제를 해결하려 한다. 존재하는 것은 뇌를 포함한 몸뿐이며, 우리가 마음이라고 믿는 것은 뇌의 활동과정에서 부수적으로 발생한 정신이라는 것이다. 이처럼 마음이 실체로서 존재하는 것이 아니라 단지 정신적 현상일 뿐이라고 주장하는 사람들은 몸과 마음이 인과적으로 상호 작용하는 것처럼 생각될 뿐, 실제로는 인과관계가 없다고 단정한다. 그런데 우리가 무엇을 생각하고 의도하든 그것이 우리의 몸을 변화시키는 원인이 되지 못한다는 이러한 주장이 과연 상식적으로 납득될 수 있을까? 마음과 몸의 상호작용에 대한 우리의 믿음이 잘못된 것이라면, 우리가 잘못된 믿음을 가졌다는 것을 근거를 통해 입증해야 하는데 그것은 입증될 수가 없다. 뇌를 관찰하는 것만으로는 그것을 알 수 없기 때문이다.

심신 이원론이 이처럼 풀 수 없는 문제를 포함하고 있음에도 불구하고 왜 우리는 그것을 버리지 못하는 것일까? 아마 그것은 우리 마음 안에서 일어나는 일을 누구보다도 내가 가장 잘 알고 있기 때문일 것이다. 우리는 다른 사람의 마음조차도 직접은 아니지만 그들의 정황과 표정이나 말을 통해 간접적으로 추측할 수 있다. 그러나 나의 마음은 즉각적으로 알 수 있다. 사실 우리는 자신의 몸 안에서 무슨 일이 일어나고 있는지를 설명할 수는 없지만 자신이 지금 어떤 생각과 느낌을 가지고 있는지는 잘 안다. 마음과 몸의 이러한 인식론적 비대칭성에 근거하여 데카르트는 마음과 몸을 별개의 것으로 생각했던 것이다. 그러나 이원론을 비판하는 철학자들은 우리가 자신의 마음에 대하여 잘 안다는 인식론적 특이성을 인정한다 해도, 그로부터 비물리적 실체인 마음의 존재가 반드시 도출되는 것은 아니라고 지적한다. 사실 인식론적 전제로부터 존재론적 결론을 도출하는 것은 오류이다. 가령, 황금산에 대해 잘 안다고 해서 내가 가진 황금산에 대한 인식이 황금산의 존재를 입증하는 것은 아니기 때문이다. 나의 몸에서 일어나는 일은 모르되 나의 마음에서 일어나는 일은 알 수 있다는 사실로부터 나의 몸과 마음이 별개이며 마음이 존재한다는 결론은 도출되지 않는다.

이와 같은 데카르트가 남긴 유산을 극복하려는 현대적 시도는 **행동주의(behaviorism)**에서부터 시작된다. 행동주의는 우리의 행동을 설명함에 있어서 내적 과정을 배제하는 심리학적 입장을 말한다. 말하자면 개인 자신의 입장에서만 확인할 수 있는 사적이고 신비적인 마음의 영역을 배제하고, 객관적인 관찰에 의해 확보된 행동들만을 정당한 것으로 인정하는 과학적 심리학이다. 그런데 사람들의 일상적인 행동 중에서 어떤 경우는 그들의 동기, 믿음, 욕구 등이 겉으로 드러나지 않을 수도 있다. 가령 부모님이 말기 암의 상태임을 알았을 때, 어떤 자식들은 부모님에게 그 사실을 알리지 않는 것이 부모님을 위하는 길이라는 믿음을 가질 수도 있다. 이런 경우 자식의 마음과 행동이 일치하지 않기 때문에 행동주의적 설명은 그의 행동을 적절하게 설명하지 못하게 된다. 이러한 비판에 대하여 행동주의자는 동기, 믿음, 욕구 등에 대한 정확한 적용기준이 없기 때문에 그것들은 보존할 가치가 없다고 반론한다. 그럼에도 복잡한 심리를 가진 인간의 행동을 물리적으로 설명하는 것은 현실적으로 불가능할 수 있다는 비판을 행동주의는 피할 수 없다. 이러한 비판에 대응하여 일부의 행동주의자들은 경험적 내용을 보존하기 위하여 일상적인 심리 용어, 즉 '고통', '믿음', '욕망' 같은 용어들을 행동을 지시하는 용어들로 대체하여 정의하고자 한다. 그들은 심적 상태를 지시하는 용어들을 관찰 가능한 행동을 지시하는 용어들로 정의할 수 있다고 생각한 것이다. 그러나 각각의 심적 상태에 대한 용어들을 모두 행동을 지시하는 용어들로 정의할 수는 없기 때문에 이러한 주장은 신뢰를 얻지 못한다.

행동주의의 이러한 문제점은 철학자들로 하여금 환원주의로 전회하게 만든다. 이원론에 대한 비판이 행동주의를 이끌었다면, 행동주의에 대한 비판은 환원주의를 이끈 것이다. 환원주의자들은 인간의 심리과정을 두뇌라는 물리적 매체를 통해 실현된 언어화 과정으로 설명한다. 예를 들어, 나의 두뇌에 '책상 위의 물 컵을 집어서 물을 마신다.'라는 내용의 기호가 있고, 이 기호를 정의하는 계산과정이 있어서 적절한 행동을 산출한다는 것이다. 이러한 환원주의에 이르면 더 이상 마음의 존재는 인정되지 않는다. 환원주의자들은 마음 안의 모든 심리적인 것은 두뇌의 계산과정으로 환원될 수 있다고 믿는다.

환원주의는 이처럼 마음을 두뇌와 동일시하기 때문에 **물리주의**라고도 불린다. 물리주의 입장에서는 심적 사건은 곧 두뇌 사건이기 때문에, 마음과 몸이 서로 어떻게 작용하는가 하는 문제는 사라진다. 그렇지만 대신 심적 사건과 상태를 두뇌와 같은 물리적 매체로 실현하는 것이 어떻게 가능한가 하는 문제가 남는다. 왜냐하면, 두뇌가 곧 마음이라 할지라도 두뇌에서의 심적 속성과 물리적 속성은 다르기 때문이다. 이를 **속성 이원론**이라 부른다. 데카르트의 이원론이 마음과 몸이라는 두 실체가 존재한다고 주장하는 존재의 이원론이라면, 속성 이원론은 마음은 존재하지 않고 두뇌만 존재하지만 두뇌 안에는 심적 속성과 물리적 속성이 존재한다는 이원론이어서 서로 구별된다.

이처럼 20세기 중반 이후의 심신이론은 물리주의를 당연시 여기면서 속성 차원의 문제로 전환된다. 그런데 물리주의에 속하면서도 속성 이원론과 달리 심적 속성과 물리적 속성이 동일하다고 주장하는 **심신 동일론**이 있다. 이러한 이론을 **강한 물리주의**라고도 부른다. 심신 동일론은 심적 속성이 물리적 속성과 동일하거나 또는 적어도 물리적 속성으로 환원된다고 주장하기 때문에, 심적 속성을 인정하고 보전하는 점에서 우리의 믿음에서 크게 벗어나지 않는다는 장점을 갖는다.

1970년대 이후에 등장한 또 다른 이론은 **비환원적 물리주의**다. 이 입장은 심적 속성은 물리적 속성으로 환원되지 않고 나름의 자율성을 지닌 영역이라고 주장한다. 사실 고통이라는 심적 속성은 관찰 가능한 물리적 속성들과 연결되는 인과관계를 갖는다고 할 수 있다. 이는 부분적으로 심적 상태가 물리적 상태일 수 있다는 가능성을 열어준다. 뿐만 아니라 주관적으로 확실한 우리의 심적 상태의 속성들이 단순히 물리적인 설명을 넘어서서 정신적인 것을 대표한다고도 볼 수 있다. 우리가 의지와 욕구를 갖고 있다는 것은 부정하기 어려우며, 이러한 것이 어떤 방식으로든 행위로 연결된다는 것도 부정할 수 없다. 그래서 심적 속성들의 실재를 인정하는 두 가지 입장이 등장한다. 하나는 심적 속성들이 실재한다는 것은 인정하지만 그것들을 과학적으로 설명할 수는 없다는 주장으로, 이러한 입장을 **'부수 현상'(epiphenomena)론**이라고 부른다. 이들은 행위를 엄밀하게 과학적 방법으로 설명하는 것을 존중하면서도 욕구와 같은 내적인 심적 속성들의 증거를 존중하여 두 가지를 모두 인정하지만, 심적 속성을 인과적으로 무능력한 두뇌활동의 부산물로 격하시킨다. 즉 뇌의 물리적 속성은 심적 속성이 발생하는 원인이 되지만 심적 속성은 물리적 속성에 영향을 미치지 못한다는 것이다.

다른 하나는 심적 속성이 물리적 속성에 인과적 영향력을 갖는다는 입장으로 앞서 소개한 견해들과는 본질적으로 다르다. 그들은 두뇌에서 심리적 속성들은 물리적 속성들과 체계적인 상호작용을 가지기 때문에 양자는 서로 인과적인 영향력을 미친다고 주장한다. 이는 결국 한 사람의 행동이 그의 욕구와 의지에 의해 야기된다는 것을 인정하는 셈이다. 이들에 따르면 심적 속성들은 뇌에서 물질이 오랜 진화과정을 거쳐 복잡한 체계로 구성되면서 어떤 특정 시기에 나타나게 된 속성으로, 이를 '**창발적**'(emergent) 속성이라 부른다.

그러나 좀 더 생각해보면 심적 상태나 속성들이 모두 물질적인 구조로 환원될 수 있는 것은 아니다. 이 세계에는 과학적 예측이나 설명을 넘어서는 것들도 존재한다고 믿는 사람도 있기 때문이다. 가령 육체 없이 존재하는 영적 존재들을 상상할 수 있다. 이 환원불가능한 심적 속성들은 심적 속성들이 물리적 속성들에서 파생된 획득물이라는 주장과는 어울리지 않는다. 따라서 진화론적 창발론과 물리적 환원불가능성은 동시에 주장할 수 없는 이야기가 되어버린다. 그러나 정신적 실체라는 것은 증명이 어려운 빈약한 가정임에 반하여 물질이 존재한다는 것은 누구도 의심할 수 없는 사실이다. 이 상대적인 설명의 무력함이 유물론에게 힘을 실어준다.

최근에 발달한 신경과학은 두뇌의 구조와 두뇌를 지배하는 물리법칙에 관해 우리에게 많은 것을 말해줄 수 있게 되었으며 우리 행동의 많은 부분을 설명할 수 있게 되었다. 그 결과 우리 자신을 설명함에 있어서는 비물질적 실체나 속성을 끌어들일 필요도, 여지도 없는 것처럼 보이기도 한다. 그럼에도 불구하고 그러한 사실이 유물론적 입장들 사이의 의견의 일치를 보장하는 것은 아니라는 것을 지금까지의 고찰을 통해 알 수 있었다. 이제 앞서 소개한 이론들 중에서 대표적으로 심신 환원주의와 비환원주의의 차이점을 좀 더 상세히 살펴본 다음에, 마음에 대한 탐구가 20세기 후반에 인공지능의 탄생으로 이어지는 과정을 고찰해 봄으로써 '인공지능은 인간을 넘어설 수 있는가' 하는 물음에 대하여 답할 수 있는 근거를 마련해보자.

III. 심신 환원주의: 심적 속성은 물리적 속성으로 환원될 수 있다.

20세기에 들어서 물리학의 급속한 발전은 세계의 모든 존재를 물리적으로 설명할 수 있다는 낙관적인 생각을 갖게 하였고, 이러한 생각은 철학자들에게도 영향을 미친다. 심신이론 또한 물리주의를 당연시 여기고 받아들임으로써 심신의 문제는 이제 존재차원에서 속성차원의 문제로 전환된다. 앞서 소개했듯이, 가장 강한 물리주의는 심적 속성과 물리적 속성이 동일하다고 주장하는 **'심신 동일론'**이다. 말 그대로 마음이 실체로서 존재하는 것은 아니며 오직 뇌만이 존재하는데, 뇌에서의 심적 속성은 물리적 속성으로 환원될 수 있다는 것, 더 나아가 심적 속성과 물리적 속성은 동일하다는 것이다. 이는 신경과학의 발달을 발판 삼아 1950년대 말에서 60년대 초에 데카르트의 심신 이원론을 거부하고 그 대안으로 등장한 이론으로, 우리의 심리적 직관을 훼손시키지 않고서 과학적으로 설명하려는 시도이다. 가령 우리가 물체에서 느끼는 따뜻함이나 차가움을 그것의 구성성분인 분자의 운동에너지에 의해서 설명하는 것과 같다. 즉 따뜻함과 차가움의 느낌은 분자운동의 에너지와 동일하다. 이와 같이 정신현상은 곧 물리현상이고, 따라서 심신법칙은 물리법칙과 동일한 정당성을 갖게 된다.

심신 동일론의 장점은 제거주의와의 비교를 통해 뚜렷하게 드러난다. **'제거주의'**는 인간의 심리 현상 자체를 부정하고 설명해야 할 것으로 여기지 않음으로써 심리학을 신경과학으로 대체해버리는 입장이다. 삶에서 실제로 우리가 느끼는 심리적 현상들을 아예 부정해버리는 이러한 극단적 입장은 인간의 본질을 제대로 설명하지 못한다는 점에서 받아들이기 어렵다. 이에 비해 심신 동일론은 일원론적 물리주의이면서도 우리의 심리적 현상을 인정하는 점에서 우리의 상식과 부합하고, 또한 인간의 정신적인 것들을 훼손하지 않고서도 물리주의와 조화를 이루어 인과적인 설명을 제공한다는 점에서 우리를 만족시킨다. 이 입장에서 심적 속성이 갖는 인과적 역할은 그것과 동일한, 혹은 적어도 그것이 환원될 수 있는 물리적 속성의 인과적 힘에 의해 완벽하게 보전되기 때문이다. '따뜻함'이라는 오래된 심적 개념은 '분자운동의 에너지의 총체'라는 개념과 대응하고, 양 개념은 동일하며 좀 더 과학적인 새로운 개념으로 대체되었다고 생각되는 것은 당연할 것이다. 또 다른 장점은 단순성이다. 신체와 마음 두 가지 것에 의해 설명하는 이원론보다 두 속성이 동일하다는 일원론이 더 단순하고 쉽게 설명되기 때문이다. 하나로 설명될 수 있는데 전혀 다른 두 가지를 복잡하게 허용할 필요가 있겠는가?

그렇다면 심신 동일론의 단점은 무엇인가? 하나는 심적 상태나 속성들이 신경생리적 상태나 속성들과 근본적으로 다른 것처럼 보인다는 것이다. 뜨거운 것과 차가운 것을 구별할 때, 우리의 외적 감각들은 실제로 물리적 대상들의 복잡한 전자기적, 화학적, 극소역학적 속성들 간의 미묘한 차이를 갖는다. 그러나 우리의 감각은 이러한 복잡한 속성들의 자세한 본성들을 스스로 밝힐만한 통찰력이 없다. 그런 구분은 이론적 연구와 함께 특별히 고안된 장치를 갖춘 실험적 탐구에 의해서 이루어진다. 결국 감각은 우리에게 자료만을 제공할 뿐이며, 그 자료를 바탕으로 차가움이나 따뜻함을 지각하는 것은 의식이라는 것이다. 다른 하나는 수적 동일성에 관련된 문제로, 만일 두 대상 가운데 하나가 가진 모든 성질을 다른 하나도 역시 모두 가지고 있다면, 오직 그 경우에만 두 대상은 수적으로 동일하다고 볼 수 있다. 따라서 두뇌 상태에는 해당되지만 심리 상태에는 해당되는 않는 어떤 속성을 찾아낼 수 있다면 동일론은 파괴된다. 실제로 문어의 뇌와 포유류의 뇌는 서로 다른 물리 화학적 구조를 갖지만 고통이라는 동일한 심적 성질을 갖는다고 한다. 이는 심적 속성의 인과적 역할을 부정하는 것이 되어 동일론은 무너진다. 이러한 문제점으로 인해 환원주의가 무너지게 되자, 그 대안으로 비환원적 물리주의가 등장한다.

IV. 심신 비환원주의: 심적 속성은 물리적 속성으로 환원되지 않는다.

비환원주의자들은 심적 속성이 물리적 속성으로 환원되지 않는다고 주장한다. 비환원론자인 데이비슨(Donald Davidson, 1917~2003)은 심적 속성은 본질적으로 무법칙성과 규범성을 갖기 때문에 과학적인 탐구의 대상이 될 수 없으며, 이러한 특성으로 인해 심적인 것들과 물리적인 것들은 전적으로 다른 영역에 속한다고 주장한다. 양자가 이렇게 다르다면, 양자를 연결하는 다리가 필요할 텐데, 그러한 다리는 없다고 한다. 이처럼 심적인 것들과 물리적인 것들을 연결하는 법칙이 없다는 것은 자연스럽게 심적인 것은 물리적인 것으로 환원될 수 없다는 것을 필연적으로 함축한다. 아울러 환원이 불가능함으로써 심적인 것의 자율성이 확보된다. 그럼에도 불구하고 비환원주의는 일원론에 속한다. 그래서 데이비슨의 이론을 **무법칙적 일원론**이라 부른다. 요컨대 무법칙적 일원론은 마음이 존재하지 않는다는 물리주의적 일원론이지만, 심적 속성들이 물리적 속성의 지배를 받지 않으며, 양자를 연결시키는 법칙은 없다는 의미에서 그러하다.

그런데 심적 속성이 곧 물리적 속성이지만 양자를 연결하는 법칙, 즉 다리가 없다는 데이비슨의 주장은 쉽게 이해가 가지 않는다. 그것은 정확히 무엇을 의미하는가? 그는 심리적 사건과 물리적 사건이 어떻게 관계하는지에 대해서는 전혀 설명하지 않는다. 다만 심적 표현을 사용하여 서술될 수 있는 모든 사건은 물리적인 표현을 사용하여 서술될 수 있다고 말한다. 따라서 한 사건이 물리적인 것인지 심적인 것인지를 결정하는 것은 그것이 물리적인 언어로 서술될 수 있는지 아니면 심적 언어로 서술될 수 있는지에 달려 있게 된다.

또 다른 비환원적 물리주의자들은 심적 속성들은 물리적 속성들에 의존하거나 수반한다고 주장한다. 한 대상이 물리적인 면에서 바뀌지 않는 이상 심적인 면도 바뀔 수 없다는 것, 다시 말해 물리적인 것이 심적인 것을 결정한다는 것이다. 그러나 역으로 심적인 것이 물리적인 것에 영향을 미치지는 못하기 때문에 결국 심적인 것은 물리적인 것에 비대칭적으로 의존하고 있다고 할 수 있다. 이들은 물리적 속성과 심적 속성의 관계를 상위 속성과 하위 속성의 관계로 설명한다. 이것은 생물학이나 화학과 같은 특수 과학들이 어떻게 기초물리학과 관계 맺는지를 통해서 이해될 수 있다. 상위 속성으로서의 특수 과학들의 속성은 하위 속성으로서의 기초 물리학의 속성들에 수반하지만 그것들로 환원되지 않으며, 그런 의미에서 특수과학들은 기초 물리학으로부터 독립성을 확보할 수 있다. 즉 특수과학은 독자적인 용어와 법칙들을 사용하여 자연세계를 설명할 수 있되 물리학의 법칙과 설명에 부합할 필요는 없는 것이다. 이와 마찬가지로 심적 속성은 물리적 속성에 부합할 필요 없이 독자적인 속성과 함께 자율성을 가질 수 있다는 것이 비환원주의자들의 주장이다.

한편 물리적 속성과 심적 속성 간의 이러한 비환원적 관계는 미시적 계층과 거시적 계층으로도 설명될 수 있다. 물리적인 관점에서 물체의 속성을 가장 기초적인 단위에서 시작하여 그 층계를 따라 올라가다 보면, 원자 → 분자 → 세포 → 조금 더 큰 생물체 등을 만나게 된다. 이런 계층적 구조는 부분-전체의 관계를 보여주는데, 여기서 각 층마다 그

층에서 처음으로 출현하거나 '창발하는' 속성이 있다. 의식을 비롯한 심적 속성은 고등생물의 층에서 나타나는 특징적 속성이라는 주장이 **'창발론'**(emergentism)이다. 심적 속성들은 그 생물체를 구성하는 하위속성들에서 수반한다. 다시 말해 심적 속성은 미시적 속성에 수반하는 거시적 속성이라고 할 수 있다. 그러나 이러한 창발적 속성, 즉 거시적 속성은 미시적 속성으로 환원되지 않는다는 것이 비환원주의들의 입장이다.

이러한 비환원적 물리주의가 갖는 장점과 단점은 무엇인가? 우선 장점은 심적 속성을 물리적으로 환원시키지 않음으로써 심적 속성의 자율성과 함께 도덕적 세계의 가능성을 열어준다는 것이다. 그러나 우리는 물리적 속성이 심적 속성을 결정한다는 것 혹은 수반한다는 것을 알지만, 왜 그렇게 되는지는 알지 못한다는 단점을 갖는다. 다시 말해 물리적인 것에 대한 심적인 것의 부분-전체적 수반은 이러한 특정한 심신수반 관계가 왜 성립하는지를 우리에게 설명해주지 못한다. 또한 심적인 것들과 물리적인 것들을 연결하는 법칙이 불가능하다는 것은 양자가 서로 교섭할 수 있는 다리가 없다는 것과 같다. 그리고 이처럼 심적 속성이 물리적으로 환원될 수 있는 다리가 없다는 것은 곧 심적 속성이 기능화될 수 없다는 것을 의미하기도 한다.

V. 기능주의

이와 같이 창발론은 우리가 고통을 느낄 때 물리적 속성인 C-신경섬유로부터 왜 고통이라는 심적 속성이 발생하는지, 양자 사이의 상호관계를 설명하지 못한다. 그들은 환원을 설명적 절차로만 제시하고 있을 뿐이다. 우리가 심성에 대해 알고자 하는 것은 심성이 물리적으로 환원되느냐 되지 않느냐를 형이상학적인 의미가 아니라 물리적 의미에서 알고자 하는 것이다. 이것은 고통이라는 현상이 어떻게 물리화학적 현상들로부터 발생하는지를 단지 '심신이 동일하다'는 말을 통해서가 아니라 근거를 통해 알 수 있어야 함을 의미한다. 이러한 관점을 따르는 것이 기능주의 혹은 물리적 실현주의이다.

기능주의는 심적 속성을 기능적 속성으로 간주한다. 기능적 속성이란 감각 입력과 행동출력 사이에서 인과적 매개의 역할을 수행하는 속성들이다. 기능주의는 물리적 속성들만이 이러한 인과적 역할을 하거나 '실현한다'고 한다. 가령 내가 통증 상태에 있다는 것은 2차적 속성이고, 통증의 속성을 갖는 것은 곧 C-신경섬유와 같은 1차적 속성을 갖는다는 것과 같다. 통증이라는 심적 속성들이 C-신경섬유로부터 발생한다면, 2차적인 심적 속성들은 1차적인 물리적 속성들에 의해 인과관계로 규정된다. 즉 C-신경섬유를 가진 존재는 통증을 느낄 수 있고, 갖지 않은 존재는 통증을 느낄 수 없게 된다는 것, '통증 = C-신경섬유의 발화'가 된다.

그런데 심적 속성들은 상이한 종(種)과 구조들에서 극도로 다양한 실현자를 가질 수 있다. 어떤 물리적 속성 P가 심적 속성 M의 실현자인지의 여부는 P가 들어있는 체계의 성질에 달려 있기 때문이다. 즉 P가 체계 S 안에서 M을 실현시킨다면, S의 법칙과 동일한 법칙의 지배를 받고 S와는 구별되지 않는 모든 체계 안에서 P는 M을 실현시킬 것이다. 이처럼 한 체계의 미시구조가 그 체계의 인과적 및 법칙적 속성들을 결정한다면, 그 체계와 유사한 미시구조를 가진 체계들 또한 동일한 인과적 및 법칙적 속성들을 실현할 것이다. 이렇게 해서 이제 중요한 것은 정신이 무엇으로 이루어졌는가가 아니라 어떤 역할과 기능을 수행하는가가 된다. 심적인 것이 물리적인 것에 수반하는 이유는 심적 속성들이 물리적 실현자들을 가진 2차적 속성들이기 때문이다. 한마디로 체계 S(두뇌)에서 M(C-신경섬유)을 갖는다는 것은 곧 P(통증)를 가지는 것과 같다.

이러한 사고는 과학의 환원 패러다임과 일치한다. 한 속성이나 현상을 환원시키기 위해서 우리는 먼저 그것이 다른 속성이나 현상과 맺는 인과적(법칙적) 관계에 의해서 기능적으로 그것을 해석한다. 가령 '투명하다'는 속성은 '빛이 방해받지 않고 통과할 수 있는 종류의 분자구조를 갖는 것'으로 환원하여 설명할 수 있다. 한 속성의 환원가능성은 그것이 기능화 될 수 있는가에 달려 있다. 이와 같이 물리적 실현주의는 심적 속성들이 어떻게 물리적 속성들과 연결되어 있는지를 설명할 수 있다는 장점을 갖는 반면에, 체계가 다르면 다층적으로 해석될 수 있다는 한계를 갖는다. 인간에게 있어서의 기쁨이 시상하부의 측면에 나타나는 공명이라면, 화성인에게 있어서의 기쁨은 전혀 다른 어떤 것이듯 말이다.

VI. 계산주의와 컴퓨터

이처럼 기쁨이 다양한 내적 물리상태의 체계에 의해 실현될 수 있다는 기능주의 관점에서 보면, 인간의 지능은 하나의 형식체계가 된다. 그리고 만일 지능이 형식체계라면, 형식체계는 인간이라는 매체와 독립적이므로 지능은 다양한 매체에서 실현될 수 있을 것이다. 물론 기계에서도 실현될 수 있다. 그래서 기능주의 관점에서 보면, 몸과 마음의 관계란 마음이 소프트웨어가 되고 몸은 하드웨어가 된다. 마음을 갖는다는 것은 마치 컴퓨터에 특정한 소프트웨어가 설치되어 있는 것과 같다. 이러한 컴퓨터의 출현은 심리적 현상과 기계적 세계관의 조화가 가능하다는 것을 보여준다. 이제 인간의 정신작용은 일종의 계산적 과정이고, 그런 의미에서 정신은 일종의 컴퓨터로 간주된다.

이러한 계산은 컴퓨터의 기능적 핵심인 중앙처리장치(CPU)에서 이루어지고 이는 호출기억장치(RAM)와 연결되어 있다. 입력장치는 자판기이고 출력장치는 모니터 화면과 프린터이다. 컴퓨터의 계산이란 주어진 규칙에 따라 기호를 조작하는 일인데, 컴퓨터의 가장 기초적인 언어는 0과 1의 조합이다. 우리에게는 익숙하지만 컴퓨터에게는 익숙하지 않은 한국어를 자판기의 문자와 기호를 사용하여 입력하면 이를 컴퓨터에게 익숙한 0과 1의 조합으로 전환하고, 이렇게 전환된 상태에서 규칙에 따라 연산을 한 다음 그 결과를 다시 역방향으로 우리에게 친숙한 한국어로 전환하여 출력한다. 이 과정 중에서 중앙처리장치가 하는 일은 자판기를 통해 입력된 문자와 기호를 0과 1의 조합으로 규칙에 따라 변형하는 연산 혹은 정보처리 작업이다. 중앙처리장치는 가장 기본적인 논리적·산술적 조작들에서부터 그러한 조작들을 결합시켜 좀 더 복잡한 것을 만들거나, 그것을 다시 결합시키거나 하는 방식으로 끝없이 많은 조작들을 운영할 수 있다. 그래서 속도에서뿐만 아니라 그 깊이와 복잡성에서도 매우 막강한 계산활동을 할 수 있다. 이처럼 컴퓨터는 연산을 통하여 사고하는 기계로, 일명 **'튜링기계'**(Turing Machine)로도 불린다.

이러한 장치가 컴퓨터의 하드웨어라면 소프트웨어는 중앙처리장치의 계산활동을 통제하는 프로그램이다. 이 프로그램은 주기억장치에 들어가게 되는데, 거기서 프로그램의 개별적 지시사항들이 순차적으로 중앙처리장치에 의해 판독되고 수행된다. 예를 들어 프로그램은 어떤 입력 문자열을 어떤 방식으로 처리할 것인지, 언제 어디에 그 결과를 기억장치에 저장할 것인지, 언제 그것을 다시 꺼내서 화면에 표시하고 인쇄할 것인지 등을 중앙처리장치에 알려준다. 따라서 하나의 일정한 프로그램은 컴퓨터를 특수한 목적을 위한 기계로 바꾸어 놓는다. 그런데 잠재적으로 무한한 수의 다른 프로그램이 있을 수 있다면, 컴퓨터는 잠재적으로 무한한 수의 다른 특수한 목적을 가진 기계들로 작동할 수 있을 것이다. 현재의 컴퓨터는 그 어떤 연산과정이라도 실행하는 물리적 체계로서의 바로 그런 만능 튜링기계에 해당된다. 이러한 일을 수행하는 컴퓨터가 곧 인공지능이다.

인공지능은 문자 그대로 인간이 인간의 사유과정을 모방하여 인위적으로 만들어낸 기계적인 지능이다. 인공지능의 목표는 자연적 생물체인 인간에게서 관찰할 수 있는 모든 지적 행위를 할 수 있는 능력을 갖춘 정보처리 체계를 고안하는 것이다. 컴퓨터가 문제를 해결하는 방식은 먼저 관련된 모든 가능한 경우의 수를 포괄한 다음, 그 중에서 해답이 되는 한 가지 혹은 다수의 방법을 얻기 위해 샅샅이 뒤지는 검색작업을 한다. 이 검색작업을 얼마나 훌륭히 해내는가는 컴퓨터의 처리속도와 기억용량에 의해 결정된다. 이러한 능력이 잘 뒷받침된다면 최선의 방법을 찾아낼 것인데, 이와 같이 문제를 해결하는 효과적인 과정을 알고리듬(algorithm)이라고 한다.

이세돌과의 바둑 대결에서 인공지능 알파고가 이길 수 있었던 것은 알파고의 알고리듬이 딥러닝 신경망 방식인데다 빅데이터를 사용했기 때문이다. 딥러닝 신경망이란 학습을 하는 프로그램을 가리킨다. 획득된 정보를 단순히 저장하는 것을 넘어서서 컴퓨터가 경기에서 이기게 되는 법을 스스로 학습하는 것이다. 그러나 기계의 학습은 최초의 프로그램에 의해 제공되는 개념과 범주의 틀 안에서 이루어진다. 어떤 경우에도 기계는 들어오는 정보를 분석하고 조작할 새로운 개념들이나 범주들을 만들어내지 못한다는 한계를 갖는다. 그래서 학습에 의한 기계의 개념적 창조라 할지라도 원래의 개념의 틀 안에서의 조합 활동에 한정된다. 이런 의미에서 기계의 학습은 완전히 새로운 개념을 창조하는 인간의 지능과 다르다고 할 수 있다.

또한 인간의 두뇌 안에서 진행되는 인지적인 과정을 컴퓨터의 프로그램에서 정의된 상태로 완전히 실현할 수 있는가도 의문의 여지가 있다. 인공지능은 인간의 욕구, 의도,

믿음, 희망과 같은 심적 상태의 본질을 계산하여 실현할 수 있을까? 예를 들어 인공지능 연구프로그램이 직면한 문제는 적절히 프로그램 된 인공지능이 인간뿐만 아니라 동물들에게서 발견되는 연산과정을 기반으로 한 연속적인 행동을 본뜰 수 있는가 하는 것이다. 이런 문제는 적어도 원칙상으로는 본뜰 수 있다. 그런데 흥미로운 사실은 계산의 정확성이나 그 속도 면에서는 인간이 인공지능을 따라가기 어렵지만, 계단을 오르내리거나 물건을 집는 등의 비장애인이면 누구나 쉽게 하는 이런 행동들을 로봇이 연속적으로 하게 만드는 것은 어렵다는 것이다. 물론 이러한 것도 시간이 지나면 어느 정도는 해결될 수 있을 것이다. 그러나 무엇보다 중요한 것은 의식을 가진 지성을 구성하는 활동들이 모두 연산과정으로 환원될 수 있는가 하는 것이다. 기능주의나 계산주의가 올바른 이론이라면, 마음의 본성이나 기능은 넓은 의미의 물리적 법칙을 통해 모두 해명될 수 있어야 한다. 하지만 물리적 체계로서의 두뇌가 작동하는 소프트웨어적 구조나 원리가 무엇인지 탐구되어서 언제쯤 우리의 마음의 비밀이 밝혀질지는 미지수다. 또한 인공지능을 기계적인 몸과 결합시켜 지능형 로봇을 만들 수는 있겠지만, 과연 인간을 제대로 본뜬 지능형 로봇이 탄생할 수 있는지도 미지수다.

1960년대에 만들어진 엘리자(ELIZA)는 심리 상담자를 본떠서 만든 인공지능이다. 환자가 컴퓨터를 통하여 엘리자와 상담을 하되 환자는 엘리자가 프로그램이라는 것을 모르는 상태에서 대화를 한 결과, 엘리자는 환자의 말의 내용을 전혀 이해하지 못하고 있음이 드러났다. 엘리자의 대답들은 환자의 문장들을 간단히 변형한 것들이었다. 엘리자는 환자가 사용한 개념들을 갖고 있지 않았고 그런 단어들이 무엇을 의미하는지도 이해하지 못했다. 인공지능이 자연언어를 인간의 수준에서 이해하려면 인간이 가진 것과 비견할 만할 세계에 대한 전반적 지식이 필요하다고 한다. 인간이 지닌 엄청난 지식 저장소에 접근하고 그것을 조작이 가능한 방식으로 설치하고 기술하는 문제가 해결되어야 하는데, 아직은 가능하지 않다. 더 근본적인 것은 도대체 인간은 어떻게 그런 총체적인 양의 지식을 얻을 수 있는지, 어떻게 개념체계가 만들어지고 수정되고 또 다른 체계로 인해 폐기되는지를 아직 해명하지 못하고 있다는 것이다. 따라서 언어적 측면에서도 인공지능의 목표가 달성되는 것을 기대하기는 것은 아직은 어렵다.

인간과 인공지능의 차이는 특히 자기의식에서 더욱 드러난다. 시각과 촉각의 감지기에 훌륭한 프로그램을 더하면 인공지능이 외부 세계를 의식하는 것이 가능할지도 모르겠다. 그러나 이러한 장치들을 갖는다고 해도 인공지능이 자기를 의식할 수 있는 것은 아니다. 자기의식은 자신에 대한 내부적, 반성적 지각이라 할 수 있는 일종의 상위의식이다. 가령 자신이 강의시간에 팔을 든 이유는 질문을 하기 위해서 라는 것을 의식하는 것이 가장 기초적 수준의 자기의식이라 할 수 있다. 그런데 인공지능이 로봇 팔을 조정하여 팔을 움직이게 하는 데에도 자기 수용적 정보를 기술할 몇 가지의 체계적 수단들이 필요하다. 아마 이러한 것은 가장 원시적이고 단편적인 형태의 자기의식의 구성일 것이다. 따라서 인공지능이 인간의 자기의식을 기능적으로 모방하는 것도 아직은 먼 미래에나 기대할 수 있는 일인지도 모른다.

지금까지 인간의 마음을 이해하고자 하는 인간의 욕구가 드디어 인간의 지능을 모방한 인공지능을 만들게 된 과정을 살펴보았다. 철학자들은 인간의 본성을 알기 위해 인간의 마음과 몸의 관계를 설명하려 했고, 과학의 발달은 이러한 설명이 실증적이기를 요구했다. 인간의 마음에 대한 과학적 설명의 요청은 환원주의와 비환원주의 이론을 거쳐 기능주의, 계산주의로 이어졌고 드디어는 인간의 지적 체계를 본뜬 인공지능을 창조하였다. 급격히 발전하는 인공지능은 많은 부분에서 인간의 지적 능력을 넘어서고 있으며, 혹자는 포스트휴먼의 미래까지도 예견한다. 인공지능을 앞세운 4차 산업시대에서 우리는 인간의 본질에 대해 성찰함으로써 우리 자신의 정체성을 알 필요가 있다. 그래야만 인공지능에 이끌려가지 않고 자신의 삶을 주체적으로 이끌어나갈 수 있을 것이다. 그래서 우리는 철학적인 물음을 다시 스스로에게 묻는다. 인간을 인간이도록 만들어주는 본질이란 과연 무엇인가? 또한 '인간답다'는 것의 기준은 과연 무엇일까? 인공지능의 가능성을 고려한다면, 인간을 호모 사피엔스로 만들어주었던 이성성은 이제 더 이상 인간만이 누리는 고유한 특성이 아닌 것일까?

| 생각해보기 |

우리가 심리철학자라면

1. 데카르트는 신을 제외한 인간만이 이 세상에서 유일하게 마음을 가진 존재라고 한다. 그러나 인지과학은 더 이상 마음의 존재를 인정하지 않는다. 물리주의자들은 인간에게는 오직 뇌만 있고 마음은 없다고 한다. 인간의 의식은 단지 뇌의 심적 속성에 불과하며 그것도 물리적 속성으로 환원가능하다고 한다. 당신은 이 의견에 동의하는가? 동의하지 않는다면, 앞서 소개한 이론들 중 어느 이론에 동의하는가? 그 이유는?

2. 인공지능의 목표는 인간의 의식 활동들을 연산과정으로 환원하는 것이다. 인간의 의식 세계에는 인공지능의 연산과정으로 도저히 환원할 수 없는 어떤 것들이 있을까? 만일 그런 것들이 있다면, 인공지능이 인간을 넘어서는 것은 불가능할 것이다. 당신은 그런 것이 있다고 생각하는가? 있다면, 무엇이라고 생각하는가?

3. 기능주의적 인공지능 이론가들은 만약 기계가 인간의 인지활동들을 연산과정을 통하여 세부사항에 이르기까지 남김없이 본뜨게 된다면, 인간으로서의 참된 지위를 그들에게 부여하길 거부하는 것은 새로운 형태의 종족주의에 지나지 않다고 한다. 이런 경우 기계를 인간이라고 할 수 있을까? 당신은 이에 대해 어떻게 답하겠는가? 당신은 이런 미래세계를 환영하겠는가?

p h i l o s o p h y

2
철학과 함께

• 과학철학 •

과학은 왜 성공했는가?

박일호

I. 과학철학: 맥락과 배경

우리 인간은 언제나 인간이 아닌 것들에 둘러싸여 살아왔다. 우리는 태양으로부터 빛을 받고, 지구 위에서 살고 있다. 우리는 공기를 통해 숨을 쉬고, 물을 이용해서 목을 축이고, 식물과 동물로부터 영양분을 제공받는다. 더불어 태풍과 지진의 위험 속에서 살아가고 있으며, 때로는 동물과 미생물로부터 공격을 받기도 한다. 이렇게 우리 인간은 언제나 인간이 아닌 것들에 둘러싸여 살아 왔다.

더 나아가 인간들 각각은 자신과 다른 인간들과 함께 살아간다. 아주 오래전부터, 어떤 인간은 다른 인간에게 노동을 강요하기도 하며, 노동을 강요받기도 했다. 우리 각각은 다른 인간과 함께 새로운 인간을 만들기도 하고, 그렇게 만들어진 인간들이 하나의 그룹을 형성하여 다른 그룹을 배제하거나 통합하기도 해왔다.

하지만 우리 인간은 인간이 아닌 것들에 대해서 잘 알지 못하였으며, 인간 각자도 자신과 다른 인간에 대해서 잘 알지 못하였다. 우리 인간은 개별적으로 혹은 집단적으로 미지의 것에 둘러싸여 살아가고 있었으며, 지금도 그렇게 살고 있다. 이런 점 때문에 우리는 불안하다. 그리고 우리는 이런 불안을 극복하기 위해서 미지의 것들을 **이해**하고, **예측**하려고 한다. 일식은 그저 달이 태양을 가리는 것일 뿐이라는 것을 이해하게 되자, 우리는 더 이상 일식을 두려워하지 않게 되었다. 홍수로 인한 강의 범람이 주기적으로 일어난다는 사실을 알게 되자, 그 주기에 맞춰 우리는 농작물을 재배하여 식량 걱정을 줄일 수 있었다. 홍역이 '홍역귀'라는 귀신이 아니라 통제할 수 있는 바이러스가 원인이라는 사실을 알게 되자, 우리는 홍역으로부터의 두려움을 해소하고 그 해결책을 찾아낼 수 있었다.

이렇게 미지의 것에 대한 이해와 예측은 우리를 불안에서 벗어나게 한다. 이런 이유에서 인간은 아주 오래전부터 미지의 것을 이해하려고 하였으며, 그 이해를 바탕으로 앞으로 어떤 일이 일어날지 예측하고자 하였다. 하지만 인류가 지금껏 사용한 이해와 예측 방식은 하나가 아니었다. 고대 이집트와 메소포타미아, 그리고 아시아의 여러 지역에서는 하늘과 땅, 그리고 태양과 강 등을 상징하는 신화적인 요소를 도입하여 미지의 것, 즉 우주와 자연, 그리고 인간을 이해하고 예측하고자 하였다. 현대에서도 완전히 사라지지 않은 점성술, 명리학, 수상학, 풍수지리와 같은 것들도 어떤 의미에서는 미래를 예측하고 현재를 설명하는 수단들이라고 할 수 있다. 물론 현대에 우리가 잘 알고 있는 물리학, 생물학, 기상학, 경제학 등과 같은 것들도 인간을 포함하여 전 우주와 자연을 설명하고 예측하는 대표적인 방법이다.

인간이 아닌 것들과 인간 자신에 대한 이해와 예측은 꽤 오랜 역사를 가지고 있다. 우리 인간은 언제나 여러 방법으로 세계를 이해하고 예측하고자 하였으며, 그것은 지금도 지속되고 있다. 하지만 위에서 언급된 방법들이 모두 성공적이었던 것은 아니다. 현대의 우리는 점성술 등과 같은 것보다는 흔히 '과학'이라고 불리는 물리학이나 경제학이 세계와 인간을 더 잘 설명하고 미래를 더 잘 예측한다고 생각한다. 풍수지리를 이용해서 토지를 개발하는 경우와 토목공학이나 경제학 등을 이용해서 토지를 개발하는 경우를 생각해 보라. 우리는 흔히 풍수지리보다는 토목공학이나 경제학 등의 '과학'을 이용한 예측을 선호하고 있으며, 실제로 그런 예측이 더 많은 성공을 거두어 왔다.

이런 학문들, 즉 물리학, 생물학, 경제학과 같은 것들이 세계에 대한 다른 설명과 예측 방식보다 더 성공적이라는 것은 부정할 수 없어 보인다. 잘 알다시피, 이런 것들은 모두 '과학'이라는 이름 아래 포섭된다. 그렇다면 우리는 '과학'이 '과학이 아닌 것들'보다 더 성공적이라고 말해야 할 것 같다.

과학이 이룬 이런 성공은 우리가 '과학'이라는 단어를 어떻게 사용하는가를 관찰하면 더욱 분명히 알 수 있다. 현대 사회 속에서 '과학적'이라는 수식어는 올바름, 합리적임, 진리 등과 같은 의미들을 포함하고 있다. 이와 달리, 점성술, 수상술 등과 같은 것들에 붙어있는 '비과학적'이라는 수식어는 틀림, 비합리적임, 거짓 등과 같은 의미를 내포하고 있다. 이런 언어의 사용에서 분명히 드러나듯이, 현대 사회에서 과학은 확고한 지적 권위를 획득하고 있으며 세계를 이해하고 예측하는 데 꽤 훌륭한 방법으로 인정받고 있다. 그럼 우리는 다음과 같이 물을 수 있다: 과학이 성공을 거둔 이유는 무엇인가?

이 질문에 어떻게 답할 수 있을까? 답을 찾기 위해서 우리는 먼저 질문 자체에 주목해야 한다. 이 질문은 무언가 암묵적으로 가정하고 있다. "과학이 성공을 거둔 이유는 무엇인가?"라는 질문은 과학에 대해서만 묻고 있는 것이 아니다. 이 질문은 '과학'의 성공을 '과학이 아닌 것'과 대조하여 묻고 있다. 그것은 "과학이 아닌 것에 비해 과학이 더 큰 성공을 거둔 이유는 무엇인가?"라고 묻고 있는 것이다. 그렇다면, 이 질문은 '과학'과 '과학이 아닌 것'이 구분된다는 것을 암묵적으로 가정하고 있다고 할 수 있다. 즉 물리학과 같은 '과학'이 점성술과 같은 '과학이 아닌 것'과 분명히 구분될 수 있다는 것이다. 그럼, 우리는 "과학이 성공을 거두었는가?"라는 질문은 "과학과 과학이 아닌 것이 구분될 수 있는가? 만약 그렇다면, 과학이 아닌 것에 비해 과학이 더 큰 성공을 거둔 이유는 무엇인가?"라는 질문으로 생각해야 한다.

그럼 우리가 고려해야 할 문제는 두 가지다. 첫째는 과학과 과학이 아닌 것을 구분하는 문제다. 이 문제에 답하기 위해서 우리는 그 둘을 구분하는 기준을 제시할 수 있는지, 있다면 그 기준이 무엇인지 답해야 한다. 둘째는 (과학이 아닌 것과 구분되는) 과학 고유의 성공 이유를 밝히는 문제다. 이를 위해서 우리는 앞에서 고려한 과학과 과학이 아닌 것을 나누는 기준이 과학의 성공을 설명할 수 있는지 살펴보아야 한다.

그럼 이 질문들에 대해서 어떻게 답할 수 있는가? 앞에서 우리는 과학은 세계를 이해하고 예측하는 한 가지 **방법**이라고 하였다. 그리고 그 방법은 과학이 아닌 것들이 사용하는 방법과 달리 세계에 대한 이해와 예측에 있어 성공을 거두었다고 하였다. 따라서 위 질문에 답하기 위해서 중요한 것은 과학이 사용하는 방법, 즉 **과학적 방법**이 무엇인지 규명하는 것이 될 것이다. 과학적 방법은 과학과 과학이 아닌 것을 나누는 기준의 역할을 할 것이다. 그리고 그 방법이 가진 특징을 이용해서 과학의 성공이 어떻게 보장되는지 밝혀낼 수도 있을 것이다.

말 그대로, '과학철학(Philosophy of Science)'은 과학을 철학적으로 성찰하는 철학의 한 분야이다. "X를 철학적으로 성찰한다."는 말은 무엇을 뜻할까? 여러 가지고 생각할 수 있겠지만, 이 말은 적어도 'X의 본성(the nature of X)'에 대한 탐구를 포함하고 있을 것이다. 과학을 철학적으로 성찰한다는 것도 마찬가지다. 그 성찰은 과학의 본성에 대한 탐구를 포함한다. 그리고 과학의 본성의 가장 중요한 요소가 바로 위에서 언급한 과학적 방법이다.

앞으로 우리는 이 과학적 방법에 대한 논의를 중심으로 과학에 대한 철학적 성찰이 어떻게 진행되어 왔는지 살펴볼 것이다. 이를 위해서 다음 절에서 과학철학의 역사적 흐름을 20세기를 중심으로 간략하게 개괄할 것이다. 그 뒤 그 흐름 속에 등장하는 20세기 철학자들이 과학적 방법에 대해서 어떤 입장을 취하고 있었는지 살펴볼 것이다.

II. 20세기 과학철학의 흐름: 과학은 어떤 방법을 사용하는가?

과학철학은 언제 시작되었을까? 과학적 방법이 과학의 본성의 중요한 요소라면, 과학철학의 역사는 과학적 방법이 등장한 시기와 일치할 것이다. 비록 '과학적'이라고 불리지는 않았지만 그와 유사한 방법이 인간 지적 활동에 사용된 시기는 철학이 등장한 시기와 거의 동일하다. 이 때문에 혹자는 과학철학의 역사를 철학의 역사와 동일하게 보기도 한다. 하지만 좁은 의미에서의 과학철학, 특히 과학적 방법을 바탕으로 과학을 철학적으로 성찰하고자 하는 시도는 20세기 초반에 시작되었다.

20세기 초반, 인류 지성사에서 무슨 일이 있었는가? 여러 변화들 중에서 우리는 두 가지 변화에 주목할 필요가 있다. 첫 번째는 상대성 이론과 양자 역학이라는 두 가지 새로운 물리학이 기존 뉴턴 물리학의 토대를 심각하게 흔들어 놓았다는 것이다. 두 번째는 고틀로프 프레게(Gottlob Frege, 1848~1925)가 기존 아리스토텔레스의 논리학을 넘어서는 새로운 논리학을 만들어 내었다는 것이다.

20세기 초반은 물리학의 시대였다. 새로운 물리학은 오래된 물리학을 무너뜨렸으며, 오래된 물리학은 새로운 물리학에 기꺼이 자리를 물려주었다. 아인슈타인의 상대성 이론은 뉴턴 물리학 속 시간과 공간의 개념을 전면적으로 수정하였다. 뉴턴 물리학 속 시간과 공간은 물체가 운동을 할 수 있도록 주어져 변할 수 없는 절대적인 것이었다. 하지만 아인슈타인의 상대성 이론 속 시간과 공간은 물체의 질량과 운동에 의해서 바뀔 수 있는 것이 되었다. 또 양자 역학은 뉴턴 물리학의 결정론적인 측면을 부정하였다. 뉴턴 역학에 따르면, 우리는 어떤 물체든 그것의 물리량들을 정확하게 측정할 수 있다. 하지

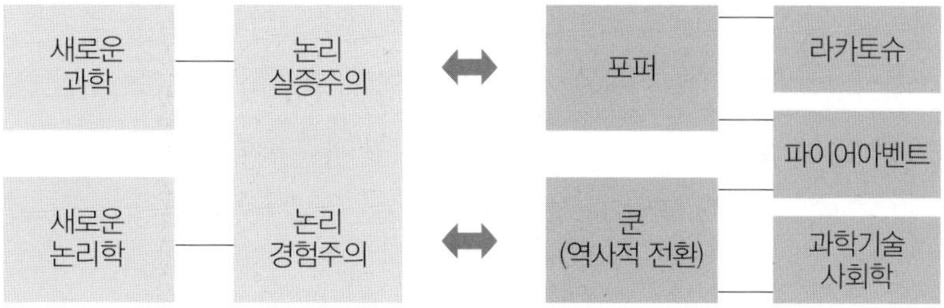

〈20세기 과학철학의 흐름〉

만 하이젠베르크의 불확정성 원리는 이를 부정한다. 그 원리에 따르면 전자와 같은 소립자의 위치와 운동량은 동시에 정확하게 측정될 수 없으며, 단지 확률적으로만 측정할 수 있다. 이렇듯, 물리학은 거짓 앞에서는 냉정하고 진리 앞에서는 겸손해 보였다. 이런 과정을 통해 물리학은 모든 과학, 심지어 모든 인간 지적 활동의 모범으로 생각되었다.

한편, 프레게가 토대를 세웠던 새로운 논리학은 어떤가? 프레게 이전 논리학은 이천년 전 아리스토텔레스가 만들어 놓은 것이었다. 비록 이천 년의 역사를 가지고 있었지만 아리스토텔레스 논리학은 분명한 한계를 가지고 있었다. 특히, 아리스토텔레스 논리학은 우리가 일상적으로 사용하는 문장들과 그들 사이의 논리적 관계를 엄밀하게 포착하기 어려웠다. 예를 들어 보자. '몇몇 사람은 모든 사람으로부터 사랑 받는다'가 참이라면 '모든 사람은 누군가를 사랑한다' 역시 참일 수밖에 없다. 하지만 아리스토텔레스의 논리학은 이런 문장 사이의 관계를 체계적으로 다룰 수 없었다. 하지만 프레게의 새로운 논리학은 이런 한계를 극복하였다. 그의 새로운 논리학은 문장들을 새로운 방식으로 분석하여 위와 같은 관계를 체계적으로 분석해낼 수 있었다. 즉 새로운 논리학의 도움으로 우리는 어떤 주장이 정확하게 의미하는 바가 무엇인지 규명할 수 있게 되었으며, 이를 통해서 새로운 방식으로 인간의 지적 성취를 평가할 수 있게 되었다.

20세기 초반, 새로운 물리학은 인간 지적 활동의 모범을 제시하였고, 새로운 논리학은 인간의 지적 활동을 엄격하게 다룰 수 있는 도구를 제시하였다. 그 후 1930년대, 이 두 개의 지적 성취를 적극적으로 수용한 철학자 그룹이 등장한다. 그들의 입장은 흔히 '논리 실증주의(Logical Positivism)', 혹은 '논리 경험주의(Logical Empiricism)'라고 불린다.

그들은 새로운 과학, 특히 새로운 물리학에서 사용되는 언어를 새로운 논리학을 통해서 분석하여 지식의 모범이 갖추어야 할 조건들을 확립하고자 하였다. '논리 실증주의' 혹은 '논리 경험주의'라는 이름은 '실증'적이고 '경험'적인 과학을 '논리'적인 언어로 분석하고자 하였던 그들의 철학적 기획을 정확하게 포착하고 있는 이름이다. 그리고 이들로부터 20세기 과학철학이 시작되었다.

등장 이후 수십 년이 지난 지금까지 논리 실증주의자들은 여러 비판을 받아왔다. 철학의 역사에서 논리 실증주의는 새로운 철학의 흐름을 만들어내었다는 역사적 의미만을 가지고 있다고 평가받기도 하며, 그들의 여러 구체적인 견해는 많은 의심을 받고 있다. 과학철학의 맥락 속에서 그들의 견해는 '공인된 견해(the Received View)'라고 불리지만, 이 이름은 그저 '한 동안 받아들여졌던 견해'를 의미할 뿐이다. 그럼 누가 논리 실증주의자들을 비판하였는가? 여러 비판들이 존재하지만 그 비판들은 앞서 언급한 '과학적 방법'을 이용하여 분류될 수 있다. 특히, 논리 실증주의에 대한 비판은 과학적 방법에 대한 '합리주의'와 '상대주의'로 거칠게 구분할 수 있다.

합리주의적 비판이란, 과학에는 과학 고유의 합리적인 방법이 있으며 그것을 이용해서 과학의 성공을 설명할 수 있다는 입장이다. 이렇게 과학의 합리성을 인정한다는 점에서 합리주의적 비판은 논리 실증주의와 다르지 않다. 하지만 합리주의적 비판은 논리 실증주의가 제시하는 과학적 방법은 과학과 과학이 아닌 것을 구분하는 데 있어 적합하지 않다고 주장한다. 이런 비판을 주도한 대표적인 철학자는 칼 포퍼(Karl Popper, 1902~1994)이다. 포퍼가 보기에 과학은 논리 실증주의자들이 과학적 방법으로 제시한 '귀납(induction)'을 사용하지 않는다. 그보다 과학은 '반증(falsification)'이라는 방법을 이용하여 대담한 추측과 엄격한 시험이 반복되는 방식으로 진행된다.

한편, 상대주의적 비판은 조금 더 급진적이다. 이런 입장은 과학 고유의 합리적 방법이 있다는 것 자체를 부정하고 과학의 성공을 과학적 방법 외적인 요소에 의해서 설명하려고 한다. 여기서 '외적인 요소'란 논리 이외의 요소, 가령 과학자 공동체와 같은 사회적 요소를 가리킨다. 이런 입장은 논리 실증주의는 물론 합리주의적 비판을 주도한 포퍼와도 대립한다. 왜냐하면 논리 실증주의나 포퍼 모두 과학의 실제 모습을 외면한 채 논

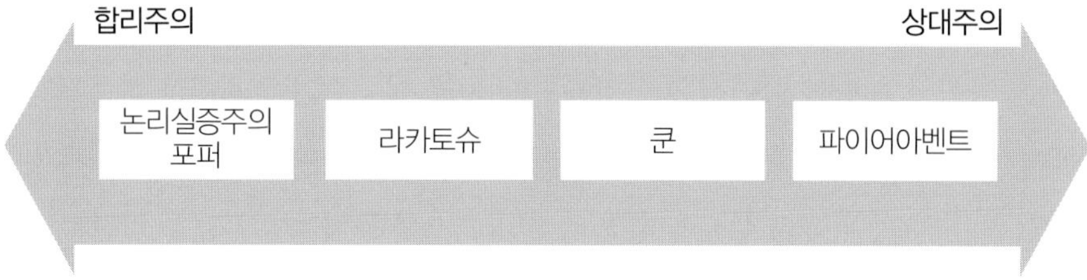

〈과학철학 속 합리주의와 상대주의〉

리적 분석에만 집중했기 때문이다. 하지만 논리적 분석으로 과학의 진정한 모습을 파악할 수 없다. 필요한 것은 논리가 아니라 과학의 실제 모습, 즉 과학의 역사이다. 이런 입장에 영향을 받은 20세기 후반 과학철학자들은 과학사를 바탕으로 과학철학을 연구하기 시작하였으며, 이런 과학철학 연구의 변화는 '역사적 전환(historical turn)'이라고 불린다. 이런 전환을 주도한 대표적인 철학자는 토마스 쿤(Thomas Kuhn, 1922~1996)이다.

거의 모든 철학이 그러하듯이, 20세기 과학철학자들을 합리주의자와 상대주의자, 단 두 가지 입장으로 나눌 수는 없다. 특히, 과학자 사회와 같은 과학 외적인 요소를 도입한다고 해서 모두 상대주의자로 분류될 수 없다. 과학사를 중심으로 연구를 한 많은 학자들 중에서 보다 합리주의에 가까운 사람도 있고, 보다 극단적인 상대주의자도 있다. 가령, 임레 라카토슈(Imre Lakatos, 1922~1974) 같은 철학자는 쿤보다는 포퍼의 합리주의에 더 가까우며, 폴 파이어아벤트(Paul Feyerbent, 1924~1994)는 쿤을 넘어서는 극단적인 상대주의자이다. 라카토슈는 비록 과학사를 기반으로 한 과학철학을 제시하였지만, 과학과 과학이 아닌 것을 구분할 수 있는 과학 나름의 합리적 방법이 있다고 생각한다. 한편, 과학사를 중심으로 과학철학을 연구한 파이어아벤트는 과학과 신화가 다를 것이 없으며, 과학의 성공을 이끄는 합리적인 방법 같은 것은 없다고 주장한다.

지금껏 우리는 20세기 과학철학의 전반적인 흐름을 살펴보았다. 20세기 초반 기존 과학과 논리학을 뛰어넘는 놀라운 지적 성취가 있었다. 그리고 논리 실증주의자들은 이런 지적 성취를 적극적으로 받아들여, 과학의 논리를 분석하고 이를 바탕으로 과학적 지식의 본질을 밝히려고 하였다. 하지만 이런 입장은 두 가지 방향에서 비판을 받았다. 하나는 합리주의적 비판이고 다른 하나는 상대주의적 비판이었다. 포퍼가 주도한 합리주의적 비판은 과학적 방법의 합리성은 인정하지만 논리 실증주의가 제시한 과학적 방법을 받아들이지 않는 입장이었다. 한편, 쿤이 주도한 상대주의적 비판은 과학적 방법의 합리성 자체를 의심하고, 과학의 성공을 방법 외적인 요소를 통해 설명하려는 입장이었다.

아래에서는 논리 실증주의, 포퍼, 쿤의 입장을 조금 더 자세히 살펴볼 것이다. 이를 통해서, 그들이 과학적 방법에 대해서 어떤 입장을 가지고 있는지 확인할 수 있을 것이며, 이들이 왜 합리주의자와 상대주의자로 불리는지 확인할 수 있을 것이다.

III. 논리 실증주의: 과학은 무의미한 말을 하지 않는다

논리 실증주의자들은 과학의 언어를 분석하여 과학에 사용될 법한 유의미한 언어와 과학에 사용되지 않는 무의미한 언어를 구분하고자 하였다. 그들이 제시한 의미 있는 언어의 기준은 소위 '검증 원리(verification principle)'라고 불리는 것이다. 거칠게 말해서, 검증 원리란 경험에 의해서 참이라는 것이 검증 가능한 문장은 유의미하고 그렇지 않은 문장은 유의미하지 않다는 것이다. 대표적인 논리 실증주의자인 알프레드 에이어(Alfred Ayer, 1910~1989)가 예로 들었던 다음 두 문장을 생각해보자.

(1) 달의 다른 쪽 표면에 산이 있다.
(2) 절대자는 진화와 진보에 관계하지만, 그 자체는 진화하거나 진보하지 않는다.

상식적으로 생각해보자. 위 두 문장 중에서 경험에 의해서 검증할 수 있는 것은 무엇인가? 비록 현실적으로 큰 비용이 들기는 하지만 (1)은 분명 경험을 통해 진위를 밝힐 수 있다. 즉 우리는 (1)이 참이라는 것을 확정하기 위해서 무엇을 경험해야 하는지 알고 있다. 이런 점 때문에, 논리 실증주의자들은 (1)은 검증 가능하고, 이에 과학에 등장하는 유의미한 문장이라고 생각한다. 그럼 (2)는 어떠한가? (2)의 진위를 확정하기 위해서 우리는 무엇을 경험해야 하는가? 우리는 무엇을 관찰해야 (2)의 진위를 결정할 수 있는가? 논리 실증주의자들은 그런 것은 없다고 주장하고, 이에 (2)는 검증 가능하지 않고 과학에 등장하지 않는 무의미한 문장이라고 말한다.

이렇게 논리 실증주의자들은 경험에 의해서 참이라는 것을 확정할 수 있는지의 여부, 즉 검증 가능성을 기준으로 과학적 문장과 과학적이지 않은 문장을 구분하고자 하였다. 사실 이는 무척 상식적이며, 받아들이기 어려운 입장은 아닌 것처럼 보인다. 하지만 이러한 기획을 완성하기 위해서, 논리 실증주의자들에게는 해야 할 일이 있다. 다음 문장을 생각해보자.

(3) 모든 기체는 열을 가하면 팽창한다.

이 문장은 어떤 것을 관찰해야 참 혹은 거짓을 확정할 수 있는가? 이 문장이 참이라는 것을 확정하기 위해서는 모든 기체를 관찰해야 한다. 과연 모든 기체를 관찰하는 것이 원리적으로 가능한가? 만약 우리가 이것이 불가능하다는 것을 인정한다면, 우리는 (3)과 같은 문장이 참이라는 것은 검증 불가능하다고 말해야 한다. 하지만 이는 이상하다. (3)과 같은 문장, 즉 '모든'과 같은 표현을 가진 문장은 과학에서 등장하며, 과학자들은 이러한 문장들을 이용해서 여러 이론들을 만들어 낸다. 따라서 논리 실증주의자들이 검증 원리와 같은 것을 이용해서 유의미한 과학적 문장과 무의미한 과학적이지 않은 문장을 구분하기 위해서는 (3)과 같은 문장이 어떻게 참이라고 검증될 수 있는지 그 기준을 제시해야 한다.

어떻게? 바로 이 순간 논리 실증주의자들에게 '과학적 방법'이 중요해진다. 현재 우리 과학은 (3)이 참이라는 것을 받아들인다. 왜 과학은 (3)을 참이라고 받아들이게 되었을까? 아주 단순하게 생각해보면, 그것은 수많은 기체를 관찰하고, 관찰된 모든 기체들이 빠짐없이 열을 가하면 팽창했기 때문일 것이다. 그리고 이런 관찰을 바탕으로 (3)이 참이라고 결론을 짓는다. 물론 이런 결론은 훗날 거짓으로 밝혀질 수 있다. 하지만 충분한 관찰 이후에 내릴 결론은 참일 확률이 꽤 높을 것이다. 이렇게 '수많은 기체들이 열을 가하면 팽창한다'는 관찰 결과로부터 '모든 기체는 열을 가하면 팽창한다'는 결론을 도출하는 추론은 흔히 귀납 추론이라고 불린다. 그리고 과학은 이런 귀납 추론을 사용하여 과학적 문장들의 진위를 확보하는 것처럼 보인다. 따라서 논리 실증주의자들이 검증 원리를 이용해서 과학적 문장과 그렇지 않은 문장을 구분하려는 기획을 완성하기 위해서는, 과학에서 사용되는 귀납적 방법이 무엇인지 분명히 하고 그것을 정당화해야 한다. 이렇게 귀납적 방법의 정당성을 밝히는 문제를 '귀납의 문제'라고 한다.

하지만 철학의 역사에서 '귀납의 문제'만큼 악명이 높은 것도 드물다. 귀납적 방법은 왜 정당한가? 누군가는 "지금껏 과학은 귀납적 방법을 사용해서 성공하였다. 따라서 귀납적 방법을 사용하는 것은 언제가 성공을 보장할 것이고 따라서 정당하다."라고 주장할지 모른다. 하지만 이런 논증은 귀납적 방법을 정당화하는 데 사용할 수 없다. 이 논증의 전제는 지금껏 귀납적 방법은 정당했다는 것이다. 그리고 결론은 귀납적 방법은 언제나 정당하다는 것이다. 이런 전제와 결론으로 이루어진 논증이 바로 귀납 추론이다. 따라서 위 논증은 귀납 추론을 이용해서 귀납 추론을 정당화하고 있는 것이다.

아무튼, 귀납의 문제는 철학의 오래된 문제이고, 지금도 그 해결이 쉽지 않아 보인다. 여기서 귀납적 방법과 그것의 문제를 모두 설명하는 것은 불필요하다. 현재의 맥락에서 중요한 것은 논리 실증주의자들이 자신들의 기획, 즉 검증 원리를 이용해서 과학적 문장과 그렇지 않은 문장을 구분하려는 기획을 성공시키기 위해서는 귀납적 방법을 받아들이고, 그것이 왜 성공적인지 정당화해야 한다는 것이다. 즉 논리 실증주의자들에게 있어 귀납적 방법을 정당화하는 것은 필수적인 과제 중 하나였다.

그러나 반복적으로 말했듯이, 귀납을 정당화하는 것은 해결하기 어려운 문제다. 특히, 어떤 문장이 참이라는 것을 결정하는 절차를 제시하고 그것을 정당화하는 것은 무척 어렵다. 그럼 어떻게 할까?

어떤 문제에 부딪쳤을 때 우리가 할 수 있는 일은 무엇인가? 가장 좋은 것은 그 문제의 해결책을 제시하는 것이다. 그런데 그 해결책을 제시하기가 어려워 보인다면? 이런 경우 우리가 할 수 있는 일 중에 하나는 문제 자체를 부정하는 것이다. 즉 제시된 문제를 해결될만한 가치가 없는 것으로 만들어, 문제 해결 자체를 거부하는 것이 해당 문제에 대해서 우리가 취할 수 있는 입장 중에 하나다. 귀납의 문제에 대해서 칼 포퍼가 취한 전략이 바로 이것이다.

IV. 포퍼: 틀릴 수 있어야 과학이다

논리 실증주의자들은 왜 귀납을 정당화하려는가? 과학에서 귀납적 방법이 사용되고, 그 귀납적 방법을 이용한다면 과학에서 사용되는 문장과 그렇지 않은 문장을 구분하려는 기획을 완성할 수 있기 때문이다. 하지만 포퍼는 이런 논리 실증주의자들의 기획을 전면적으로 부정한다. 포퍼가 보기에 과학은 귀납적 방법을 사용하지 않는다. 포퍼에 따르면, 과학자들은 관찰을 통해 증거를 수집하고, 그 수집된 증거를 바탕으로 과학적 진술이 참이라는 것을 밝혀내려하지 않는다. 오히려 그 반대이다. 과학자들이 증거를 모으는 것은 그 이론이 참이라는 것을 보이기 위해서가 아니라 거짓이라는 것을 보이기 위해서다.

'모든 기체는 열을 받으면 팽창한다'는 문장을 다시 생각해보자. 이 문장을 접했을 때 과학자들은 기체들을 모으고 그들에 열을 가해 볼 것이다. 지금껏 많은 기체들을 실험해 보았지만, 과학자들은 만족하지 않는다. 그들은 자연 세계에 일반적으로는 존재하지 않는 새로운 기체를 만들고, 그런 기체에 열을 가해 본다. 그들은 기체의 온도를 극단적으로 낮춰보기도 하고, 온도를 극단적으로 높여 보기도 한다. 그러면서 여전히 열을 가하면 부피가 늘어나는지 시험한다. 만약 과학자들이 실험과 관찰을 통해서 참이라는 것을 확인하고자 했다면, 혹은 참일 확률이 꽤 높다는 것을 알고자 했다면, 이미 충분한 실험이 수행된 순간 과학자들의 실험은 멈춰야 할 것이다. 그러나 과학자들은 여전히, 아주 특수한 기체에 대해서, 아주 극단적인 상황에서 실험을 지속한다.

도대체 왜? 포퍼에 따르면, 그것은 그 이론이 틀렸다는 것을 증명하기 위해서다. 보다 철학적인 용어로 말하자면 그 이론을 반증하기 위해서다. 과학자들은 여러 다양한 실험을 했음에도 불구하고 여전히 반증되지 않은 이론에 대해서 참일 확률이 높아졌다고 말하지 않는다. 과학자들에게 그런 이론은 그저 엄격한 반증 시도를 잘 견뎌냈을 뿐이다.

그리고 이론이 틀렸다는 것이 밝혀지면, 과학자들은 제시된 실험들을 모두 설명할 수 있는 대담한 새로운 이론을 만들어 새로운 시험을 실시한다. 이렇게 대담한 추측과 엄격한 논박이 반복되는 과정을 통해서 과학은 발전한다.

이런 과정 중에 논리 실증주의자들이 말하는 귀납적 방법은 개입되지 않는다. 이에 포퍼에게 귀납적 방법을 정당화하는 일은 과학과 과학적 방법의 철학적 본성을 밝히는 데 있어 쓸모없는 일이 되어 버린다. 따라서 과학철학자들은 그런 일에 몰두할 이유가 없다. 이렇게 과학은 반복되는 추측과 논박을 통해 발전한다는 포퍼의 과학관, 혹은 포퍼의 과학적 방법은 '반증주의(falsificationism)'라고 불린다.

포퍼의 반증주의는 과학과 과학이 아닌 것을 구분하는 중요한 기준을 제시한다. 반복했듯이, 과학은 추측과 논박을 통해서 발전한다. 따라서 논박, 즉 반증될 수 있는 가능성이 원천적으로 봉쇄된 주장은 이런 과학적 발전을 이루지 못할 것이다. 예를 들어, 어떤 투자 자문가가 다음과 같은 주장을 한다고 생각을 해보자.

(4) 큰 위험을 감수하면 큰 이익을 얻는다.

이 주장은 반증의 여지가 있는가? 즉 이 주장이 거짓이라는 것을 보일 수 있는 실험이나 관찰이 가능한가? 가령, 누군가가 위험을 무릅쓰고 자신의 전 재산을 투자했지만 큰 손해를 본 경우를 생각해보자. 이런 경우는 투자 자문가의 주장이 거짓이라는 것이 증명되었다고 할 수 있는가? 그렇지 않다. 자신의 주장이 참이라고 확신하는 그 투자 자문가는 아마도 그의 전 재산 투자가 위험을 충분히 감수하지 않았다고 말할 것이다. 더욱 큰 위험을 감수해야, 가령, 자신 뿐 만이 아니라 이웃과 친인척의 재산까지 투자해야 비로소 큰 위험을 감수한 것이라고 하면서 자신의 주장이 틀리지 않았다고 말할 것이다. 이렇듯, 투자 자문가는 아무리 관련된 반대 사례가 등장한다고 하더라도 자신의 주장을 교묘히 바꾸어 반증을 피해가려 할 것이다.

이렇게 (4)와 같은 주장은 반증의 가능성이 원천적으로 봉쇄되어 있으며 이런 주장으로는 과학적 발전을 이룰 수 없다. 그럼 분명해진다. 포퍼에게 있어 과학적인 주장과 그렇지 않은 주장은 그것이 반증될 수 있는지 여부, 즉 반증가능성에 달려 있다. 과학적 주장은 반증가능하지만 그렇지 않은 주장은 반증가능하지 않다.

이런 반증불가능한 주장들, 과학적이지 않은 주장들은 어떤 특징을 가지고 있는가? 우리는 가끔 신문에서 '오늘의 운세'와 같은 것을 보고, 때로는 용하다고 알려진 역술인을 만나 미래를 예측하려고 한다. '오늘의 운세'에 나와 있는 주장들은 어떤가? 대체적으로 그런 주장들은 '귀에 걸면 귀걸이 코에 걸면 코걸이'와 같은 인상을 준다. 즉 내가 처한 상황이 어떻든 해석에 따라서 다 옳은 주장인 것처럼 보인다. 이렇게 보이는 것은 그런 주장들이 대부분 애매하고 모호한 언어를 사용하고 있기 때문이다. 그리고 바로 그 애매모호함을 이용하여 교묘하게 반증이 될 수 있는 여지는 피해간다. 즉 애매모호함을 이용하여 반증을 원천적으로 봉쇄하고 있는 것이다. 이렇게 포퍼의 반증가능성이라는 과학과 과학이 아닌 것을 나누는 기준은 왜 과학에서는 애매모호한 용어가 사용되어서는 안 되는지를 설명할 수 있다.

정리해보자. 논리 실증주의와 포퍼는 모두 과학과 과학이 아닌 것이 구분될 수 있다고 믿었다. 논리 실증주의는 검증 원리를 이용해서 과학에서 사용되는 유의미한 언어와 과학에서 사용되지 않는 무의미한 언어를 구분하고자 하였다. 이를 위해서는 귀납적 방법에 대한 정당화가 필수적이었다. 한편, 포퍼는 과학에서 사용되는 방법은 귀납이 아니라 반증이라고 주장한다. 따라서 그에게 귀납적 방법을 정당화하는 것은 과학철학이 할 일이 아닌 것이 된다. 더불어 그는 반증가능성을 이용해서 과학적 주장과 그렇지 않은 주장을 구분하려고 하였다.

논리 실증주의자들과 포퍼는 모두 합리주의자라고 할 수 있다. 여기서 '합리주의'란 과학과 과학이 아닌 것을 구분하는 합리적 기준이 있다는 것을 의미한다. 그리고 그들은 그 기준을 과학에서 사용하는 문장, 혹은 이론 등 과학 속에 있는 내용들에서 찾으려고 하였다. 그들에게 있어 과학 속에 있는 내용 이외의 것들은 과학의 본성을 밝히는 데 있어 부차적이다. 가령, 과학자 사회라든가, 과학을 둘러싼 여러 이해 관계와 같은 것은 과학의 철학적 분석에 있어 별 중요한 역할을 하지 못한다. 즉 논리 실증주의자들과 포퍼는 과학이 사용되는 실제 맥락으로부터 과학을 분리해내고 과학 내적인 요소들만으로 과학을 분석하였다. 하지만 이것으로 충분한가?

V. 쿤: 과학은 별게 아니다

쿤은 그렇지 않다고 말한다. 그는 과학 내적인 요소들로부터 획득한 과학에 대한 이미지는 과학의 성공 이후에 재구성된 것으로, 실제 과학의 연구 모습을 제대로 반영하고 있지 않다고 주장한다. 이에 그런 과학의 이미지를 이용해서 연구를 진행하는 과학철학 역시 실제 과학의 모습에 대한 철학적 탐구라고 할 수 없으며, 과학적 활동이 이루어지는 실제 역사적 맥락을 고려하여 전혀 새로운 과학의 개념을 그려야 한다.

그럼 어떻게? 앞서 논리 실증주의자들과 포퍼는 문장이나 이론을 중심으로 과학을 분석하였다. 논리 실증주의자들은 문장에 대한 검증 원리를 제시하였으며, 포퍼는 이론의 반증여부를 검토하였다. 이렇게 과학을 분석하면 역사나 사회와 같은 과학 외적인 맥락이 개입될 여지가 없다. 따라서 과학 외적인 맥락을 도입하기 위해서는 문장이나 이론에 대한 분석에서 벗어나야 한다. 그리고 과학 활동 전반을 포착할 수 있는 보다 큰 틀이 필요하다. 이를 위해서 쿤이 도입한 것이 바로 '패러다임(paradigm)'이라는 개념이다.

쿤의 패러다임은 무엇인가? 거의 모든 철학적 개념이 그러하듯 이에 대한 답은 쉽게 내릴 수 없다. 물론, 이 질문에 대한 분명한 답을 구하는 것은 현재 우리가 할 일이 아니다. 거칠게 말해 패러다임이란 '과학 공동체의 합의와 의사소통을 위해서 개별 과학자들을 갖추고 있어야 할 것들, 혹은 당대 과학 연구의 모범 사례'를 뜻한다. 이런 패러다임을 갖추고 있는 과학은 성숙한 과학이며, 그렇지 않은 과학은 성숙하지 않은 과학이다. 이런 설명에서 주목해야 할 것은 '과학 공동체의 합의와 의사소통'과 같은 과학 외적인 요소가 패러다임이라는 개념에 포함되어 있으며, 이런 과학 외적인 요소가 포함된 패러다임에 의해서 성숙된 과학과 그렇지 않은 과학이 구분된다는 것이다. 더 이상, 과학에 등장하는 문장과 이론의 논리적 구조만으로 과학과 과학이 아닌 것이 구분되지 않는다. 그보다 과학 외적인 요소에 의존하여 과학적 활동이 평가된다. 이런 점에서 쿤은 논리 실증주의와 포퍼로부터 분명히 분리된다.

이 패러다임 속에는 '모범 사례'라는 요소도 포함되어 있다. 이 모범 사례는 과학 교과서에 등장하는 유명한 실험이나 혹은 문제 풀이 방법을 말한다. 그리고 과학자들은 이런 모범 사례를 학습하고, 그 모범 사례와 비슷한 방식으로 과학 연구를 진행한다. 어떤 과학자가 한 패러다임을 받아들였다는 것은 그 패러다임이 제시하는 방법대로 과학 연구를 진행한다는 뜻이다. 그럼, 서로 다른 패러다임을 받아들이는 과학자들은 서로 다른 과학적 방법을 사용하게 될 것이고, 따라서 모든 과학자가 공통적으로 사용해야할 과학적 방법과 같은 것은 존재하지 않을 수 있다. 이런 점을 생각해볼 때, 쿤의 과학철학은 분명 상대주의적이라고 말할 수 있다.

패러다임은 변한다. 물리학의 역사만 생각해봐도 분명하다. 고대 그리스 시대의 모범 사례는 아리스토텔레스의 물리학이었을 것이다. 그리고 근대에는 뉴턴의 물리학이 모범 사례의 역할을 했다. 그러나 현대는 뉴턴의 물리학이 아니라 상대성 이론과 양자 역학이 과학 연구의 모범 사례로 간주된다. 이렇게 과학의 역사 속에서 모범 사례, 즉 패러다임은 지속적으로 변화해 왔다. 앞서 패러다임이 과학적 방법을 제시한다고 했다. 따라서 패러다임이 변했다는 것은 과학적 방법이 지속적으로 바뀌어 왔다는 것을 함의한다. 이렇게 역사를 관통하는 하나의 일관된 과학적 방법이란 존재하지 않는다.

그럼 이런 패러다임의 변화는 어떻게 일어나는가? 뉴턴 역학에서 양자 역학으로의 변화는 어떻게 일어나는가? 과학자들은 무슨 이유에서 뉴턴 역학을 버리고 양자 역학을 받아들이게 되었는가? 양자 역학이 뉴턴 역학보다 세계에 대한 더 나은 이해와 예측을 제시하기 때문이라는 것이 아마도 상식적인 답일 것이다. 그러나 쿤은 이렇게 말하지 않는다. 그에게 있어 패러다임의 변화는 정치 혁명과 같다. 개별 과학자들에게 뉴턴 역학과 양자 역학 중에서 무엇을 선택할 것인가의 문제는 정치 혁명기 왕정과 공화정 사이의 선택과 같다. 정치 혁명과 마찬가지로 과학 혁명에서 중요한 것은 새로운 패러다임 지지자들을 많이 모으는 것이다. 그리고 모여든 지지자들이 자신이 선택한 패러다임 내 연구 성과들을 활용하여 거의 모든 과학자들을 포섭하는 데 성공하게 된다면, 비로소 과학 혁명이 완성된다.

과학적 방법과 과학의 변화에 대한 이런 쿤의 입장은 무척 충격적이다. 그래서 어떤 철학자는 이런 생각이 담긴 쿤의 책『과학혁명의 구조』를 과학철학계에 떨어진 폭탄으로 비유하기도 하였다. 이런 충격으로 쿤은 과학의 합리성을 제거한 상대주의자라고 공격받았으며, 이런 공격이 자신을 오해한 것이라고 주장하기도 하였다. 하지만 쿤의 중요성은 그의 주장 자체에만 있지 않다. 보다 중요한 것은, 그 동안 실제 맥락과 분리되어 연구해왔던 과학철학자들에게 과학사의 중요성을 환기시켰으며, 이후 라카토슈, 파이어아벤트 등에 의해서 주도된 역사주의 과학철학 흐름을 만들었다는 것이다.

| 생각해보기 |

우리가 과학철학자라면

1. 보통은 비과학적이라고 여겨지는 것들에 의존하여 여러 판단을 내리는 사람들을 흔히 본다. 가령, ABO 혈액형이나 별자리 등을 이용하여 사람들의 성격을 판단하는 사람들도 있고, 결혼과 같은 인생에서 중요한 일을 결정하기 위해서 궁합을 보는 사람들도 있다. 하지만 그런 사람들이 언제나 그런 비과학적인 것만을 이용하는 것은 아니다. 그들은 아침에 우산을 가지고 갈지를 결정할 때 기상학자들의 의견이 반영된 예보를 참조하고, 항공 공학자들의 의견을 믿고 비행기를 타는 것이 안전하다고 생각한다. 왜 이런 일이 일어날까? 당신이 과학철학자라면, 이들의 행동에 대해서 어떻게 말해야 할까? 보통 비과학적이라고 여겨지는 것들이 과학만큼 우리의 삶에 중요한 영향을 미치는가?

2. 사실, 과학에서 다루는 여러 가지 것들에는 직접 관찰할 수 없는 것들이 많이 있다. 가령, 전자, 양성자, 중성자와 같은 소립자들은 모두 직접 관찰할 수 없다. 그럼에도 불구하고 우리는 그런 소립자에 대한 문장이 무의미하지 않고 과학에서 등장할만한 과학적인 의미를 가지고 있다고 생각한다. 즉 경험에 의해서 직접 진위를 파악할 수 없음에도 불구하고 우리는 그런 문장이 비과학적이라고 말하지 않는다. 당신이 논리 실증주의자와 같은 과학철학자라면 이에 대해서 어떻게 답할 수 있을까?

3. 현대 과학에 등장하는 여러 이론들은 통계적이다. 그런 이론들은 '동전 던지기에서 앞면이 나올 확률은 1/2이다'와 같은 유형의 진술들로 이루어졌다. 그런데, 이 진술은 100번의 동전 던지기에서 모두 앞면이 나오는 거나, 50번 앞면이 나오거나, 모두 뒷면이 나오더라도 참일 수 있다. 그럼 이런 진술들은 거짓이라고 반증될 수 없는 것 아닌가? 당신이 포퍼와 같은 과학철학자라면 이에 대해서 어떻게 답할 수 있을가?

4. 코페르니쿠스 이전 과학자들과 이후 과학자들 모두 행성에 대해서 연구했다. 하지만 코페르니쿠스 이전 과학자들에게 태양은 지구 주위를 도는 행성이었지만, 코페르니쿠스 이후 과학자들에게 태양은 더 이상 행성이 아닌 것이 된다. 즉 '행성'이라는 단어가 의미하는 바는 코페르니쿠스 이전 과학자들과 이후 과학자들 사이에서 다르다. 그럼에도 우리는 코페르니쿠스 이전 과학자들과 이후 과학자들이 모두 행성에 대해서 연구했다고 말할 수 있는가? 당신이 과학철학자라면, 이 질문에 대해서 어떻게 답할 수 있을까?

p h i l o s o p h y

2

철학과 함께

• 예술철학 •

예술을 예술로 만드는 것은 무엇일까?

이 선

I. 예술철학: 맥락과 배경

인간은 더 나은 가치를 추구하며 살아간다. 그렇다면 인간이 추구하는 가치는 무엇일까? 인간이 추구하는 가치는 진선미라고 할 수 있다. 진선미 중에서도 더 나은 가치로 추동하는 것은 단연코 아름다움이다. 우리가 진리와 선함을 추구하는 근본적인 이유를 묻게 되면 진리와 선함이 아름답기 때문이라는 대답을 얻게 된다. 그래서 아름다움에 대한 철학적 물음은 인간에게 좋음과 선이 무엇인지를 논의하는 도덕과 윤리뿐만 아니라 진리에 대한 인식론적이며 존재론적 탐구에서도 빠지지 않고 논의된다.

그렇다면 우리의 삶에서 아름다움의 가치는 왜 중요한 것일까? 먹고 사는 생존의 문제가 시급한 우리들에게 아름다움에 대한 논의가 무슨 소용이냐고 물을 수 있다. 무엇보다도 아름다움은 우리들에게 삶의 의미와 가치가 무엇인지를 잘 보여준다. 삶에서 추구하는 우리의 여러 활동들은 항상 더 나은 무언가를 획득하기 위한 행위이지만 아름다움의 가치에 의한 활동은 그 자체를 목적으로 하는 자기 목적적인 활동이기 때문이다. 그래서 우리는 아름다움의 가치를 추구하는 활동을 통해 삶 자체가 가지고 있는 의미와 가치와 만날 수 있다. 아름다움의 가치는 우리의 삶을 있는 그 자체로 긍정하고 즐길 수 있도록 만들어준다.

인간이 추구하는 아름다움의 가치는 예술로 구현된다. 아름다움에 대한 물음은 예술에 대한 물음이 된다. 그래서 예술철학의 주요 요소는 예술, 예술작품, 예술가이다. 예술이란 무엇인지, 예술작품의 특징은 무엇인지, 예술가의 작업은 어떻게 이루어지는지에 대한 논의는 예술철학의 주된 과제가 된다. 예술철학이 여느 철학보다 복잡한 이유는 예술과 예술작품, 예술가에 대한 논의가 마치 하나의 실타래처럼 얽혀있어서 어느 요소든 잡아당기기만 한다면 예술철학에 대한 복잡한 논의가 통째로 우리 앞에 툭 던져지기 때문이다.

'예술'이란 무엇인가는 예술작품과 예술가의 독특한 예술적 활동 없이는 설명될 수 없다. 예술은 예술작품을 통해 구현되는 것이고 이 예술작품은 작품을 만드는 예술가의 활동에 의해 만들어진다. 그래서 예술은 예술작품과 예술가에 의해 만들어지는 것이다. 또

'예술작품'은 단순히 일반적인 사물이 아니라 그 작품이 예술이라는 평가에 의해 예술작품으로서 성립된다. 그래서 한 사물이 예술작품으로 되는 과정은 예술가의 제작활동뿐만 아니라 감상자들의 비평적 활동에 의해 이루어진다. 더 나아가 '예술가'의 예술적 활동 없이는 예술작품과 예술은 발생하지 않는다. 따라서 예술적 활동의 의미와 방법을 다루지 않고서는 예술작품의 발생 과정과 예술의 의미를 설명할 수 없다.

따라서 예술철학이라는 복잡한 실타래를 근본적으로 구성하고 있는 것은 아름다움의 가치와 예술이다. 아름다움의 가치가 실타래를 감는 막대기라면 예술철학은 그 위에 감겨져 있는 실타래이다. 예술철학의 실타래는 예술철학의 요소들인 예술 개념, 예술적 활동, 예술작품으로 구성된다. 그러나 철학적으로 처음부터 아름다움과 예술의 문제가 연관되어 있었던 것은 아니다. 서양철학의 역사를 보자면 고대와 중세에는 아름다움의 가치와 예술의 문제가 서로 독립적으로 발전되었다. 예술이라는 실타래로 아름다움의 가치를 본격적으로 논하기 시작한 것은 르네상스 시대에 와서이다. 르네상스의 예술가들은 예술이 기술과 구분되지 않았던 이전의 시대와 결별하면서 자신의 작품이 예술적 영감을 표현한 것임을 밝힌다. 철학사적으로 아름다움의 가치 자체에 대한 이론은 고대 그리스와 중세 시대의 물음이며, 아름다움과 연관된 예술론은 르네상스 시대 이후의 철학적 문제이다.

그렇다고 아름다움과 예술에 대한 철학적 문제가 곧장 철학의 분과학문으로 정립된 것은 아니다. 18세기 초 바움가르텐(A. G. Baumgarten, 1714~1762)은 이성적 능력만을 다루는 논리학에 반대하면서 '미학'이라는 학문을 주창한다. 여기에서 바움가르텐은 미학을 감성적 인식의 학문이라고 규정한다. 미학에서는 아름다움과 예술에 대한 문제가 철학의 이론적 체계 속에서 다루어진다. 아름다움을 중심으로 보자면, 감성적 인식으로부터 출발한 근대 미학은 아름다움과 숭고에 대한 판단을 주로 다루었으며 현대 미학은 감성적 인지와 경험으로 그 범위를 확장하고 있다. 다른 한편으로 예술을 중심으로 하는 미학적 논의는 자연미와 예술미에 대한 논쟁에서 출발하여 지금의 다원적인 예술철학으로 발달하게 되었다. 예술철학의 이러한 역사적 흐름에 대해서는 다음 장인 '예술철학의 흐름'에서 더 자세히 다루어보자.

II. 예술철학의 흐름

서양 초기의 아름다움과 예술에 대한 이론은 근대의 철학적 미학으로 발달한다. 특히 바움가르텐의 미학에서 출발하여 칸트의 아름다움에 대한 분석론, 헤겔의 예술철학에 이르는 근대 독일 미학의 역사는 철학이 아름다움의 가치와 예술을 어떻게 철학적 미학으로 정립하는지를 잘 보여준다. 독일 근대 미학의 역사는 바움가르텐의 미학에서 출발하여 칸트의 아름다움에 대한 분석론, 헤겔의 예술철학에 이른다. 이 과정에서 근대 독일 미학의 대상 영역은 감성에서 아름다움으로, 아름다움에서 예술로 축소되는 양상을 보인다. 이와 달리 내용의 차원은 감성적 능력에서 미적 판단으로, 미적 판단에서 예술적 진리로 상승되는 과정을 보여준다.

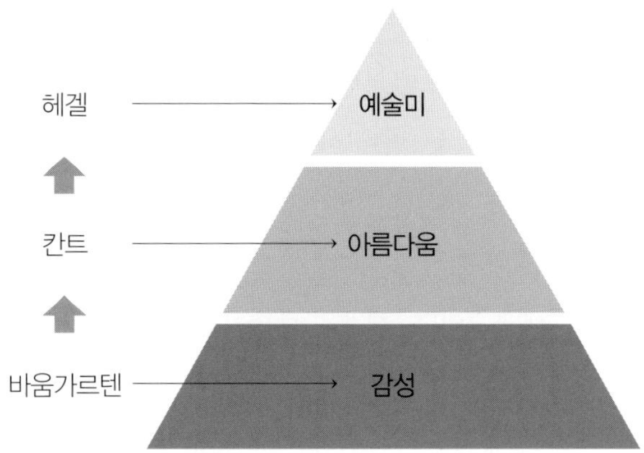

〈근대 독일 미학의 역사〉

1750년 바움가르텐은 감성적 인식의 학문으로서 미학을 창시한다. 이 미학(aesthetics)이라는 개념은 그리스어 아이스테시스(aisthetis)에서 유래한다. 아이스테시스는 감각과 지각 등의 감성을 의미한다. 바움가르텐에 따르면 감성은 이성보다 하위 능력이기는 하지만 이성과 유사한 인식 능력을 지니고 있기에 논리학의 추상적 형식 법칙을 보완하는 역할을 한다. 바움가르텐의 감성에 대한 평가에 대해서는 논쟁의 여지가 있지만, 그럼에도 바움가르텐의 미학은 아름다움과 예술에 대해서만 다루어지던 철학적 논의를 감성으로 그 영역을 확장시켰다는데 의의가 있다.

칸트(I. Kant, 1724~1804)는 아름다움에 대해 분석하면서 감성적 판단에 대한 인식론을 정립한다. 칸트에 따르면 아름다움에 대한 판단은 객관적 보편성을 지닌 인식적 판단과는 달리 주관적 보편성을 지닌다. 칸트는『판단력비판』에서 아름다움에 대한 판단을 질, 양, 관계, 양태의 사유의 네 가지 기능에 의해 분석한다. 아름다움에 대한 판단은 무관심적이고, 기존의 어떤 내용이나 개념에도 구애받지 않으며, 어떤 목적을 표상하지 않으면서도 합목적적이며, 보편적인 조건을 필연적으로 갖추고 있다. 칸트는 아름다움에 대한 판단이 인식 판단의 하위능력이 아니라 인식판단과는 구조적으로 다른, 주관적으로 보편적인 반성적 판단임을 밝힌다. 이를 통해 칸트의 미학은 감성적 경험을 아름다움에 대한 판단에 대한 인식론으로 정립한다.

헤겔(G.W.F Hegel, 1770~1831)은 미학을 예술철학으로 정립한다. 헤겔은 미학을 예술미의 철학이라고 규정한다. 헤겔에 따르면 아름다움이란 '이념의 감각적 현현'이다. 여기에서 아름다움은 주관적 심급에서만이 아니라 이념 자체의 전개 속에서 객관적으로 현실성을 지니는 것이다. 아름다움은 이념이 감각적으로 직관되는 것이기에 진리의 직관가능성에 의한 것이다. 또한 이념이 감각적으로 현현하는 것이기에 여기에서의 아름다움은 자연미가 아니라 예술미이다. 헤겔의 예술은 아름다운 기예들이 아니라 아름다움의 진리를 드러내는 예술이다. 이 예술의 목적은 '감성적 예술 형성의 형식에서 진리'를 드러내는 것이다. 따라서 헤겔의 예술철학은 예술을 다루는 철학이 아니라 예술적 진리를 다루는 철학이다. 이 예술적 진리의 사유가 감각적 현현으로 나타나는 예술을 능가하게 됨으로써 예술은 예술의 종말을 고하게 된다.

우리는 독일 근대 미학의 발전과정을 토대로 근대 예술철학의 흐름을 크게 내포와 외연의 측면에서 구분해 볼 수 있다. 첫째, 근대 예술철학은 철학적 미학의 역사이다. 특히 독일 근대 미학은 기존 아름다움과 예술에 대한 이론을 철학적으로, 즉 인식론이나 존재론으로 정초하고자 시도한다. 이를 통해 아름다움과 예술에 대한 이론은 감성론에서 출발하여 아름다움에 대한 분석으로, 더 나아가 예술철학으로 발전된다. 내용적 측면에서 보자면 독일 근대 미학은 감성적 인식에서 아름다움에 대한 판단으로, 더 나아가 예술적 진리로 나아가면서 고차원적으로 상승하는 경향을 보인다. 둘째, 외연적 측면에서 보자면, 독일 근대 미학의 대상은 감성에서 아름다움으로, 아름다움에서 예술로 그 영역이 축소되는 경향을 보인다. 미학의 대상 영역이 점점 더 좁혀지게 된 까닭은 아마도 예술의 영역이 전문화되었기 때문일 것이다. 예술의 전문적 발전과 함께 철학적 미학은 더욱 고차원적이고 세련된 아름다움에 대한 이론적 규정을 요청받게 된다.

결국 독일 근대 미학의 발전은 예술적 진리를 다루는 예술철학으로 귀결된다. 그러나 근대 예술철학의 가장 큰 문제점은 예술이 철학적 이론의 대상으로 다루어졌다는 점이다. 근대 예술철학에서의 예술은 예술작품이 드러내는 예술이기 보다는 철학자들의 머리에서 구상된 예술 개념이었던 것이다. 이러한 예술철학의 가장 큰 맹점은 예술철학이 현실의 예술에 대해 말해주는 것이 별로 없다는 점이다.

현대 예술철학은 예술에 대해 말하면서도 정작 실재하는 예술에 대해서는 다루지 않았던 근대 예술철학을 비판한다. 현대 예술철학은 실재하는 예술작품뿐만 아니라 삶에서의 아름다움의 가치와 예술의 문제를 포괄적으로 다룬다. 현대 예술철학의 감성론, 아름다움에 대한 이론, 예술에 대한 이론은 실제적인 것과의 연관성을 확보하면서 일상적인 저변으로 그 영역을 확장시키고자 노력하고 있다. 감성론은 감성적 경험 전반의 문제로 확장되었으며 아름다움에 대한 이론은 아름다움의 경험 전반을 다루는 이론으로 발전되었으며 예술철학은 실재하는 예술작품을 중심으로 예술적 현상 전반을 다루는 이론으로 확장되었다. 그렇다면 현대 예술철학의 이러한 흐름 속에서 예술철학을 구성하는 예술, 예술적 활동, 예술작품의 실마리 하나하나가 어떻게 나타나는지를 살펴보도록 하자.

III. 예술이란 무엇인가?

예술가와 예술작품은 예술에 의해 규정된다. 그러나 우리가 예술가의 활동이나 예술작품을 직접 경험한다고 해도 우리가 예술이 무엇인지를 알 수 있는 것은 아니다. 예술이 무엇인가라는 물음은 예술철학의 작업을 통해 대답해야 하는 것이기 때문이다. 그러나 더 복잡한 것은 예술이 무엇인가에 대한 대답이 시대마다 그리고 예술철학자들마다 다르게 나타났다는 점이다. 여기에서는 예술이 시대마다 어떻게 다르게 이해되어 왔는지를 살펴보고 예술의 시대적 특징을 잘 드러낸다고 평가되는 대표적인 예술철학을 중심으로 예술이란 무엇인가를 설명하고자 한다.

시대에 따른 예술의 개념의 변화를 다루기 전에, 우리는 예술의 본질에 대한 규정이 현대 예술철학에서는 더 이상 유효하지 않다는 점을 주장하고자 한다. 이제까지 예술철학은 예술을 모방, 형식, 이념의 감각적 현현, 현실의 반영, 욕망의 표출 등으로 규정해왔다. 그러나 이렇게 예술의 본질을 규정해 왔던 것은 예술의 본질이 존재한다고 전제해왔기 때문에 가능한 일이었다. 그러나 비트겐슈타인(L. Wittgenstein, 1889~1951)에 따르면 서로 다른 의미들은 하나의 공통점을 지니지 않는다. 그래서 무엇에 대한 본질 규정이란 가능하지 않다. 그렇지만 유사하게 나타나는 다양한 의미들을 파악하는 것은 가능하다. 다양한 의미들은 가족유사성을 통해 서로 연관되어 있기 때문이다. 그렇다면 우리는 예술의 개념을 단 하나로 정의할 수는 없지만 예술 개념들의 의미의 겹침과 다름 속에서 다양한 의미들을 파악할 수 있다.

예술 개념에 대한 다양한 정의가 가능하다는 것을 전제로 삼으면서 예술철학의 복잡한 실타래를 구성하고 있는 하나의 실마리인 예술의 개념을 이해해보자. 시대적으로 대표적인 예술의 개념은 모방과 재현, 표현, 진리의 개시로 나타난다. 서양 고대와 중세, 르네상스에 이르는 예술은 아름다움을 모방하고 재현하는 것을 목적으로 한다. 그러나 근대 사진의 발달 이후 예술은 대상의 재현이기를 포기하게 된다. 이 때문에 예술은 내적 정서나 형식을 표현하는 것을 주된 목적으로 삼는다. 그 이후 현대 예술은 예술작품 속에서 일상적 삶의 진리를 현현하고 있음을 주장한다.

지금의 아름다움과 예술은 떼래야 뗄 수 없는 개념이지만 고대인들에게 아름다움과 예술은 구별되는 개념이었다. 고대에서의 미적 추구는 철학적 인식과 연관되는 것인 반면 예술은 제작 활동과 연관되는 것이었다. 예술의 그리스어인 테크네(techne)는 수공업적 행위와 숙련 기술의 능력뿐만 아니라 고차원적인 학문과 예술을 아우르는 제작하는 인간의 능력을 의미했다. 아리스토텔레스는 테크네를 지식에 근간하여 무언가를 산출하는 활동이라고 정의했다. 그래서 고대부터 르네상스 시대에 이르기까지 예술을 행하는 자는 예술가가 아니라 장인으로 이해되었다.

고대의 예술은 어떤 대상의 재현을 목적으로 했다. 플라톤(Platon, 기원전 427~기원전 347)은 예술가 및 장인의 제작을 미메시스(모방, 재현)로 이해했다. 모방에 의한 산물인 작품은 이데아의 모상에 불과했다. 이데아는 모든 아름다운 것들의 원형인 아름다움 그 자체이다. 예술은 아름다운 것들을 만들지만 이데아인 아름다움 그 자체는 아름다움이 무엇인지를 알게 할 뿐만 아니라 아름다운 것들이 얼마나 아름다운 것인지에 대한 척도가 된다. 플라톤은 예술이 이데아의 모방이라는 점에서 이차적인 모방, 즉 모방의 모방으로서 비판한다. 그러나 플라톤의 제자인 아리스토텔레스(Aristoteles, 기원전 384~기원전 322)는 예술을 자연의 모방으로 긍정했다. 여기에서 예술의 모방은 자연의 산물이 아니라 자연이 형상화하는 방식을 모방하는 것이다.

고대에서 중세까지의 예술은 삶의 필연성에 얽매인 장인의 기술을 의미하였다. 그러다 르네상스에 이르러서는 건축, 회화, 조각은 자유로운 기술이자 예술로 인정받게 된다. 이 시기에 장인과 구별되는 지금의 예술가의 개념이 만들어진다. 그렇다면 어떻게 르네상스의 예술은 오늘날 의미의 예술로 인정받게 되었을까? 르네상스의 예술은 제작의 완성도뿐만 아니라 수학적 비례관계에 의해 조화로운 척도를 구성하는 것이 중요하게 된다. 그래서 르네상스의 예술가는 조화로운 척도를 통해 객관적인 아름다움을 구현할 뿐만 아니라 예술가의 자유로운 정체성에 의해 고유하고 개별적인 아름다움을 구현하고자 노력한다. 결국 고대에서 중세를 거쳐 르네상스에 이르는 예술은 이데아의 모방, 자연의 형상화 방식의 모방, 조화로운 아름다움의 모방이라고 말할 수 있다.

근대 이후 발전한 여러 예술 개념들 중에서 고대의 객관적 아름다움의 모방에 비견될 만한 것은 바로 주관적 정서의 표현이라고 할 수 있다. 예술에서 모방과 재현이 사라지게 된 계기는 사진의 발명 때문이다. 사진의 발달에 의해 예술이 어떤 대상의 모방이거나 재현이어야 한다는 생각이 사라지면서 예술에서의 형태와 색채는 대상을 재현해야 한다는 의무에서 벗어나게 된다. 이제 예술가는 영감이나 상상력을 통해 형태와 색채 자체가 가진 아름다움을 자유롭게 추구한다. 칸트는 특히 예술을 천재의 소산으로 바라본다. 천재란 예술에 규칙을 부여하는 선천적인 재능을 가진 자이다. 칸트는 고대 이래의 예술의 모방론을 비판하면서 예술의 제작능력은 모방이 아니라 상상력의 창조성이라고 주장한다. 이러한 칸트의 예술론은 이상적 비례와 조화를 미의 척도로 삼는 고전주의 미학을 넘어서서 예술가의 정서적 표현을 인정하는 낭만주의 미학에 길을 열었다.

현대 예술철학에 있어서 예술 개념의 특징은 예술과 진리가 밀접한 연관성을 지닌다는 점이다. 고대에서 진리는 철학의 문제였지 예술이 관여할 수 있는 분야가 아니었다. 그러나 헤겔 이후 예술은 진리를 현현하는 매체가 된다. 특히 하이데거(M. Heidegger, 1889~1976)는 철학이 아니라 예술을 통해 존재의 탈은폐인 진리가 드러난다고 주장한다. 다시 말해 예술은 사물에서 은폐되었던 그 존재의 참모습을 드러내준다. 하이데거의 제자인 가다머(H.-G. Gadamer, 1900~2002)는 예술을 미메시스(모방)로 본다. 그가 말하는 모방이란 고대 예술철학에서처럼 자연의 모방이 아니라 사물의 은폐된 참모습을 재현하는 것을 의미한다. 이렇게 예술을 진리와 연관시키는 존재론 및 해석학의 시도는 예술을 철학적 인식으로 보는 것이다.

요약하자면 예술 개념은 고대 자연의 모방에서 근대 정서의 표현을 거쳐 현대 진리의 개시로 발전된다. 시대적으로 예술의 위상은 고대 제작활동에서 근대 창조활동을 넘어 현대 철학적 진리의 개시로까지 상승하는 모습을 보여준다. 현대 예술철학은 예술을 철학의 하위 분과로 보는 것이 아니라 철학적 진리가 구현되고 현현되는 철학적 정수로 바라보는 것이다.

IV. 예술을 해석하는 자가 예술가이다.

우리는 보통 예술이란 예술가의 활동에 의해 이루어지는 것으로 생각한다. 그래서 예술가는 다른 사람들과 달리 감성적 능력을 가지고 독특한 아름다움에 대한 경험을 체험한 자이고 이러한 역량을 토대로 예술작품으로 만드는 사람이라고 여겨진다. 그러나 현대 예술철학에서는 예술을 예술가의 작품 활동으로만 이해하지 않는다. 현대 예술철학은 예술가의 작품 활동 이외에도 감상자와 비평가 등의 수용자의 활동을 포함한다. 그래서 예술작품을 예술로 만드는 것도 예술가의 작품 활동이 아니라 예술계에 의한 것이라고 이해한다.

이러한 현대 예술철학의 주장은 역사적으로 보면 그렇게 낯선 것만은 아니다. 우리가 예술가를 예술의 전문가로 이해하는 방식은 르네상스 시대의 산물이며, 서구의 교육과정에서 순수 예술이 따로 분리된 것도 16세기의 일이다. 더군다나 예술미를 예술철학의 주제로 논의하게 된 것도 헤겔에 이르러서이다. 그래도 예술적 활동에 전적으로 몰두하는 자들은 예술가들이지 않은가? 여기에서는 예술적 활동을 단초로 삼아 예술철학의 복잡한 실타래를 풀어보고자 한다. 예술적 활동은 크게 예술가의 활동과 수용자의 활동으로 나누어질 수 있다. 우선 예술가의 예술적 활동이 이루어지는 방식을 역사적으로 분석하고 예술가를 넘어서 예술적 활동을 이해하게 된 과정을 살펴보자. 이를 통해 현대 예술철학이 예술적 활동을 어떻게 이해하고 있는지를 알아보자.

예술가는 예술작품을 만드는 사람들이기에 그들의 예술적 활동은 예술작품을 어떻게 생산하느냐의 문제를 다룬다. 예술가는 예술작품을 제작하는 자이자 창조하는 자이며 전시하는 자이다. 다시 말해 예술가의 예술적 활동은 제작, 창조, 전시라고 말할 수 있다. 예술가가 제작자라는 생각은 고대 그리스로부터 출발한다. 이 시대의 예술가는 따로 분류된 전문가 집단이 아니라 수공업에 종사하는 장인에 속하는 부류였다. 예술가를 장인에서 따로 떼어내 지금의 예술가로 칭하게 된 것은 르네상스의 예술가들에 의해서이다. 이들은 예술가적 정체성을 가지고 있었으며 자신들이 수공업에 종사하는 장인들과는 달리 작품 활동을 통해 예술적 창조 의지를 구현한다고 생각했다. 그러나 현대에서 와서 이러한 예술가의 활동은 의문에 부딪치게 된다.

현대 예술에서 예술가는 더 이상 예술작품의 제작자가 아니다. 그렇다면 예술가는 무엇을 하는 사람들인가? 1917년 뉴욕의 한 전시회에 뒤샹(M. Duchamp, 1887~1968)은 공장에서 생산된 소변기를 〈샘〉이라는 제목으로 출품한다. 뒤샹은 변기의 왼편에 'R. Mutt'라는 싸인을 했을 뿐, 이 작품을 만들지 않았다. 그럼에도 그의 작품은 현대 예술의 중요한 작품으로 인정된다. 그렇다면 뒤샹의 예술적 활동은 도대체 무엇인가? 뒤샹은 소변기를 만들지는 않았지만 그것을 예술작품으로 전시한다. 그는 예술작품은 예술가에 의해 만들어져야 한다는 예술의 전통을 깨고 이미 만들어진 기성품도 예술가의 기획에 의해 전시된다면 예술작품으로 인정될 수 있음을 보여준다. 이렇게 뒤샹의 <샘>으로 대표되는 레디메이드(기성품)는 예술가의 제작활동 없이도 예술적 활동이 가능함을 보여준다.

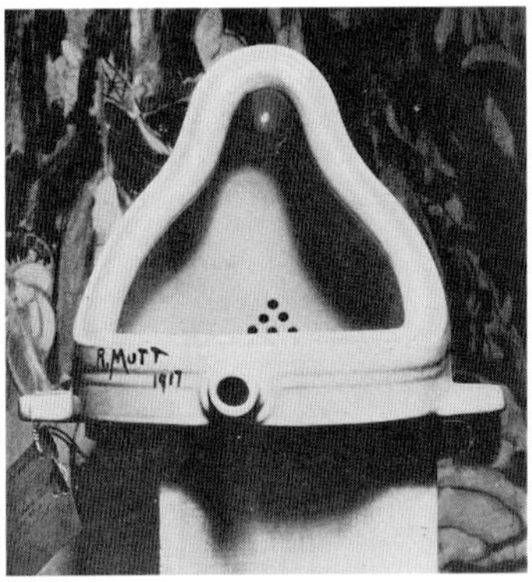

<마르셀 뒤샹, '샘', 1917> [1]

뒤샹의 예술적 활동은 더 이상 제작이나 창조나 전시에 국한된 것이 아니라 예술의 새로운 전통을 수립한 것이라고 할 수 있다. 조지 디키(George Dicke, 1926~)는 뒤샹의 예술적 활동의 의미를 예술계를 통해 설명한다. 이 예술계는 예술가, 비평가, 예술 관련 사업가 등 예술에 관련된 일을 하는 사람들이 만들어낸 일종의 제도이다. 어떤 작품을 예술작품으로 받아들이도록 만드는 것은 바로 예술계이다. 뒤샹이 <샘>을 통해 저항하고자 했던 것이 바로 당시의 예술계이며 뒤샹이 <샘>의 성공으로 증명했던 것 또한 이 예술계의 변혁이다.

---

1 사진 출처: photograph by Alfred Stieglitz at the 291 (Art Gallery) following the 1917 Society of Independent Artists exhibit, with entry tag visible. The backdrop is The Warriors by Marsden Hartley.

단토(A. Danto, 1924-2013)는 워홀(A. Warhol, 1928~1987)의 〈브릴로 박스〉를 해석하면서 브릴로 박스가 한 사물과 예술작품의 경계를 허물고 있음을 주장한다. 브릴로 박스는 슈퍼마켓에서 흔하게 구입할 수 있는 세제 박스이지만 워홀은 수작업으로 공을 들여 시각적으로는 도저히 구별할 수 없는 브릴로 박스를 만들어서 출품하였다. 워홀의 브릴로 박스는 예술가인 워홀이 제작했기 때문에 예술작품인 것도 아니며 기성품을 처음으로 전시한 뒤샹처럼 새로운 예술적 시도를 한 것도 아니다. 단토는 평범한 세제 박스와 〈브릴로 박스〉라는 예술작품을 감각적으로 구별할 수 없음에도 불구하고 우리가 워홀의 박스를 예술작품으로 인정하는 이유가 무엇인지를 묻는다. 단토에 따르면 워홀의 〈브릴로 박스〉가 예술작품인 이유는 감각 경험 때문이 아니라 새로운 의미를 제공한다는 점 때문이다. 이제 예술가는 더 이상 물질적으로 사물과 작업하는 자가 아닌 예술계에 대해 새로운 의미를 제공하는 자들이 된다. 예술가가 예술철학자가 된 것이다. 단토는 예술의 종말이라는 헤겔의 주장을 재해석하면서 내러티브적으로 구성된 예술의 거대 서사가 종말을 고하고 다양한 의미와 해석이 열리는 예술의 다원주의 시대가 열렸음을 알린다. 예술계는 기존 전통을 깨는 거대한 변혁에 의해서가 아니라 일상적 의미를 변용시키는 다양한 의미와 해석을 통해 변화되는 것이다.

현대 예술철학에서 예술가는 더 이상 제작을 통해 아름다움의 가치를 재현하는 자이거나 예술적 활동을 통해 창조적 의지를 구현하는 자가 아니라 예술계를 구성하고 예술에 대해 새로운 의미를 제공하는 자이다. 그렇다면 예술가가 제공하는 새로운 의미를 해석하는 자는 누구인가? 예술작품을 통해 새로운 의미를 해석하는 현대예술에서 예술의 수용자는 더 이상 감상자가 아니라 예술이 제공하는 의미를 해석하고 평가하는 비평가이다. 예술작품의 의미는 어떻게 해석하는가에 의해 실현된다. 비평가의 예술적 활동은 바로 예술작품을 해석하면서 예술이라고 평가하는 것이다. 결국 현대 예술철학은 예술적 활동이 제작, 창조, 전시를 넘어서 예술적 의미를 해석하는 작업임을 보여준다. 이런 의미에서 보면 예술가와 수용자라는 전통적 구분은 더 이상 의미가 없다. 우리가 예술의 의미에 대한 해석과 평가를 내릴 수 있다면 우리는 예술적 활동에 참여하는 비평가이자 예술작품을 예술로 만드는 예술가이다.

V. 예술작품의 해석들

예술철학의 실타래에서 처음으로 예술작품의 중요성을 끄집어낸 철학자는 바로 하이데거이다. 하이데거는 예술이 무엇인지를 파악하기 위해 예술의 근원이 되는 예술작품을 고찰한다. 하이데거에 따르면 예술작품 안에서 사물 존재의 진리는 스스로 일어나며 스스로를 나타낸다. 더 나아가 그리스 신전과 같은 역사적 예술작품은 세계를 건립하고 대지를 세운다. 하이데거에 따르면 이러한 예술작품의 근원이 바로 시를 짓는 예술가인 창작자와 보존하는 자의 근원이 되며 한 민족의 역사적 터에 참으로 존재하는 근원이 된다. 여기에서 비로소 예술작품의 근원인 예술이 드러난다. 그래서 하이데거에게 예술은 철학보다 위대하다. 예술이 존재의 진리를 역사적으로 일어나게 하여 그 진리를 우리에게 열어주기 때문이다.

하이데거에 따르면 예술작품은 존재의 탈은폐인 진리를 열어준다. 하이데거는 예술작품이 드러내는 진리의 근원성에 다가가는 것이 목적이었던 반면, 하이데거의 제자인 가다머는 예술작품에 대한 그 어떤 근원적 진리가 존재한다고 주장하지 않는다. 가다머는 역사적으로 새롭게 열리는 진리 경험들이 가능하다고 여기기 때문이다. 그래서 가다머에겐 예술작품에 대한 진리 경험들을 삶과 역사 속에서 해석하는 것이 중요하다. 물론 여기에서도 예술경험에 대한 단 하나의 객관적 해석이란 존재하지 않는다. 시대마다 다르게 다가오는 예술경험들이 참된 해석들일 수 있기 때문이다. 가다머의 예술작품에 대한 해석은 놀이와 유사하다. 놀이의 규칙인 텍스트에 따라야만 하지만 그 텍스트에 대한 다양한 해석들은 열려 있기 때문이다.

에코(U. Eco, 1932~)는 예술작품의 개방성에 대해 강조한다. 에코에 따르면 개방성은 현대 예술작품의 특징이다. 에코는 개방성을 보여주는 예술작품으로 쇤베르크(A. Schönberg, 1874~1951)의 12음 기법, 칼더(A. Calder, 1898~1976)의 모빌작품과 조이스(J. Joyce, 1882~1941)의 『피네건의 경야』를 예로 든다. 이 예술작품들은 다양한 의미 해석뿐만 아니라 구성적 원리에 있어서도 다의적인 해석이 가능하다. 특히 에코는 텍스트 자체를 닫혀 있는 것으로 보는 가다머와 달리 텍스트에서도 열린 예술작품을 주장한다. 이 예술작품의 개방성은 물질적 형식과 해석의 불확정성 간의 긴장 강도에 따라 구별된다. 에코에 따르면 열린 예술작품은 의미의 열린 해석과 구성의 새로운 가능성뿐만 아니라 작품 자체가 동적인 것을 의미한다.

에코가 예술작품의 개방성을 강조했다면 단토는 예술계 속에서 예술작품이 어떻게 해석되어야 하는지를 다룬다. 단토는 그린버그(C. Greenberg, 1909~1994)의 모더니즘, 즉 추상표현주의를 대표되는 형식주의 모더니즘을 비판하면서 예술작품의 해석이란 예술계에서 이루어지는 것임을 주장한다. 단토는 하나의 사물을 예술작품으로 변용시키는 메커니즘으로 해석 이론과 예술사를 포함한 예술계를 주장한다. 단토의 예술해석학에 따르면 예술작품을 작품으로 만드는 것은 작품 자체가 아니라 예술작품이 제공하는 의미의 해석과 비평이다. 이러한 단토의 논의에 대해 우리는 예술작품이란 새로운 의미의 해석을 예술계가 인정한 것이고 이 예술계란 다시금 예술작품의 의미를 새롭게 해석하는 메커니즘이라는 해석학적 순환을 벗어나지 못한다고 비판할 수 있다.

단토가 예술작품이 해석되는 외적 차원에 대한 해석학을 제시한 것과는 달리 벨쉬(W. Welsch, 1946~)는 예술작품의 내적 차원, 즉 예술작품의 감성적인 것에 대한 해석학적 입장을 제시한다. 예술작품은 주변 환경과의 관계성 속에 존재하기 때문에 예술작품 자체의 해석은 작품의 내적 차원뿐만 아니라 이 작품이 연관되어 있는 외적 차원까지도 포함할 수 있다. 벨쉬의 예술작품의 해석학은 예술적 의미가 구성되는 지점을 감성적인 것으로 보았기 때문에 해석학적 순환 논리에 빠지지 않을 수 있으며 단토가 비판했던 모더니즘의 추상 미술을 포함하면서도 단토가 지지하는 레디메이드를 해석학적으로 아우를 수 있다.

우리는 현대 예술철학에서 나타나는 예술작품에 대한 여러 해석학적 시도들을 살펴보았다. 하이데거로부터 출발한 예술작품에 대한 분석은 가다머의 예술작품에 대한 해석학으로 이어진다. 가다머의 역사적 맥락에 따른 해석적 다양성을 넘어서는 에코의 예술작품의 개방성은 의미의 해석이 작품의 구성은 물론, 작품의 물질성까지도 동적으로 변모시킬 있음을 보여준다. 단토는 어떤 작품을 예술작품으로 만드는 것은 그 작품이 현실 속에서 새로운 의미를 제공하는가, 즉 해석적 작업에 달려 있음을 밝힌다. 이와 달리 벨

쉬는 감성적인 것으로부터 출발하여 예술작품이 관련된 의미의 맥락들, 의미의 배치들, 내적이고 외적인 의미망을 다원적으로 해석하는 예술작품의 해석학을 제시한다. 현대 예술철학의 예술작품에 대한 이러한 해석학적 시도들은 현대 예술에 대한 논의의 출발점이 예술작품이라는 것을 잘 보여준다.

| 생각해보기 |

우리가 예술철학자라면

1. 예술은 아름다움뿐만 아니라 추함을 추구한다. 로젠크란츠(R. K. F. Rosenkranz, 1805~1876)는 예술에 대한 설명에 추의 문제를 포함시켜야 한다고 주장했으며 립스(T. Lipps, 1851~1914)는 추를 아름다움의 조건으로 고찰한다. 그렇다면 추한 예술작품의 예로 제시할 수 있는 작품은 무엇이 있을까? 당신이 예술철학자라면 추를 추구하는 예술에 대해서 어떤 근거를 제시할 수 있을까?

2. 뒤샹의 〈샘〉은 공장에서 만들어진 소변기를 전시한 것이고 워홀의 〈브릴로 박스〉는 슈퍼마켓에서 흔히 판매되는 세제 박스를 진짜인 것처럼 만들어서 전시한 것이다. 뒤샹과 워홀은 어떤 의도에서 이런 작업을 했을까? 이들의 작품들은 왜 현대예술에서 중요한 작품들로 인정받는 것일까? 당신이 예술철학자라면 이에 대해서 어떻게 답할 수 있을까?

3. 2018년 소더비 경매에서 얼굴이 알려지지 않은 예술가인 뱅크시의 작품인 〈풍선과 소녀〉는 약 120만 달러에 낙찰되자마자 곧바로 분쇄되었다. 작가는 "파괴의 욕구는 창조의 욕구"라는 피카소의 말을 인용하면서 작품의 분쇄가 사전에 기획된 퍼포먼스라는 것을 밝혔다. 컬렉터도 이 분쇄된 작품을 기꺼이 즐거운 마음으로 구매했다고

한다. 당신이 예술철학자라면 작품 자체를 파괴하는 예술적 행위에 대해서 어떻게 말할 수 있을까?

---

4. 진선미의 가치 중에서 아름다움의 가치가 다른 가치들보다 우선적 가치라고 말할 수 있는 이유는 무엇일까? 또한 윤리학에서 좋음과 아름다움의 가치가 함께 논의되는 이유는 무엇이며 진리 탐구에서 참됨과 아름다움의 가치가 함께 논의되는 이유는 무엇일까? 당신이 예술철학자라면 이 질문에 대해서 어떻게 답할 수 있을까?

p h i l o s o p h y

2

철학과 함께

• 정치철학 •

어떤 정의를 실현해야 하는가?

이충한

I. 정치철학 : 맥락과 배경

사람들은 행복한 삶을 꿈꾼다. 이 세상에 정의가 사라졌다고 말하는 사람들의 얼굴을 본 적이 있는가? 그들은 불행하다. 행복한 삶에 대한 관심은 정의로운 세상에 대한 관심이다. 정의는 우리의 삶과 매우 밀접한 관계를 맺고 있는 개념이다. 흔히 분노라는 감정과 연결되어 나타나는 말이기도 하다. 지금 이 순간 누군가 부당함을 느끼고 분노한다면 그의 내면에는 분노의 이유도 있을 것이다. 그가 분노하는 이유 안에는 그 자신이 생각하는 정의에 대한 믿음이 존재한다. 우리는 정의에 대한 감각을 보통 그런 방식으로 접하게 된다.

정의와 관련된 이런 식의 서술은 다소 밋밋해 보인다. 왜냐하면 정의는 좋은 것이고 부정의는 나쁜 것이라는 사실 말고는 거의 말해주는 바가 없는 것처럼 보이기 때문이다. 하지만 여기에는 정의라는 용어의 특성을 확인할 수 있는 두 가지 단서가 있다. 그 중 하나는 자신이 생각하는 정의에 대한 믿음이 존재한다는 사실이다. 다른 하나는 행복한 삶에 대한 우리의 관심이 정의로운 세상에 대한 관심과 분리되지 않는다는 사실이다. 우리는 이 두 가지 사실로부터 정의라는 용어의 상대성과 사회성에 관해 생각해볼 수 있다.

우리는 정의라는 말을 어떤 대상에 대한 평가를 위해 사용한다. 그 대상은 주로 우리 자신에게 영향을 미치는 타인이나 집단의 행위 또는 사회의 구조나 질서와 같은 상태라고 할 수 있다. 평가가 성립하기 위해서는 평가하는 사람과 평가받는 대상이 있어야 한다. 정의라는 말을 사용할 때도 마찬가지다. 어김없이 어떤 대상에 대한 가치평가가 이루어진다. 평가는 평가자의 입장에 따라 얼마든지 달라질 수 있다. 예를 들어 누군가 '우리에게 독립유공자의 후손에게 취업이나 교육의 혜택을 제공하는 것은 정의로운 일인가?'라고 묻는다면 어떻게 대답할 것인가? 또는 '우리 사회는 정의로운가?'라는 질문에 대해서는 어떤가? 아마도 모두가 동일한 답변을 내놓지는 않을 것이다. 이것은 정의라는 용어가 주관성을 벗어나기 어려운 가치평가적인 것임을 의미한다. 즉 우리는 어떤 것이 자신이 옳다고 여기는 가치나 원칙에 부합하면 정의롭다고 말하고 그렇지 않으면 정의롭지 않다고 말한다. 이것은 정의라는 용어가 지니는 상대성을 보여준다.

그러나 이러한 상대성을 정의가 곧 각자의 이해관계를 따지는 문제에 지나지 않는다는 의미로 이해해서는 곤란하다. 우리는 자신의 이익에 반하더라도 올바른 것으로 여겨지는 것을 추구해야 한다고 생각할 수 있고 또 그러한 신념을 실천에 옮길 수 있기 때문이다. 아리스토텔레스는 이것을 오직 인간만이 가지고 있는 '정의감'(sense of justice)으로 파악한다. 정의는 순전히 개인적인 문제가 아니다. 그것은 우리와 함께 더불어 살아가는 사람들을 동시에 고려했을 때 정당한 것으로 여겨질 만한 것은 무엇인가라는 물음과 관련된 사회적인 문제다.

이러한 정의의 특성은 자연스럽게 정의라는 덕목이 지닌 사회성을 드러낸다. 정의라는 덕목이 우리의 마음속에 떠오르기 위해서는 두 사람 이상의 사회적 관계가 필요하다. 무인도에 표류하여 혼자 살아가는 사람을 생각해보자. 그가 누군가에게 부당한 일을 겪고 분노하는 모습을 상상할 수 있는가? 그건 불가능하다. 그에게 부정의를 저지르는 사람도 없고 부정의하게 느껴지는 사회적 상황도 없다. 때문에 정의라는 말에 대한 감각을 일깨울만한 기회를 가질 수 없다. 어느 날 새로운 사람이 섬에 들어오기 전까지는 말이다. '정의'라는 말을 사용하기 위해서는 적어도 그 말을 적용할 수 있는 개인 또는 집단의 행위나 상태가 반드시 필요하다. 여기에서 집단은 가족, 학교, 기업, 계층, 국가, 민족, 세계 등 다양한 종류의 크고 작은 집단들이 포함될 수 있다.

이렇게 볼 때, 정의의 특성이 우리에게 보여주는 것은 두 가지다. 하나는 공공선으로서 정의를 추구하면서도 정의란 무엇인지에 대한 답을 서로 다르게 내놓을 수 있다는 것이고 다른 하나는 정의에 관한 담론이 사회체제를 벗어나 이루어질 수 없다는 것이다.

정의에 관한 판단이 이루어지는 다양한 대상들 중에서도 특히 국가로서의 사회는 모두의 공통적인 관심사다. 왜냐하면 사회는 다양한 법과 제도를 통해 우리 삶의 많은 부분에 영향을 미치기 때문이다. 예를 들어 부자에게 세금을 더 물리거나 최저임금을 인상하는 법안에 대해 생각해보라. 우리는 이런 법들이 정의로운 것인지를 두고 심각하게 고민할 수 있다. 대개는 자신이 손해를 입는 것은 아닌지 검토하는 방식으로 접근할 것이다. 그러나 정의에 대한 관심을 지닌 사려 깊은 사람이라면 이런 법이 불평등과 부당한 대우를 동반할 가능성은 없는지에 보다 더 주의를 기울일 것이다.

또한 사회는 그 구조와 질서 그리고 문화를 통해서도 우리의 삶에 영향을 미친다. 개천에서 용 나기 어려운 사회, 부의 세습과 가난의 대물림, 연고주의, 권력을 가진 자가 못 가진 자에게 행하는 갑질, 여성에 대한 혐오와 차별 같은 종류의 사회적 상황들이 그 예다. 우리는 이러한 사회적 상황들로 인해 불행한 삶을 사는 것이 부당하다고 느끼며 정의의 문제를 제기할 수도 있다.

이처럼 사회는 우리의 삶이 펼쳐지는 무대와 같다. 사회적 동물인 인간에게 정의로운 사회에 대한 관심과 행복한 삶에 대한 관심을 분리하는 것이 어려운 이유가 바로 여기에 있다. 때문에 우리는 누구나 불평등과 부당한 대우로부터 해방된 그야말로 정의로운 사회를 꿈꾸는 것이다. 그렇다면 정의로운 사회는 어떤 사회일까? 권력과 기회, 권리와 의무, 소득과 부 등과 같이 사람들이 소중하게 여기는 다양한 사회적 재화를 정당하게 분배하는 사회일 것이다.

그런데 사회적 재화를 정당하게 분배한다는 말의 의미는 무엇인가? 도대체 어떻게 분배하는 것이 정의로운 것인가? 이 질문은 우리에게 어떤 사회가 정의로운지 아닌지를 판단할 수 있는 기준 내지는 충족시켜야할 원칙 같은 것들을 요구하는 것처럼 보인다. 정의(正義)를 정의(定義)할 방법이 있다는 것을 전제하면서 말이다. 모든 사람이 만족할 수 있는 하나의 정의론을 구축하기가 쉽지 않다는 사실을 감안하면 이 질문에 답하는 것은 매우 도전적일 뿐만 아니라 불가능해 보이기까지 한다.

도대체 우리는 어떤 정의를 실현해야 하는가? 플라톤은 철학이 이 도전적인 질문을 회피해서는 안 된다고 생각했다. 그는 시간과 공간에 구애받지 않는 정의의 본질이 있다고 생각했다. 그에게 정의(dikaiosyne)는 규범(nomos)의 문제가 아니라 자연(physis)의 문제였다. 때문에 언제 어디서라도 올바른 것으로 여길 수 있는 정의가 있다고 믿었다. 그는 철학자가 왕이 되어 통치하는 국가의 조화로운 상태를 정의의 실현으로 보았다. 하지만 그것은 언제 어디서나 올바른 것으로 여길 수 있는 정의의 자격을 얻는 데는 실패했다. 이것은 정의에 대한 철학적 정의를 시도하는 일이 결코 만만치 않다는 것을 보여준다.

정치철학은 정치를 철학적으로 성찰하는 것이다. 정치에 대한 철학적 성찰이 구체적으로 무엇을 의미하고 그런 작업의 고유한 성격이 무엇인지에 대해서는 저마다 의견이

다를 수 있다. 하지만 정치철학이 정치가 마땅히 추구해야할 이상(ideal)으로서 정의로운 사회를 모색하기 위한 탐구활동이라는 데에는 동의할 것이다. 이러한 탐구의 궁극적인 목적은 우리의 행복한 삶이라고 할 수 있다. 때문에 정치철학은 정의로운 사회를 실현할 수 있는 최선의 정체(regime)를 추구한다. 최선의 정체는 정의로운 정체일 것이다. 정의로운 정체의 실현은 곧 정의로운 사회의 실현을 의미한다. 따라서 정치철학은 정의와 정의로운 사회의 본성에 대한 탐구를 바탕으로 최선의 정체를 추구하는 비판적 논의과정이라고 할 수 있다. 소크라테스 이래로 수많은 철학자들이 정의를 주제로 나름의 탐구를 진행해왔다.

다음 절에서는 정의에 관한 철학적 논의의 역사를 간략히 살펴볼 것이다. 그 뒤 그 흐름 속에 등장하는 20세기 철학자들이 정의에 대해서 어떤 입장을 취하고 있었는지 살펴볼 것이다. 이를 통해 '우리는 어떤 정의를 실현해야 하는가?'라는 질문에 접근해보자.

II. 정의를 고민한 철학자들 : 어떻게 분배하는 것이 정의로운가?

정의란 무엇인가? 도대체 우리는 어떤 정의를 실현해야 하는가? 아주 오래전부터 철학자들은 이 까다로운 질문에 제대로 답하는 것을 과제로 삼아왔다. 하지만 인간의 삶에서 정의라는 말이 사용되는 범위가 넓고 또 그것이 개인의 도덕적 분노나 상대적 박탈감 같은 주관적 감정과도 연결되어 있다 보니 결코 쉬운 일은 아니었을 것이다. 그럼에도 불구하고 그들은 정의에 대한 상이한 견해나 감정들 사이를 가로지르는 공통적인 정의 개념을 추구하는 것이 철학의 고유한 사명이라고 여겼다.

플라톤의 『국가』는 이상적인 정의론의 기원이다. 그는 이 책에서 소크라테스와 등장인물들 간의 대화를 통해 그 시대의 다양한 정의관을 보여준다. 플라톤이 『국가』에서 소크라테스와 그의 친구들의 대화를 통해 도달한 정의(dikaiosyne) 개념은 조화다. 내적으로 조화를 이룬 개인들과 그런 개인들이 서로 조화를 이룬 상태로서의 국가는 그 자체로 올바른 것으로 여길 수 있는 정의다. 내적으로 조화를 이룬 개인은 이성(logos)으로 자신의 기개(thymos)와 욕구(epithymia)를 잘 통제한 상태에 있는 사람을 말한다. 조화를 이룬 국가는 영혼의 조화를 이룬 개인들이 조화를 이룬 상태에 있는 국가를 의미한다.

플라톤은 이성, 기개, 욕구 중 개인마다 발달한 고유한 기능이 있다고 본다. 때문에 자신의 소질에 따라 적합한 역할(ergon)을 맡게 된다. 정의로운 국가에서는 이성을 통해 지혜를 추구하는 철학자가 통치자를 맡는다. 수호자는 기개를 통해 명예를 추구하는 사람이 맡고 생산자는 욕구에 따라 돈을 버는 사람들이 맡는다. 통치자는 지혜의 덕을, 수호자는 용기의 덕을, 생산자는 절제의 덕을 발휘하고 서로 조화를 이룰 때 비로소 정의가 실현된다. 각자 자신의 자리에서 맡은 일에 충실하라는 제안은 나쁘지 않다. 하지만 달리 생각해보면 그것은 각자의 맡은 바 일을 충실히 하는 일 외에 다른 일을 해서는 안 된다는 뜻이기도 하다. 민주주의 체제하에 살아가는 사람들이 정의에 대한 이런 규정에 동의할 것이라고 기대하기는 어렵다.

또한 전통적으로 정의는 법의 준수 및 적용과 밀접한 관련을 맺고 있다. 법을 지키는 것이 정의로운 것으로 여겨지는 이유는 단순하다. 법이 공동의 이익을 위해 만들어진 것이라는 사회적 합의를 전제하기 때문이다. 영어에서 정의를 의미하는 justice가 라틴어로 법이나 권리를 의미하는 justitia에서 유래된 것을 보면 그 관계를 짐작해 볼 수 있다. 고대 그리스 신화에 등장하는 정의의 여신 디케(Dike)를 떠올려보라.[1] 디케는 눈을 가리고 칼과 저울을 들고 있다. 우리는 디케를 바라보며 직관적으로 법의 정의로운 심판을 상상한다. 정의의 여신상은 동일한 상황에는 동일한 법을 적용하고 동일한 판결을 내리는 것이 정의롭다는 생각을 상징적으로 보여준다. 여기에서 우리는 정의가 평등이라는 개념과 연결되고 있음을 발견할 수 있다.

---

1 〈정의의 여신상〉 사진 출처: https://www.goeonair.com/mobile/article.html?no=10760 경기도교육청 청소년 방송 〈미디어 경청〉

〈정의의 여신상〉

아리스토텔레스 역시 정의의 본질을 평등으로 파악한다. 그는 "같은 것은 같게 대우하고 다른 것은 다르게 대우하라"는 정의의 형식적 원칙을 제시한다. 이러한 형식적 원칙은 같은 것이 어떤 점에서 같고 또 다른 것이 어떤 점에서 다른지를 판단하는 실질적인 원칙의 적용에 있어 공정성을 기해야 한다는 생각을 담고 있다. 오늘날에도 이러한 원칙은 사법적인 정의의 실현을 강조할 때 유효한 언명으로 작용한다. 즉 우리는 같은 것을 다르게 대우한 불공정한 판결을 부정의한 것으로 여긴다. 아리스토텔레스는 명예, 공직, 재화 등의 분배가 개인의 업적, 능력, 노력, 필요 등의 비중에 따라 서로 다르게 이루어져야 한다고 생각한다.

하지만 이러한 정의론은 공정한 분배에 있어 한계를 지닌다. 무엇보다 그러한 정의관이 노예제를 당연한 것으로 여기는 아리스토텔레스의 관점을 허용하고 있다는 사실은 다소 불편한 것이다. 오늘날 신분, 피부색, 성별 등에 따라 공직이나 명예가 분배되는 것을 정의롭다고 생각하지 않는다. 또한 그 원칙의 적용에 있어서도 명료하지 않다. 어떤 면에서 같고 어떤 면에서 다른 것인지를 판단할 수 있는 기준을 구체적으로 제시하지 않는다. 단순히 같은 것을 같게 다른 것을 다르게 대하라고 말할 뿐이다. 또한 업적, 능력, 노력, 필요 등이 상충하는 경우 각각의 비중을 계산하여 모두가 합의할 수 있는 단일한 기준을 제시하기 어렵다. 이런 경우 실제로 어떻게 분배하는 것이 정의로운 것인지에 대해 판단하기가 쉽지 않다.

현대 정의론에서도 분배적 정의의 문제는 여전히 논쟁거리다. 특히 기회의 평등과 결과의 평등은 사회정의(social justice)의 주된 관심사다. 어떻게 분배하는 것이 정의로운 것인지를 두고 입장의 차이가 있다. 누구나 평등한 기회를 가지길 원한다. 사람들이 바라는 사회적 지위, 명예, 부 등의 가치에 접근하고 성취할 수 있는 기회를 동등하게 보장받고 싶어 한다. 사회적 역할이 고정된 신분제 사회를 상상해보라. 특정 계급의 사람들만이 주요 관직에 진출할 수 있는 기회를 가질 수 있었다. 아무리 능력이 뛰어나도 인생의 전망은 정해져 있었으며 그로 인한 개인의 좌절과 분노는 운명에 돌려야 했다.

자유주의자인 롤스(John Rawls, 1921~2002)가 볼 때 이것은 명백히 부정의한 일이다. 이성을 지닌 인간은 목적 그 자체로서 존엄하며 평등한 자유를 지닌 존재이기 때문이다. 그런데 기회의 불평등은 개인이 가치 있다고 여기는 것을 자유롭게 선택할 수 있는 능력을 부정한다. 따라서 롤스는 모든 사람들이 유리한 사회적 지위에 접근할 수 있는 동등한 법적 권리를 가져야 한다고 주장한다. 또한 이런 형식적인 기회균등을 넘어 실질적인 공정한 기회균등이 이루어지는 사회가 보다 정의로운 사회라는 주장으로 나간다.

하지만 완벽하게 공정한 기회균등을 실행하는 것은 불가능하다. 무엇보다 공정한 기회균등을 이루기 위해 쓸 수 있는 사회적 자원이 부족하다. 또한 개인이 처한 가정환경의 특수성이 미치는 영향들까지 일일이 제한할 수는 없다. 예를 들어 셰익스피어의 『맥베스』를 읽고 인간의 욕망에 대해 토론하는 가정에 개입할 정당한 근거를 찾기란 쉽지 않다. 어쨌든 우리는 한정된 사회적 지위, 명예, 부를 놓고 경쟁할 수밖에 없다. 누군가는 그 경쟁에서 물러나야 한다. 또 누군가는 타고난 능력의 차이로 인해 가난하고 불행한 처지에 놓일 수도 있다.

그렇다면 자연적 능력을 타고나지 못한 사람은 어떻게 해야 할까? 자신에게 주어진 가난과 어려움을 그저 운명으로 여기며 그 고통을 견디면 되는 것일까? 과연 이것은 정의로운 일일까? 롤스는 『정의론』(*A Theory of Justice*, 1971)에서 능력도 사회적 배경과 마찬가지로 운에 따른 것이라고 주장한다. 때문에 능력에 따른 불평등을 완화하는 체제로 나아가야 한다고 주장한다. 롤스는 그러한 체제를 '민주적 평등(democratic equality)' 체제라고 말한다.

그러나 자유지상주의자인 노직(Robert Nozick, 1938~2002)이 볼 때 이러한 롤스의 생각은 다소 위험한 것이다. 왜냐하면 롤스의 민주주의적 평등은 개인의 자기소유권(self-ownership)과 재산 소유권에 대한 침해를 허용하기 때문이다. 노직(Robert Nozick)에 따르면 개인은 목적 그 자체로서 신성불가침의 존재다. 존엄성을 지닌 인간은 어떻게 살 것인지를 스스로 결정할 수 있는 능력을 지닌다. 때문에 이 능력을 온전히 보호하고 보증하는 것은 올바른 일이다. 노직이 개인의 신체와 재산에 대한 권리를 강조하는 이유도 마찬가지다. 그러한 권리가 보호되지 않으면 우리는 자신의 삶을 자유롭게 형성해 나갈 수 없다고 보기 때문이다.

그러나 그런 권리가 무제한적인 자유를 의미하지는 않는다. '나와 같은 권리를 지닌 존엄한 존재로서 다른 사람들의 권리를 침해하지 않는 한도 내에서'라는 도덕적 경계(moral boundary)를 침범해서는 안 된다. 따라서 노직은 개인이 타인에게 위해를 가하지 않는 한, 다른 사람에게 복종하는 일 없이 자신의 의지에 따라 자유롭게 살아갈 수 있어야 한다고 주장한다. 이런 노직의 입장에서 볼 때 롤스의 기획은 정당하지 않은 것이다. 왜냐하면 국가가 세금으로 사회적 배경과 자연적 능력의 차이에 따른 불평등을 시정하는 것은 개인의 소유권리(entitlement)를 침해하는 것이기 때문이다.

로크(John Locke, 1632~1704)의 자연권 사상을 발전시킨 노직은 『아나키, 국가 그리고 유토피아』(*Anarchy, State, and Utopia*, 1974)에서 개인이 자신의 신체와 재산에 대해 자유롭게 결정할 수 있는 권리의 보호를 최우선의 원칙으로 내세운다. 때문에 형식적 기회균등의 자연적 자유체제(system of natural liberty)를 전제로 한 자유시장 경제체제를 옹호한다. 이러한 노직의 입장은 국가가 사람들을 타인의 침해로부터 보호하는 경찰국가로서의 역할에 만족해야 하며 자원을 공정하게 분배하는데 개입해서는 안 된다는 주장으로 이어진다.

한편 공동체주의자인 왈저(Michael Walzer, 1935~)는 『정의의 영역들』(*Spheres of Justice*, 1983)에서 노직과는 조금 다른 각도에서 롤스의 자유주의적 기획에 대한 비판을 시도한다. 무엇보다 그는 롤스가 문화적 특수성을 배제한 채 한 사회의 정의의 원칙을 도출하는 방법론에 대해 불만을 갖는다. 왈저가 볼 때 롤스가 제안한 분배정의의 체계는 자신의 상황에 대해 모르는 합리적 개인들이 공평무사하게 선택해야 할 경우에 내리는 선택과 같은 것이다. 왈저는 사람들이 얼마든지 공공선을 위해 자신들의 이해관계를 내려놓을 수 있다고 본다. 즉 공평무사함을 추구할 수 있다. 하지만 왈저가 보기에 정치공동체에 속한 사람들이 추구하는 정의는 그런 추상적인 정의가 아니다.

오히려 사람들은 자신이 속한 공동체의 문화와 사회에서 도대체 '무엇이 정의로운 선택인가?'를 궁금해 한다. 왈저는 사회적 재화가 갖는 의미와 가치는 보편적이지 않으며 그런 재화가 속해 있는 사회의 문화와 밀접한 관련을 맺는다고 주장한다. 즉 사회적 재화는 문화 의존적이다. 따라서 분배의 대상이 되는 사회적 재화 즉 그 사회의 사람들이 가치있다고 여기는 재화는 사회에 따라 얼마든지 다양해 질 수 있다. 이것은 우리가 어떤 사회적 재화를 분배할 때 그 재화가 사회에서 지닌 특수한 의미를 고려하지 않으면 그에 맞는 적합한 정의의 원칙을 찾기 어렵다는 것을 말해준다. 때문에 왈저가 볼 때 롤스가 단순히 권력과 기회, 의무와 권리, 소득과 부라고 하는 추상적인 말들로 사회적 재화를 묶어 버린 것은 실수다.

또한 단순히 경제적 불평등을 시정함으로써 정의를 실현할 수 있다는 생각도 문제가 있다고 생각한다. 왜냐하면 개인의 경제적 능력 즉 돈이 사회 전반의 영역들에서 우세한 힘을 지니게 되고 재화를 독점하게 되는 일을 제대로 막아낼 수 없다고 보기 때문이다. 왈저는 우리가 롤스식의 '단순 평등(simple equality)'이 아닌 '다원적 평등(complex equality)'을 추구해야 정의로운 사회로 나갈 수 있다고 주장한다. 아래에서는 사회정의(social justice)에 관한 노직의 자유지상주의와 롤스의 자유주의 그리고 왈저의 공동체주의적 입장을 조금 더 자세히 살펴볼 것이다. 이를 통해서, 그들이 사회정의에 대해서 어떤 입장을 가지고 있는지 확인할 수 있을 것이며, 더불어 이들이 왜 자유지상주의자와 자유주의자 그리고 공동체주의자로 불리는지 확인할 수 있을 것이다.

〈정의에 관한 이론들〉

구분	롤스	노직	왈저
사상	자유주의 (Liberalism)	자유지상주의 (Libertarianism)	공동체주의 (Communitarianism)
정의	공정한 분배	소유권리의 존중	다원적 평등
방법	차등의 원칙	자유선택	지배와 예속의 철폐

III. 롤스: 정의는 재화를 공정하게 분배하는 것이다.

롤스는 1971년『정의론』을 출간한다. 이 책에서 그는 공리주의의 한계를 지적하면서 이야기를 시작한다. 그가 볼 때 공리주의의 가장 큰 위험은 사회 전체의 복지라는 명목 하에 개인의 권리와 자유를 희생시킨다는 데 있다. 그것은 롤스가 따르는 칸트의 유명한 도덕적 명령을 위반한다. 즉 인간을 수단이 아닌 목적으로서 대우하는데 실패한다. 때문에 도덕적으로 올바른 일이 아니다. 의무론자인 롤스는 '좋음에 대한 옳음의 우선성'을 강조한다.

그렇다면 롤스가 볼 때 정의로운 사회는 어떤 사회일까? 그것은 모든 사람을 도덕적 인격으로서 동등하게 대우하는 사회다. 또한 사회적 약자도 사회적 지위, 명예, 부에 접근할 수 있는 공정한 기회를 가질 수 있는 사회다. 동시에 사회경제적 재화를 놓고 경쟁하다 밀려난 사람들도 인간으로서의 존엄을 지키면서 살아갈 수 있는 사회다. 앞서 살펴봤듯이 롤스는 이와 같은 사회를 민주적 평등 사회로 규정한다.

롤스는 "사상 체계의 제1덕목이 진리라고 한다면 정의는 사회 제도의 제1덕목"이라고 말한다. 한 사회의 법과 제도가 따라야 할 제1덕목을 바로 정의로 본 것이다. 이런 견해에 따르면 정의로운 법과 사회제도를 만들기 위해서는 정의의 원칙이 무엇인지 아는 일이 선행되어야 한다. 때문에 롤스는 정의의 원칙이 무엇인지 해명하는 일을 과제로 삼는다. 즉 정의의 주제는 사회의 주요제도가 권리와 의무를 배분하고 사회협동체로부터 발생하는 이익을 분배하는 방식이 된다. 롤스는 사회에서 분배의 대상이 되는 것을 '기본적 가치(primary goods)'라고 부른다. 기본적 가치는 자신이 원하는 삶이 무엇이든 합리적인 개인이라면 누구나 덜 갖기 보다는 더 갖고 싶어 하는 종류의 가치를 말한다. 롤스에 따르면 그것은 권리, 자유, 기회, 소득과 부 그리고 자존감과 같은 것들이다.

롤스는 기본적 가치들을 분배하는 방식으로서 정의의 원칙을 도출하기 위해 우선 공정한 합의의 여건을 조성하는 일부터 시작한다. 왜냐하면 공정한 절차는 누구나 동의할 수 있는 공정한 결과를 보장하기 때문이다. 롤스는 사회계약이 이루어지는 최초의 상황(initial situation)을 공정하게 만들기 위해 '무지의 베일(veil of ignorance)'과 '원초적 입장(original position)'이라는 아이디어를 제시한다.

롤스가 볼 때 우리가 어떤 정의의 원칙이 공정한가를 알 수 있는 방법은 간단하다. 각자 자신의 상황이나 이해관계에서 벗어나는 일이다. 그렇게 되면 어떤 원칙이 자신에게 유리할지 모르게 된다. 따라서 합리적인 이기심을 지닌 개인은 되도록 누구에게나 공정한 정의의 원칙을 선택하려고 할 것이다. 만일 우리 앞에 먹음직스러운 케이크 하나가 놓여있다고 하자. 누군가 그 케이크를 자를 경우 어떤 조각이 자신의 것이 될지 모른다고 하면 어떨까? 합리적인 사람이라면 되도록 공평하게 자르려고 노력할 것이다.

롤스가 무지의 베일을 쓰라고 요구하는 것도 마찬가지다. 무지의 베일을 쓰면 우리는 자신의 능력과 재능, 사회적 위치, 종교적 신념이나 취미, 가치관, 인생관 같은 지식들을 모르게 된다. 그렇지 않으면 공정해지기 보다는 자신에게 유리한 원칙들에 더 많은 관심을 가지게 될 것이다. 롤스는 "원초적 입장에 있어서 특정 지식에 대한 제한은 근본적인 중요성을 갖는다."고 강조한다. 그가 볼 때 정의는 자유롭고 평등한 사람들의 공정한 합의로서 이해되어야 한다. 때문에 공정성을 해칠 수 있는 요소들을 미리 배제시키는 것은 매우 중요한 일이다.

원초적 입장의 계약당사자들은 스스로 가치관을 형성하고 수정하며 추구할 수 있는 능력이 있다는 것을 안다. 또한 인간이 이런 저런 재능과 능력을 가진다는 것과 그것들이 사회에서 계발되고 사용될 때 이익을 얻을 수 있다는 것을 알고 있다. 롤스는 그들이 정의의 원칙을 선택하는데 필요한 사회경제적 지식은 안다고 가정한다. 그는 이런 방식으로 공정을 기하는 것이 새로운 일이 아니라고 말한다. 이미 칸트가 '보편화 가능성의 원리(the principle of universalizability)'를 통해 보여준 것이기 때문이다.

이러한 사유실험 뒤에는 무엇보다 개인이 지닌 사회적 배경이나 타고난 능력의 배정 방식은 순전히 우연적인 것이며 운으로 봐야 한다는 롤스의 생각이 숨어있다. 특히 롤스가 볼 때 자연적 재능의 배정 방식은 정의롭거나 부정의한 것이 아니라 '자연적인 사실(natural fact)'에 불과한 것이다. 그런데 이러한 우연적 속성들에 근거하여 누군가에게 유리한 원칙이 결정된다면 어떨까? 아마도 우리는 그러한 원칙을 공정하고 도덕적으로 승인할 수 있는 것으로 받아들이지 않을 것이다. 왜냐하면 누구도 가난하고 능력이 없기를 바란 적이 없기 때문이다. 이렇듯 계약 당사자들이 무지의 베일을 쓰는 일의 도덕적 정당성은 한 사회의 정의의 원칙이 자연적이고 우연적인 요소의 연장선상에서 성립해서는 안 된다는 사실에 기초한다. 이것은 계약당사자들이 왜 롤스가 제시한 정의의 원칙을 정당한 것으로 여길 수밖에 없는지를 이해하는데 핵심적인 것이다.

이렇게 무지의 베일을 쓴 가상의 계약당사자들은 모두가 자유롭고 평등한 이성적 존재로 만나게 된다. 롤스는 이렇게 모두가 동등한 위치에서 만나는 공정한 여건을 원초적 입장이라고 부른다. 롤스는 원초적 입장을 통해 우리에게 공정한 사회협력체계의 형태가 무엇인지를 보여준다. 우리는 이러한 협력체계를 바탕으로 공정한 분배원칙이 무엇일지를 생각해 볼 수 있다. 그렇다면 원초적 입장의 사람들은 어떤 원칙을 선택할까? 그들은 다음과 같은 정의의 두 원칙에 합의하게 된다.

제1원칙: 평등한 자유의 원칙

각자는 모든 사람의 유사한 자유 체계와 양립할 수 있는 평등한 기본적 자유의 가장 광범위한 전체 체계에 대해 동등한 권리를 가져야 한다.

제2원칙: 차등의 원칙

사회적-경제적 불평등은,

(a) 최소 수혜자에게 최대 이익이 되고,

(b) 공정한 기회균등의 조건 아래 모든 사람들에게 개방된 직책과 직위가 결부되게끔 편성되어야 한다.

제1원칙이 **제2원칙**에 우선한다. 이것을 자유 우선성의 원칙이라고 한다. **제2원칙** 내에서는 (b) 공정한 기회균등의 원칙이 (a) 차등의 원칙에 우선성을 갖는다. 여기에서 평등한 자유란 표현의 자유, 종교의 자유, 결사의 자유, 거주이전의 자유와 같은 기본적 자유나 권리들을 의미한다. 계약당사자들은 삶에서 가치관을 형성하고 수정하며 추구할 수 있는 능력의 행사를 위해 기본적 자유가 필수적이라는 것을 안다. 때문에 사회에서 경제적 이득과 기본적 자유의 어떤 교환도 허용되어서는 안 된다는데 합의한다. 제2원칙을 보면 사회경제적 불평등을 허용한다고 되어 있다. 이것은 사람들이 자신의 능력을 발휘할 수 있는 동기를 유지하도록 하고 사회의 경제적 생산성을 높이기 위한 것이다. 어느 정도의 불평등에 따른 인센티브가 주어지지 않는다면 사람들은 전문적이고 복잡한 일을 하려는 의욕을 갖기 힘들 것이다.

그런데 그러한 불평등이 정당한 것으로 여겨지기 위해서는 우선 사람들이 사회의 어떤 직위나 직책을 획득하는 과정에서 공정한 기회를 누릴 수 있어야 한다. 동시에 중요한 한 가지 조건을 만족시켜야 한다. 그것은 바로 (a) 차등의 원칙이다. 즉 사회적으로 가장 어려운 처지에 있는 최소수혜자들의 상황을 최대로 개선시키는데 도움이 될 경우에 한해서만 불평등이 허용된다. 왜 계약의 당사자들은 차등의 원칙에 합의한 것일까? 이유는 간단하다. 자신이 최소수혜자 계층이 될 수도 있기 때문이다. 롤스에 따르면 그들은 합리적인 이기심을 지녔기 때문에 사회의 하위계층에 속하더라도 가능한 위험을 최소화하고 안정된 삶을 살아가려는 경향을 갖는다. 즉 최소치를 극대화하는데 관심을 갖는다. 그렇다면 다음 표에서 원초적 입장에 있는 사람들이 선택하게 될 정책은 어떤 것일까?

〈최소극대화의 원리와 차등의 원칙의 예〉

구 분	최소수혜자	중간수혜자	상위수혜자
정책 1	200	200	200
정책 2	150	400	700
정책 3	300	400	450

롤스에 따르면 그들은 정책 3을 선택한다. 왜냐하면 최소수혜자에게 최대 이득이 돌아가는 상황이 가장 위험을 최소화하는 합리적인 선택이기 때문이다. 롤스는 차등의 원칙을 만족시키는 가운데 허용되는 사회경제적 불평등은 중간층에 위치한 사람들의 처지도 자연히 개선시키는 결과로 이어질 것이라고 본다. 롤스는 불평등을 해소하기 위한 제도적 방안으로 증여 및 상속에 대한 누진세 부과와 다양한 종류의 교육 및 훈련 기회의 평등을 실현하기 위한 공공정책이 필요하다고 본다. 특히 그는 교육 기회의 평등을 중요하게 고려한다. 롤스 역시 그것이 미래의 직업전망과 소득수준에 큰 영향을 미친다고 보는 것이다.

IV. 노직: 정의는 소유권을 보호하는 것이다.

노직은 롤스가 제안한 공정으로서의 정의 개념에 반론을 제기한다. 노직이 볼 때 국가가 세금을 걷어 재분배 하는 것은 개인의 권리를 침해하는 것이다. 왜냐하면 개인은 자신의 신체와 재산을 자유롭게 처분할 수 있는 자기소유권과 재산 소유권을 지니기 때문이다.

노직 역시 롤스와 마찬가지로 인간을 수단이 아닌 목적으로서 대하라는 칸트의 도덕률을 통해 개인의 소유권리(entitlement)를 정당화한다. 이것은 다른 사람을 자신의 이익을 위해 도구로 삼아서는 안 된다는 것을 의미한다. 그렇다면 왜 그들은 동일한 근거에서 다른 주장으로 나간 것일까? 그러한 입장 차이는 두 사람이 개인의 사회적 배경과 타고난 능력을 바라보는 관점의 차이에서 기인한다. 롤스는 그것을 운에 따른 것으로 파악한 반면에 노직은 자기소유로 이해한다. 때문에 롤스의 입장에서 사회적 재화의 분배는 국가의 공정한 개입이지만 노직의 입장에서는 개인의 권리를 침해하는 것이다.

따라서 노직에게 있어 정의는 자기 소유권 및 재산 소유권에 대한 사람들의 권리를 존중하고 보호하는 것이라고 볼 수 있다. 그는 개인의 권리를 존중하는 가운데 발생하는 불평등을 부정의로 바라보지 않는다. 국가의 역할은 자원의 분배가 아니라 사람들이 자신의 소유권리를 침해당하지 않도록 보호해주는 것이다. 즉 야경국가로서 최소국가의 기능을 수행하면 된다. 물론 개인들은 자신의 안전한 삶의 유지를 위한 비용으로서 세금을 낼 수 있다.

그러나 국가가 개인이 노동을 통해 얻은 이익이나 보상을 어려운 처지에 있는 타인에게 주도록 강제한다면 그것은 부정의한 일이다. 개인의 소유권리를 존중하지 않는 것은 능력과 재능을 갖춘 일부의 사람들을 도구로 삼는 것이나 마찬가지다. 하지만 국가가 어떤 강제력도 행사하지 않는 가운데 개인 사이에 발생하는 분배는 정당한 것이다.

예를 들어 아르헨티나의 축구 선수 메시는 천문학적인 액수의 연봉을 받는다. 그의 연봉은 화려하고 훌륭한 플레이를 보기 위해 관중들이 지불한 돈에서 지급된 것이다. 노직의 견해에서 볼 때 만약 메시가 그처럼 정당한 방식으로 돈을 벌었다면 그가 벌어들인 소득에 대한 권리는 전적으로 메시에게 있다. 때문에 메시가 자신이 번 돈을 어떻게 쓰는지에 대해 누구도 간섭할 수 없다. 간섭은 그의 권리를 침해한다. 설령 그가 관중들 가운데 어려운 처지에 있는 사람을 돕지 않는다고 하더라도 그것은 부정의한 일이 아니다. 물론 메시가 불쌍한 처지에 있는 사람을 돕기 위해 그의 재산 중 일부를 기부하는 것은 정당한 분배다. 왜냐하면 그것은 그의 자발적 행위에서 비롯된 것이기 때문이다.

노직은 롤스가 재화를 하늘에서 떨어진 만나(manna)처럼 여긴다고 비판한다. 그는 재화가 하늘에서 떨어진 만나가 아니라 개인이 자연에 자신의 능력과 노력을 가함으로써 만든 것이라고 주장한다. 따라서 재화에 대한 소유권리는 그것을 만든V개인에게 있는 것이다. 분배적 정의를 중립적인 것으로 보지 않는 노직은 롤스가 개인의 권리와 자율성을 위반하지 않고서는 차등의 원칙을 정당화 할 수 없다고 본다. 노직에게 있어 정의로운 분배란 각 개인들 간에 자유롭게 이루어지는 재화의 교환이다.

그런데 노직에 따르면 개인이 자신의 재산에 대한 소유권을 정당하게 주장하기 위해서는 세 가지 조건을 모두 만족시켜야 한다. 첫째는 정당한 최초의 취득의 원칙이다. 개인이 자신의 노동을 가해 무언가를 취득하는 과정에서 다른 사람의 상황을 악화시키지 않는 경우에만 그것을 사유재산으로 인정받을 수 있다. 둘째는 정당한 양도의 원칙이다. 누군가로부터 강제나 폭력 없이 정당하게 그가 소유하고 있는 재산을 받았다면 그것을 사유재산으로 인정받을 수 있다. 셋째는 교정의 원칙이다. 만약 누군가 재산을 정당하지 않은 방법으로 최초 취득했거나 이전받았다면 부당하게 발생한 재산 취득과 이전을 바로 잡아야 한다. 이전 상태로 되돌리거나 발생한 손해에 대한 보상이 이루어져야 한다. 그렇지 않으면 사유재산으로 인정받을 수 없다. 물론 노직은 실제로 이런 교정이 현실적으로 많은 어려움을 갖는다는 점을 인정한다. 하지만 이 세 가지 조건은 분명 부당한 불평등을 가려낼 수 있는 기준이 될 수 있다. 그러나 중요한 것은 노직이 사람들 사이의 재산, 능력, 재능의 차이에서 발생하는 불평등을 안타깝게는 여길지라도 부정의한 것으로 바라보지 않는다는 사실일 것이다.

V. 왈저: 정의는 다원적 평등이다.

왈저는 노직과 롤스의 입장에 비판적이다. 그는 노직과 달리 국가가 사회정의를 실현하기 위해 적극적으로 개입해야 한다고 본다. 또한 롤스가 제시한 정의론이 상이한 문화권에 속한 구체적인 사회의 성원들을 고려하지 않은 추상적인 분배원칙이라고 비판한다. 게다가 그가 볼 때 최소수혜자의 최대 이득을 추구하는 롤스의 평등 개념은 결국 불평등을 초래할 수밖에 없는 '단순 평등(simple equality)'에 불과한 것이다. 왜냐하면 그것이 초기에는 공정한 기회균등을 보장하고 최소수혜자가 인간다운 삶을 살아갈 수 있을 정도로 재산을 평등하게 분배한다고 해도 결국 개인들의 자유로운 교환 행위로 인해 얼마 지나지 않아 불평등한 상황을 낳을 수밖에 없기 때문이다. 문제는 그러한 경제적 불평등이 다른 영역의 불평등과 결합하여 사회전반의 불평등을 심화시키는 악순환을 초래한다는

데 있다. 때문에 왈저는 사회의 다양한 분배영역의 자율성을 보장하고 한 영역에서의 불평등이 다른 영역에 영향을 미치지 않도록 하는 '다원적 평등(complex equality)'을 주장한다.

다원적 평등은 다양한 사회적 재화가 각각의 영역에서 자율적이고 독립적인 원리에 따라 분배되어야 한다고 보는 평등의 개념이다. 여기에서 사회적 재화라고 하는 것은 사회적으로 가치를 지니는 재화로서 한 사회의 구성원들이 분배의 대상으로 삼는 재화를 말한다. 동시에 '사회적'이라는 수식어는 그러한 수식어가 붙는 대상이 사회적 전통과 맥락에 따라 분배된다는 것을 의미한다. 즉 다양한 사회적 재화에 대해 적용되는 각각의 고유한 분배원리는 사회적 전통과 맥락에 대한 해석과 이해를 통해 정당화된다. 왈저는"분배적 정의라는 관념은 분배 문제가 발생하는 제한된 세계를 가정한다."고 본다. 여기서 제한된 세계란 자신들만의 고유한 분배 및 교환 유형을 제도화할 수 있는 도시나 국가를 의미한다.

앞서 확인했듯이, 롤스는 원초적 입장에 대한 사유실험을 통해 정의의 두 원칙을 도출하고 사회가 공정하게 분배해야 할 기본적 가치들의 목록으로 권리, 자유, 기회, 소득과 부 그리고 자존감 등을 제시한다. 하지만 왈저는 롤스가 제시한 기본적 재화가 모든 사회에서 공통의 목록이 될 수 없다고 본다. 게다가 그런 기본적 재화의 분배와 관련된 보편적 원칙은 추상적인 나머지 분배의 대상이 될 수 있는 다양한 사회적 재화의 분배에 대해서는 거의 말해주는 바가 없다고 지적한다.

왈저가 볼 때 그와 같은 단순 평등개념은 각각의 다양한 사회적 영역에서 작동해야할 고유한 분배원리를 고려하지 않는다. 그것은 단지 경제적 부라는 지배적 재화의 분배에 대해서만 초점을 맞춘다. 때문에 지배적 재화의 성취에서 실패하거나 뒤로 밀려난 사람들은 다른 사회적 영역에 속한 재화를 획득할 수 있는 능력까지 상실하게 되는 불평등 상태를 피할 수 없다.

따라서 왈저는 분배적 정의의 문제가 경제적 부 뿐만 아니라 안전, 복지, 직장과 직위, 부와 상품, 교육, 의료, 노동, 여가, 권력, 명예 등 다양한 사회적 영역의 대상으로 확대되어야 하며, 그것들은 각각의 영역에서 사회적 의미를 통해 규정된 고유한 분배원리에 따라 다루어져야 한다고 생각한다. 그렇지 않으면 돈이라는 지배적인 사회적 재화가 다른 사회적 재화의 획득 여부를 결정하게 되고 결국 경제적 불평등이 다른 모든 불평등을 초래하는 결과를 가져오게 된다고 주장한다. 이를테면 돈으로 학벌, 권력, 명예 등 사람들이 갖기를 바라는 사회적 재화를 쉽게 얻을 수 있는 세상이 되는 것이다. 우리 사회에서도 부자가 돈을 이용해서 권력을 얻고 그 권력으로 부를 축적하거나 자녀의 교육에서 특혜를 받는 일이 종종 벌어지는 것을 볼 수 있다.

다원적 평등이란 사람들이 갖고 있는 사회적 재화 중 어떤 것도 다른 사회적 재화를 지배할 수 없는 상태의 평등을 의미한다. 이렇게 어떤 재화도 지배적 가치를 갖지 않게 되면 비로소 다양한 사회적 재화들은 독립적으로 고유한 분배의 원리를 확보하게 된다. 때문에 우리가 돈이라는 사회적 재화에 있어 불평등한 상태에 놓인다 해도 다른 사회적 재화를 그 재화에 적용되는 고유한 분배원리에 의해 더 많이 가질 수도 있다.

물론 사람들은 다양한 영역에서 서로의 불평등을 확인하게 될 것이다. 누군가는 어떤 사회적 재화를 다른 사람보다 많이 차지하지만 다른 사회적 재화에서는 그렇지 못할 수도 있다. 그러나 이런 상황은 경제적 부라는 지배적인 사회적 재화로 인해 모든 불평등과 예속을 감수해야 하는 상황보다는 전체적으로는 평등한 상황이 될 것이다.

왈저에게 있어 정의는 모두가 평등하게 사회적 재화를 나누어 갖는 것을 의미하지 않는다. 그가 볼 때 정의란 지배적 재화의 소멸을 통해 지배와 예속을 철폐하는 것이다. 따라서 지배적인 재화가 모든 영역을 지배하고 독점하지 않는 사회가 정의로운 사회다. 예를 들어 그런 사회에서는 누군가가 다른 사람보다 더 많은 경제적 부를 소유했다고 해서 그의 자녀를 좋은 대학에 진학시키거나 좋은 직업을 갖도록 만드는 일이 보다 수월하게 되는 일은 발생하지 않는다. 즉 돈이라는 재화의 분배원리가 다른 사회적 재화의 분배원리를 지배하지 못하게 된다.

왈저가 볼 때 사회적 재화를 분배하는 문제는 적어도 그 문제를 둘러싸고 논쟁을 벌이는 사람들이 속한 공동체의 특수성을 고려하는 방식으로 다루어져야 한다. 그는 재화가 지닌 의미나 가치가 사회적 맥락 또는 공동체에 따라 달라질 수 있다는 것을 설명하기 위해 빵의 예를 든다. 우리는 보통 빵이라는 재화를 배고플 때 먹는 음식정도로 여긴다.

그 정도가 빵이 지닐 수 있는 가치의 전부라고 쉽게 규정할 수 있다. 하지만 왈저에 따르면 빵이라는 재화조차도 그것이 종교적 의미로 사용되면 그 가치를 달리하게 된다. 주일 미사시간에 카톨릭 신자들에게 주어지는 빵은 그들에게 단순히 생존을 위해 먹는 음식을 의미하지 않는다. 그 순간 그들에게 빵은 종교적으로 그리스도의 몸을 의미한다.

이러한 예는 우리로 하여금 어떤 재화가 본래부터 하나의 가치나 의미로 규정될 수 없다는 것을 보여준다. 또한 우리가 재화의 사회적 의미를 고려하지 않고 분배의 원리를 규정하는 일이 무의미하거나 정당하지 않을 수 있다는 것을 함축한다. 왈저의 다원적 평등개념은 롤스의 단순 평등이 지닌 불합리함과 한계를 지적한다고 볼 수 있다.

| 생각해보기 |

우리가 정치철학자라면

1. 현대사회는 다양한 제도를 통해 어려운 처지에 있는 사람들을 돕는다. 우리사회도 청년지원금, 근로장려금, 실업급여, 최저생계비 지원금 등의 사회제도를 통해 재분배 정책을 시행하고 있다. 그런데 어떤 사람들은 재분배의 취지에 동의하면서도 경제적 불평등의 시정을 매우 걱정스럽게 바라본다. 그들은 소득의 불평등이 사회적 배경이나 능력의 차이에 따른 것이 아니라 자발적인 선택의 결과일 경우 그것은 오히려 불공정함을 발생시킬 수 있다고 비판한다. 이러한 비판은 롤스가 제시한 차등의 원칙이 오히려 불공정함을 허용할 수도 있다는 것을 보여준다. 만약 당신이 롤스와 같은 정치철학자라면 이에 대해서 어떻게 답할 수 있을까?

2. 자본주의 사회에서 돈이 사회의 다양한 영역에 영향을 미치고 지배력을 행사하지 못하게 하는 일은 쉽지 않아 보인다. 당신은 자본주의 사회에서 돈이 지배적 재화가 되지 않도록 해야 한다는 왈저의 생각이 실현가능하다고 보는가? 예를 들어 교육의 영역에서 돈이 영향을 미치지 않도록 하기 위해 당신이 제안할 수 있는 것은 무엇이라고 생각하는가?

3. 롤스에 따르면 우리는 합리적 이기심을 지닌 개인으로 규정된다. 개인의 능력이나 재

능은 운에 따른 것이므로 무지의 베일을 쓰고 원초적 입장에서 가장 합리적인 선택을 하게 된다. 달리 말하면 합리적인 개인은 자신이 사회적으로 어려운 처지에 놓이더라도 그 위험이 가장 작은 경우를 선택한다. 이것은 원초적 입장에 놓인 사람들이 롤스가 제시한 차등의 원칙을 받아들일 수밖에 없는 근거로 제시된다. 만약 당신이 무지의 베일을 거부하는 사람들로 하여금 재분배적 평등을 정당한 것으로 여기도록 만들어야 한다면 어떤 근거를 제시할 수 있다고 생각하는가?

---

4. 만약 당신이 노직이 주장하는 최소국가에서 살아간다고 가정해보자. 당신이 살아가는 사회는 어떤 모습일 거라고 생각하는가? 그런 사회에서는 아마도 국가의 간섭 없이 개인들 간의 자발적 합의에 의한 자유로운 거래나 교환이 허용될 것이다. 이런 식의 자유로운 거래나 교환이 이루어지는 사회에서 발생하는 부정의나 한계는 무엇이라고 생각하는가?

p h i l o s o p h y

2
철학과 함께

• 행복철학 •

행복한 삶이란 어떤 것일까?

김요한

I. 행복의 의미

(1) 역사적 관점

1) 고대의 행복론

행복이란 무엇일까? 행복한 삶이란 어떤 것일까? 행복해지기 위해서는 어떻게 살아야 할까? 이런 물음은 고대부터 많은 사람들의 주요 관심사였다. 따라서 행복에 관한 다양한 주장들과 관점들이 존재한다. 서양사상은 고대 그리스 철학에 바탕을 둔 헬레니즘과 기독교의 종교적 전통에 근거한 헤브라이즘이 기초하고 있다. 헬레니즘은 철학, 과학, 예술의 토대를 세웠고 헤브라이즘은 윤리, 도덕, 종교적 신념을 수립했다. 따라서 헬레니즘의 행복론은 개인의 이성과 수양을 중시하는 철학적 입장을 반영하고 있는 반면, 헤브라이즘 행복론은 신과의 관계를 중시하는 종교적 입장을 투영하고 있다.

그리스 철학적 행복론

고대 그리스 철학자들은 이성적 사유와 성찰을 통해서 행복에 이르는 길을 추구했다. 그들은 인간은 스스로 이성적 노력을 통해서 행복한 삶을 성취할 수 있다고 생각했다. "너 자신을 알라"(gnothi seauton)라는 소크라테스(469~399 B.C.)의 말이 알려주듯이, 그는 행복은 자기 성찰을 통해서 획득할 수 있다고 생각했다. 자기 성찰을 통해서 우리는 철학적 지혜(sophia)를 계발하고 이를 통해서 인간 영혼의 진정한 본질을 드러낼 수 있다. 철학적 지혜는 우리가 영원불변한 진리를 파악할 수 있는 이성적 능력이다. 이 능력을 통해서 우리는 인생의 핵심적인 가치들을 인식하고 그것들을 실천하면서 사는 것이 행복한 삶이다.

소크라테스의 제자인 플라톤(427~347 B.C.)은 소크라테스의 생각을 이어받아서 어떻게 진정한 지혜를 추구할 수 있는지를 탐구했다. 그는 "동굴의 비유"에서 주장하듯이, 우리의 감각적 경험은 그림자같이 가변적이고 신뢰할 만한 것이 될 수 없다. 따라서 우리는 이성을 통해서 이런 감각 세계를 초월한 불변의 세계인 이데아의 세계를 지향해야한다. 이는 행복이 감각적 쾌락을 추구하는 것이 아니라 인생의 본질과 의미를 지향하는 행복론을 발전시켰다. 플라톤에 따르면, 진정한 자기를 발견하고 실현하려는 노력과 인생의 심오한 의미를 인식하려는 영혼의 노력이 행복의 출발점이 된다.

플라톤의 제자인 아리스토텔레스(384~322 B.C.)는 행복에 대한 좀더 구체적인 이론을 제시하고 있다. 그는 플라톤과 달리 보편적 진리는 이 세계를 초월한 피안이 아니라 세상의 다양한 현상 속에 내재한다고 생각했다. 따라서 이 진리를 발견하기 위해서는 이성뿐만 아니라 감각도 필요하다. 그러나 감정과 직관은 이성에 의해서 길들여져야 한다. 따라서 진리를 발견하는 길은 경험의 내용을 이성을 통해서 분석하는 것이다. 또한 삶에서 중요한 것은 순간적인 경험들이 아니라 일관성있는 삶의 전체적 흐름이다. 이 때문에 행복은 일시적인 욕망 충족이 아니라 도덕적인 완성을 추구해 나가는 삶의 과정이다. 아리스토텔레스는 이런 삶의 상태를 에우다이모니아(eudaimonia)라고 불렀다. 행복이라고 번역되는 이 에우다이모니아는 번영하는 완전한 삶의 상태로 지속적인 참된 행복을 누리는 상태이다. 이는 욕구 충족을 위한 쾌락적 경험을 추구하는 것이 아니라 자아실현이라는 이상적 목표를 지속적으로 실현해나가는 삶이다.

이 상태는 아리스토텔레스에 따르면 중용(mesotēta)을 통해서 구현할 수 있다. 중용은 양극단적인 행동들 사이에 위치하는 덕(aretē)이다. 예들 들어, 용기는 무모함과 비겁함 사이에 중용으로 존재하는 덕이다. 이런 덕은 누구나 타고 태어나지만 오직 잠재된 그 덕을 발견하고 훈련을 통해서 계발함으로서 행복에 이를 수 있다. 이처럼 아리스토텔레스의 행복론은 덕이론으로 덕의 계발과 함양을 통해서 우리는 가장 행복하고 바람직한 삶을 살 수 있다고 주장한다.

한편 쾌락주의(hedonism, 그리스말로 쾌락은 hēdonē이다) 행복론도 존재한다. 아리스티포스(435~360 B.C.)는 즉각적인 감각의 만족을 중시하고 고통을 최소화하고 쾌락을 최대화하는 것이 행복이라고 주장했다. 이런 생각을 에피쿠로스(342~270 B.C.)가 이어받았다. 그에 따르면, 행복이란 안락한 상태에 평온하게 머무름으로서 얻을 수 있는 것이다. 현대에도 편안함, 절제된 쾌락, 고통이나 걱정으로부터 자유, 좋은 친구들과의 교제가 행복한 삶의 요소로 각광받는다. 이런 생각은 모두 쾌락주의에 기인한다. 이런 쾌락주의 행복론과는 반대로 금욕주의 행복론도 존재한다. 제논(335~263 B.C.)의 스토아 철학에 따르면, 행복은 이성에 의한 감정조절에 의해서만 확보된다. 감정은 눈먼 야생마 같은 것으로서 필연적으로 우리는 불행으로 이끈다. 따라서 마음속의 지속적인 평안으로서 행복을 얻기 위해서는 이성을 통해서 영혼의 평정상태(ataraxia)와 정념에서 해방된 상태(apatheia)를 유지하는 훈련이 필요하다.

기독교적 행복론

헤브라이즘 행복론은 행복을 신과의 관계 속에서 파악한다. 유대교에서는 유일신인 야훼의 뜻에 따라 사는 것이 가장 행복한 삶이고 이를 위해서 많은 율법들을 지켜야할 의무가 있다. 그중의 대표적인 것이 십계명으로 이는 야훼를 유일신으로 믿는 것뿐만 아니라 자기 중심주의와 부도덕한 욕망을 포기하는 것을 포함하고 있다. 이 율법들을 지키면 행복이라는 보상이 주어지고 지키지 못하면 불행해진다. 따라서 진정한 행복은 야훼의 절대적 권위에 순종하면서 자기중심적이고 쾌락을 지향하는 행동을 억제하는 삶속에서만 가능하다. 이처럼 행복은 초월적 존재가 정한 율법이나 규범에 따라 사는 것이라는 이론을 철학에서는 신명론(神命論;divine command theory)이라고 한다. 이런 종교적 행복론은 지난 2500여 년 동안 서양 유럽인들에게 많은 영향을 미쳤다.

유대교에서 파생한 기독교는 야훼를 두려움의 대상이 아니라 인간을 정말 많이 사랑하는 신으로 변화시키면서 종교적 헌신을 중시하고 있다. 진정한 행복은 바로 이런 사랑의 신인 예수의 가르침을 따르는 것이다. 예수의 가르침은 "하나님이 세상을 이처럼 사랑하사 독생자를 주셨으니 이는 저를 믿는 자마다 멸망치 않고 영생을 얻게 하려 하심이니라. 하나님이 그 아들을 세상에 보내신 것은 세상을 심판하려 하심이 아니요 저로 말미암아 세상이 구원을 받게 하려 하심이니라"(요한 복음 3:6-7)와 "네 이웃을 내 몸처럼 사랑하라"라는 정신이다. 기독교인들은 이웃을 사랑하는 삶을 통해서 야훼를 섬김으로서 진정한 행복과 평화와 구원을 얻을 수 있다고 믿는다.

2) 중세의 행복론

이런 기독교 신앙은 서양 중세에 핵심적인 영향을 미쳤다. 중세 기독교에 따르면 진정한 행복은 육체적 쾌락과는 다른 것으로 이 세계에서는 이루어질 수 없고 죽음이후 천국에서나 가능한 것이다. 인간은 육체적 욕망과 영혼의 돌봄이라는 2가지 대립적인 성향을 갖는다. 때문에 영혼이 육체에 머물러 있는 동안에는 이 성향들 간의 충돌이 지속될 것이다. 따라서 인간은 참된 행복을 가질 수 없다. 인생의 본질은 육체적 욕망과 영혼의 돌봄 간의 갈등이라는 생각은 프로이트의 정신분석학의 기초가 된다. 그는 육체적 쾌락을 추구하는 이드(Id)와 종교와 도덕을 반영하는 초자아(Superego)의 내면적 투쟁을 자아(Ego)가 중재하고 있는 역학적 구조로 삶을 설명하고 있다. 이처럼 인생의 본질을 육체적 욕망과 영혼의 돌봄의 투쟁으로 생각하고 있기 때문에 기독교인들은 쾌락 추구와 자기중심적인 욕망을 제거하고 믿음, 소망, 사랑을 실천함으로서 순수한 영혼을 지향해야 한다. 이런 방식으로 내세에서 구원과 영생을 얻게 됨으로서 인간은 진정한 행복을 누리게 된다.

3) 근대의 행복론

15세기경부터 시작된 르네상스는 앞선 기독교의 금욕주의적인 행복론에서 벗어난다. 문예부흥은 인간의 예술적 재능을 중시하게 되고 개인이 갖는 재능과 창의성을 높이 평가하게 되었다. 이로서 많은 예술가들은 다양한 장르에서 개인적인 독특성과 창의성을 표현하게 된다. 이런 방식으로 개인주의(individualism)가 발달하게 된다. 이런 개인주의는 행복을 추구하는 방식에 엄청난 영향을 미치게 된다.

또한 17세기 말 산업혁명이 일어나면서 과학이 발전하게 되고 과학의 토대가 되는 인간의 이성에 대한 신뢰가 높아지게 되었다. 인간은 신의 조명이 없이도 자신의 이성을 통해서 스스로 옳고 그름과 궁극적인 가치들을 판단할 수 있게 되었다. 이런 생각이 계몽주의(enlightment)와 이성주의(rationalism)의 기초가 된다. 한편 진리는 이성을 통해서도 도달하는 것이 아니라 우리의 오감을 통한 경험을 통해서 형성된다는 경험주의(empiricism)가 등장한다. 아울러 우주 전체는 시계와 같은 어떤 물리적인 법칙에 의해서 작동하는 기계이고 그 부분들은 기계적인 인과법칙에 의해서 움직인다는 기계론(mechanism)이 등장한다. 이는 인간은 순수한 영적 존재로 간주하던 이데올로기에서 우주 자연뿐만 아니라 인간의 마음도 기계적인 물리 법칙으로 환원된다는 생각으로 전환된다.

이런 이성주의, 경험주의, 기계론은 인간의 행복에 대한 새로운 시각을 제시해주었다. 벤담(J. Bentham, 1748~1832)과 밀(J.S. Mill, 1806~1873)은 인간의 쾌락 추구와 고통 회피 성향에 근거해서 어떤 사회가 행복한 사회인지를 판단할 수 있다고 생각했다. 따라서 최대 다수 최대 행복이 개인과 사회적 제도의 옳고 그름을 판단하는 도덕적인 기준이다. 이는 행복을 쾌락으로 환원하는 공리주의(Utilitarianism) 철학의 기초가 된다. 이런 공리주의에 근거해서 다수의 행복을 증진하는 것이 인간 사회의 궁극적인 목표이자 중요한 판단 근거가 되었다. 그리고 이 개인의 행복을 과학적으로 측정가능하거나 이해 가능한 것으로 만들려는 시도들이 이루어졌다.

한편 18세기 국가의 정치권력과 개인의 행복이 충돌하는 많은 사회적 사건들이 발생한다. 그 결과 1775년 미국의 독립선언과 1789년 프랑스 시민혁명이 발발하게 된다. 이로써 국가보다는 개인의 자유와 행복의 중요성이 증대되었다. 미국의 독립선언문에 따르면 "모든 인간은 평등하게 창조되었으며 생명, 자유, 행복을 추구하는 권리는 절대로 침해될 수 없는 것으로 창조주로부터 부여받았다"라고 기술되었다. 이와 아울러 자신의 삶에 있어서 국가의 가부장적 개입이 아닌 개인의 자기 결정권이 중시되면서 개인의 행복추구가 개인 권리의 가장 중요한 요소가 되었다. 이런 민주주의(Democracy)와 공리주의가 전통적 가치의 보전보다는 최대 다수 최대 행복을 창출할 수 있는 정부 체계들을 만들게 되었다.

(2) 행복의 두 가지 의미

지금까지 우리는 행복에 대한 다양한 관점들을 역사적으로 고찰해봤다. 그렇다면 행복이란 무엇일까? 이에 대해서 행복론의 역사를 살펴봐도 한마디로 답하기란 쉽지 않다.

그것은 쾌락일까? 번영하는 삶일까? 아니면 다른 어떤 것일까? 그러나 행복에 관한 철학적 논의에서 철학자들이 사용하는 '행복'이라는 용어는 다음 두 가지를 지칭한다.

하나는 '**마음 상태**'이고

다른 하나는 '**잘 사는 삶**'이다.

행복의 첫 번째 의미는 심리학적 문제에 속한다. 쾌락이나 우울함이 심리학의 문제들인 것과 마찬가지로, 이런 의미에서 행복에 대한 탐구는 어떤 정신적인 상태에 대한 연구라고 할 수 있다. 그렇다면 우리가 '행복'이라고 부르는 마음의 상태는 어떤 것일까? 그것들은 삶의 만족, 쾌락 또는 긍정적인 감정 상태 등이 될 것이다. 그런데 그런 정신 상태는 과연 얼마나 가치 있는 것일까? 여기서 행복은 심리적 용어이기 때문에, 행복은 전혀 가치 없는 것이라고도 주장할 수 있다. 왜냐하면 배고픈 소크라테스가 아니라 배부른 돼지처럼 오직 아무것도 모르는 무지한 자들만 행복할 수 있기 때문이다. 이 견해에 따르면 행복한 사람은 선망의 대상이 아니라 동정의 대상이 되어야 할 것이다. 따라서 단순한 쾌락의 상태만을 행복으로 정의하기 어렵다.

행복의 두 번째 의미는 가치문제에 속한다. 이는 철학자들이 잘 살기(eu zen), 웰빙(well-being), 번영(flourishing)이라고 부르는 것이다. 가치로서 행복은 인간에게 유익을 주는 것, 인간에게 좋은 것, 인간을 잘 살게 해주는 것, 인간의 관심사들에 기여하는 것, 그 자체로 인간에게 있어서 욕구하는 것을 의미한다. 따라서 고도로 잘 산다는 것은 일 잘하기, 성공하기, 운이 좋음 등을 포함한다. 그런데 인간에게 좋음은 단순하게 일시적 좋음과는 다르다.

행복을 잘 살기의 의미로 생각하는 것은 가치 판단을 내리는 것이다. 가치판단은 x가 자신에게 어떤 것이 이롭다고 생각하는 것이다. 따라서 만일 x와 y가 다른 가치들을 가지고 있다면, x와 y는 어떤 삶이 행복한가에 대해서 다른 판단을 내리게 될 것이다. 예를 들어 x는 징키스칸이 행복하다고 생각한다. 왜냐하면 x는 잘살기에서 중요한 것은 '내가 원하는 것을 획득하는 것'이기 때문이다. 그러나 y는 아무리 성공한 삶이라 할지라도 악행을 저지르는 것은 잘살기가 아니라고 생각하기 때문에 징기스칸은 행복하다는 점을 부정하게 된다.

잘 살기 행복론은 일반적으로 다음과 같이 3종류로 구분된다.[1] 쾌락주의(hedonism), 욕구 이론(desire theories), 객관적 목록 이론(objective list theories). 쾌락주의는 행복을 쾌락 경험과 동일시하는 반면 욕구 이론은 우리가 가진 욕구의 만족을 행복과 동일시한다. 그것은 단순하게 어떤 경험을 체험하는 것이 아니라 실제적으로 우리가 원하는 것을 소유함을 의미한다. 그러나 어떤 의미에서 쾌락주의와 욕구 이론은 모두 주관주의에 속한다. 왜냐하면 이것들은 모두 행복을 개인의 주관적 상태에 근거 짓기 때문이다. 반면 객관적 목록 이론은 우리의 주관적 태도나 감정들과 독립적으로 존재하는 어떤 것이 우리에게 유익을 제공한다고 생각한다. 아리스토텔레스의 행복론이 이 이론의 대표적 사례에 속한다. 그는 행복(eudaimonia)이 유덕한 활동을 행하는 삶, 즉 인간의 내재적인 능력들의 실현으로 구성된다고 생각했다. 소파에 앉아서 tv만 보는 x도 자신이 원하는 것을 획득할 수도 있고 그것들 즐길 수도 있다. 그러나 아리스토텔레스에 따르면 x는 결코 행복한 사람이 될 수 없다. 왜냐하면 허구 헌날 tv나 유투브를 보는 삶은 잘 사는 삶, 즉 자신의 내재적 능력을 발현하는 것이 아니기 때문이다.

(3) 행복론의 탐구 대상

그렇다면 우리가 행복이 무엇인가라고 물을 때, 그 물음은 '어떤 종류의 삶이 우리에게 유익을 주는가?'를 묻는 것이고 가치문제를 다루고 있는 것이다. 즉 그것은 "무엇이 사람들에게 좋은 것인가?"를 묻고 있는 것이며 윤리학 이론에서 다뤄지는 것이다. 그러나 우리는 행복이라는 어떤 특수한 종류의 마음 상태(즉 심리학적 의미에서 행복)가 갖는 본성에 대해서 알고 싶어할 수도 있다. 이 경우 그것은 윤리적 문제가 아니라 심리적 문제가 된다. 이 물음은 실제로는 '행복의 원천'(sources)에 대한 것이다. 그것은 "행복이란 좋

---

1 Parfit, D., 1984, *Reasons and Persons*, Oxford: Oxford University Press.

은 친구와 밥먹는 거야"라고 답해질 수 있다. 이것은 물론 행복의 본성이나 정의가 아니다. 오히려 우리를 행복하게 만들어주는 방법들에 관한 이론이다. 따라서 행복에 관한 철학이론은 두 가지 대상들, 즉 잘살기(윤리학) 또는 마음 상태(심리학)를 다루고 있다고 말할 수 있다.

이처럼 행복의 본성에 대한 철학적 논의가 2종류로 되어 있기 때문에, 많은 사람들은 종종 그것들을 구별하지 못하고 혼동에 빠지는 경우들이 많다. 예들 들어, 몇몇 심리학자들은 행복을 만족스러운 삶의 태도들과 동일시한다. 그래서 그들은 가치문제들 즉 훌륭한 삶에 대해서 벤담이나 밀이나 아리스토텔레스가 주장한 내용들이 참인지 아닌지에 대해서는 침묵한다. 왜냐하면 심리학자들은 행복이라는 용어를 심리학적 의미로만 사용하고 있기 때문이다. 그런데 성취나 지식과 같은 다른 것들이 인간의 잘 살기에 중요하기 때문에, 삶의 만족은 행복을 충족시킬 수 없다는 주장을 하는 사람들이 있다. 이런 반대는 두 개념들을 혼동하고 있는 것이다. 왜냐하면 심리학자들은 잘살기에 대해서는 아무런 언급도 하지 않기 때문이다. 행복의 두 측면은 우리가 '행복'이라는 용어를 동음이의어적으로 사용하게 만듦으로서 혼란을 가중시키고 있다. 예를 들어서, 'bank'라는 용어는 경제학자들에게는 '은행'을 의미하지만 다른 사람들에게는 '둑'이나 '제방'을 의미한다. 심지어 밀(J.S. Mill)과 같은 철학자도 행복이라는 용어를 잘살기의 의미에서 사용하면서도 잘살기 자체가 종종 쾌락과 같은 정신적 상태로 구성된다고 생각한다. 이는 명백하게 두 개념의 혼동이다.

일상적으로 추상명사로서 '행복'은 대부분 잘살기를 의미한다. 또한 '행복한 삶'(happy life)과 같은 표현에서도 행복은 심리학적 의미가 아니다. 왜냐하면 삶은 일반적으로 심리학적 실체라고 간주되지 않기 때문이다. 그러나 '행복하다'(being happy)는 어떤 사람이 갖는 삶의 속성이라기 보다는 그 사람 자체의 속성으로 간주된다. 따라서 '행복해지다'는 어떤 종류의 심리적 상태 또는 조건으로 간주된다. 이는 어떤 사람이 행복한 삶을 영위한다고 말하는 것과는 차원이 다르다. 현대에는 이런 행복의 심리학적 의미가 대중적인 관심의 중심에 서 있다. 특히 행복 과학(science of happiness)을 다루는 심리학자들은 '개인들이 행복해야 한다'고 주장할 때 가치 판단 같은 것들은 전혀 고려하고 있지 않다. 그래서 그들은 삶의 만족 연구에 따르면 "미국인이 한국인보다 더 행복하다"는 점을 보여준다고 주장할 때, 그들은 단순하게 미국인이 더 부유하다는 과격한 주장을 하곤 한다. 이처럼 최근에 출간되는 수많은 행복에 관한 대중 도서들과 행복 연구에 관한 수많은 매체 설명들은 이런 행복의 심리적 조건에 대해서만 주장하고 있다. 이는 매우 가벼운 주장으로 행복의 오직 한 측면만을 고려하는 입장이고 행복 산업이라고 하는 자본주의 문화의 첨병으로서 불만족스러운 욕구 재생산의 고리가 될 수 있다. 그렇지만 잘살기라는 가치평가는 사람들마다 그 정의가 너무 다르다. 때문에 우리는 행복과 관련해서 심리상태로서 행복 개념에 접근해 보고자 한다.

II. 다양한 행복론들

(1) 주요 후보들

그렇다면 심리적 상태로서 행복을 탐구하기 위해서 우리는 어떤 행복론을 추구해야 할까? 철학자들은 일차적으로 행복에 관한 쾌락주의와 삶의 만족 이론을 구별한다. **쾌락주의자들**은 행복을 유쾌한 경험과 불쾌한 경험의 개인적 균형과 동일시한다. 이들은 행복과 쾌락을 동일시하며 그것이 인간의 일차적 또는 유일한 관심이 되어야 한다는 생각한다. 한편 **삶의 만족 이론**은 행복을 전체로서 우리의 삶에 대한 호의적 태도를 갖는 것과 동일시한다. 이는 우리의 삶을 하나의 전체로 긍정하는 판단을 포함한다. 여기에는 어떤 종류의 감정들도 동반되고 우리 삶속에 있는 특정한 요소들에 대한 판단도 포함될 수 있다.

세 번째 후보는 **정서 상태이론**(emotional state view)이다. 이것은 몇 가지 점에서 쾌락주의와 다르다. 그것은 행복을 유쾌한 경험과 동일시하기보다는 행위자의 전체로서 정서 상태와 동일시한다. 그것은 정서들이나 기분들(moods)의 경험될 수 없는 측면들을 포함하지만 개인의 정서 상태를 직접적으로 포함하지 않는 쾌락은 배제시킨다. 또한 그것은 시간이 지나가면서 변할 수 있는 다양한 기분들을 경험할 수 있는 우리 자신의 경향(propensity)을 포함한다. 정서 상태로서 행복은 우울감이나 불안감(폭넓은 심리적 상태)과 반대된다. 반면 쾌락주의의 행복은 단순이 불쾌감과 반대된다. 예를 들어, 심각한 우울증에 걸린 사람이 유쾌한 삶을 유지하기 위해서 영화를 보면서 잠시 즐거운 상태에 있다고 해보자. 이 상태는 쾌락주의에 따르면 행복이지만 정서 상태 이론에 따르면 행복하다고 할 수 없다. 정서 상태 이론에 따르면 행복에 포함된 정서 상태는 대략 다음과 같은 3가지 상태를 포함한다. '긍정상태'(endorsement)-기쁨과 슬픔, '관여상태'(engagement)-몰입 또는 활력, '조율상태'(attunement)-평온함, 정서적 팽창과 압축, 확신.[2] 따라서 정서 상태 이론에 따르면 행복은 '좋음은 기분'(good mood)이며 '영혼의 긍정' 또는 '영혼의 번영'이라고 할 수 있다.

네 번째 후보는 **혼합이론**(hybrid theories)이다. 이것은 행복에 관한 다양한 직관들을 조화시키려는 시도이다. 이 이론은 행복을 삶의 만족, 쾌락 또는 정서 상태(또는 영역 만족과 같은 다른 상태들을 포함)와 동일시한다. 이런 삶의 만족, 영역 만족, 긍정적/부정적 정서의 혼합물은 **주관적 안녕**(subjective well-being)라고 불린다. 혼합 이론은 행복을 이 주관적 안녕과 동일시한다. 이 혼합 이론의 장점은 이론의 포괄성이다. 주관적 안녕의 모든 구성요소들은 매우 중요한 것처럼 보이며 일상적 의미로 사용되는 '행복'이란 용어에 포함되지 않는 요소는 하나도 없는 것처럼 보인다.

(2) 평가방법

그렇다면 어떤 행복 이론이 좀 더 타당한 것일까? 전통적인 언어개념 분석 방법은 어떤 이론이 일상적인 행복 개념에 보다 더 적합한지를 지침을 제공할 수 있다. 쾌락주의는 우리가 알고 있는 행복 개념에 부적합한 것처럼 보인다. 왜냐하면 쾌락주의를 지지하는 직관들은 오히려 정서 상태 이론을 지지하는 것처럼 보이기 때문이다.[3] 또한 삶의

---

2 Haybron, D.M., 2008, "Happiness, the Self, and Human Flourishing," *Utilitas*, 20(1): 21 - 49.

만족은 우울증과 같은 부정적 정서 상태와 양립할 수 있는 것처럼 보인다. 예를 들어 암에 걸린 예술가는 자신의 고통(정서 상태)을 별로 중요시 여기지 않고 자신의 삶을 전적으로 긍정할 수 있다. 그러나 전혀 쾌락을 경험할 수 없는 그런 사람을 행복하다고 선뜻 말할 수 없다.[4] 그러나 전혀 쾌락을 경험할 수 없는 그런 사람을 행복하다고 선뜻 말할 수 없다.

이처럼 많은 사람들은 행복이라는 말을 삶의 만족 상태를 의미하는데 사용한다. 따라서 삶의 만족 이론은 일상적인 행복의 용례에 적합한 것처럼 보인다. 그러나 문제는 행복이란 개념은 '의식'(consciousness)이란 개념처럼 '잡종개념'(mongrel concept)처럼 보인다는 점이다.[5]그것은 어쩌면 잡동사니 개념일 수 있다. 왜냐하면 우리는 행복이라는 개념을 다양한 상황에서 다양한 것들을 지칭하는데 사용하고 있으며 종종 우리가 언급하고 있는 것이 도대체 무엇인가에 대한 명확한 생각을 결여한 채 사용할 수도 있기 때문이다. 따라서 행복에 대한 설명들은 '기술적 적합성'에 따라 다소 교정될 필요가 있다.[6]

그 한 가지 방법은 실용적 유용성이 될 수 있다. 어떤 행복 개념이 가장 효율적인 것이 될 수 있을까? 우리는 행복이 소중하다고 생각하기 때문에 그것에 대해서 논의한다. 그렇다면 왜 우리는 행복을 그렇게 소중한 것으로 생각하고 어떤 심리적 상태가 이 행복 개념에 관심을 갖도록 만드는 것일까? 우리는 무엇이 행복인지에 대해서 간단하게 답변할 수 없을 것이다. 그러나 행복에 대한 우리의 관심은 어떤 특정한 심리적 상태와 강력하게 연관되어 있다는 점은 분명하다. 따라서 행복은 그런 종류의 심리적 상태를 통해서 가장 효과적으로 접근될 수 있을 것이다.[7]

---

3 Haybron, D.M., 2001, "Happiness and Pleasure," *Philosophy and Phenomenological Research*, 62(3): 501-528.

4 Carson, T. L., 1981, "Happiness and Contentment: A Reply to Benditt," *The Personalist*, 59: 101-7.

5 Block, N., 1995, "On a Confusion About A Function of Consciousness," *Behavioral and Brain Sciences*, 18: 227-247.

6 Sumner, L. W., 1996, Welfare, *Happiness, and Ethics*, New York: Oxford University Press.

7 Haybron, D.M., 2003, "What Do We Want from a Theory of Happiness?" *Metaphilosophy*, 34(3): 305-329.

(3) 삶의 만족이론

그렇다면 행복론에 관한 논쟁은 주로 삶의 만족 이론과 감정이론(쾌락주의와 정서 상태 이론)간의 선택과 관련된다. 삶의 만족 이론 지지자들은 그들의 이론이 두 가지 이점을 가지고 있다고 생각한다. 첫째, 삶의 만족 이론은 전체적(holistic)인 것이기 때문에 단순하게 어떤 특정한 시점에 국한되지 않고 우리 삶 전체 또는 총량을 다룬다는 점이다. 그것은 우리 삶을 구성하는 순간순간들의 집합뿐만 아니라 전체로서 접합된 우리 삶의 전체적 품질을 반영한다.[8] 우리는 단지 삶에서 발생하는 좋음의 총량에 대해서만 관심을 가질 뿐만 아니라 좋음의 분포에 대해서도 관심을 갖는다. 예를 들어 행복한 말년이 행복한 중년보다 더 중요하다.[9]

두 번째, 삶의 만족 이론은 정서보다 우선사항들(priorities)에 더 밀접하게 연결되어 있다. 이는 암에 걸려 고통받는 예술가의 사례에서 잘 드러난다. 그는 정서적으로는 힘들지만 위대한 불후의 명작을 남기겠다는 예술 작업을 수행하고 있다. 정서도 중요하지만, 대부분의 사람들은 그것보다 더 중요한 다른 것들이 존재한다고 생각한다. 따라서 자신의 삶을 그런 우선사항들과 연결시켜 살아가는 것은 그들의 정서 상태와 완벽하게 일치하지 않는다. 내 정서는 우울하지만 난 그것을 극복하고 다른 가치들을 추구할 수 있다고 생각한다. 그렇다면 삶의 만족 이론은 개인의 주권(sovereign) 개념에 더 적합하다고 할 수 있다. 내가 나의 삶을 어떻게 잘 살게 할지를 결정하는 것은 '나 자신'이지 '나의 정서'가 될 수 없기 때문이다. 내 삶의 만족이 그런 결정을 구체화시킨다. 물론 행복론이 잘 살기에 중요한 모든 것을 다 포착할 필요는 없다. 그러나 삶의 만족 이론의 핵심은 왜 우리가 그렇게 행복에 대해서 관심을 가져야하는지를 설명해줄 수 있다는 점이다.

그러나 여전히 삶의 만족 이론에 대해서 몇 가지 반론들이 제시된다. 첫째, 일반적인 반론은 굉장히 불쾌하고 감정적으로 우울증에 시달리고 있는 사람이 자신의 삶에 대해

---

8 Raibley, J., 2010, "Well-being and the priority of values," *Social Theory and Practice*, 36(4): 593(28).

9 Slote, M., 1982, "Goods and Lives," *Pacific Philosophical Quarterly*, 63: 311-26.

서 정말로 만족할 수 있는가라는 문제이다. 그리고 우리는 그런 사람이 과연 행복하다고 말할 수 있을까? 두 번째 반론은 삶의 만족이론이 진정한 중요성을 포착할 수 있는가이다. 이 물음은 일반적으로 많은 사람들이 삶의 만족 또는 불만족에 대한 매우 근거가 불충분한 태도들을 갖고 있다는 점을 보여준다. 우리의 삶을 전체로 평가하는 것은 매우 복잡한 작업의 수행이다. 그렇다면 전문적인 훈련을 받지 않은 보통 사람들이 진정으로 자신들의 삶에 대해서 매우 잘 정의된 태도들을 가지고 있을 수 있을까? 그 태도들이 삶의 우선순위들과 관련해서 얼마나 잘 측정되고 있는지를 정확하게 반영하고 있을까? 일반 사람들은 머리에 쉽게 떠오르는 단순한 정보들에 의존해서 즉석에서 자신의 삶에 대해서 판단을 내리는 경우들이 허다하다.[10] 이런 행위가 과연 실제적으로 삶의 만족 판단의 중요성을 붕괴시키는가에 대해서 여전히 논쟁의 여지가 존재한다. 그러나 여전히 삶의 만족 태도들이 일반적으로 행복이라고 기술할 수 있는 중요성을 일반인들이 갖기 위해서 정말로 충분한 근거를 갖는가라는 물음은 미해결 상태로 남게 된다.

세 번째 반론은 다소 복잡하다. 삶의 만족에 대한 태도들이 갖는 광범위한 영역은 삶의 만족이 갖는 중요성에 의문점을 제기한다. 또한 사람들이 관심을 가지는 것에 비례해서 얼마나 그런 만족이 잘 진행되고 있는 지에 대해서 개인의 인식과 일치될 수 없다는 점이다. 우리는 원하는 것을 얻지 못할 때도, 만족할 수 있고 또한 원하는 것을 획득해도, 불만족할 수 있다. 첫 번째 이유는 사람들은 수많은 비교 불가능한 가치들을 가지고 있지만 그것들을 늘려나가는 방법들은 개방되어 있기 때문이다. 우리 삶에서 일어난 여러 가지 홍망성쇠를 살펴보면 우리의 삶을 단순하게 40점이나 70점으로 평가하는 것이 얼마나 자의적인 것인지를 확인할 수 있다. 두 번째 이유는 삶의 만족 태도들은 단순히 주관적인 성공 또는 개인적인 안녕의 단순한 평가가 아니기 때문이다. 그것들은 우리의 삶이 '충분하게 좋은' 것인가(good enough, 만족스러운 것인가)에 대한 평가이다. 그러나 사람들의 가치들은 어디에 그들이 '충분하게 좋은' 삶에 대한 기준을 세워야 하는가와 관련

10 Schwarz, N. and F. Strack, 1999, "Reports of Subjective Well-Being: Judgmental Processes and Their Methodological Implications," *Well-Being: The Foundations of Hedonic Psychology*, D. Kahneman, E. Diener and N. Schwarz (eds.), New York: Russell Sage Foundation Press: 61-84.

해서 근본적으로 불충분한 결정을 내릴 수밖에 없다. 이는 다시 그런 결정을 다소 자의적인 것으로 만든다. 어떤 가치가 주어지느냐에 따라서 우리는 2개에 만족할 수도 있고, 아니면 만족하기 위해서 9개를 요구할 수도 있다. 사람들이 자신들의 삶이 얼마나 훌륭하게 자신들이 관심을 갖는 대상에 연결되는지를 살펴보는 것은 중요하다. 그러나 자신들의 삶이 충분히 훌륭하게 진행되어서 그 삶들을 만족할만한 것이라고 판단하는 일은 그렇게 중요하지 않다.

만일 삶의 만족이 주관적인 성공과 관련해서 실질적으로 자의적인 것이라면, 사람들은 그런 태도들을 다른 요소들(예, 윤리적 이상(현실에 안주하지 않음) 또는 실용적인 관심(편안하게 지내기))에 근거 지을 수 있다. 또한 관점의 변화는 삶의 만족 태도들을 변경시킬 수 있다. 예들 들어 장례식을 마치고서도 우리는 자신의 삶에 만족할 수 있는 반면 클럽 파티는 우리를 불만족스럽게 만들 수 있다. 결과적으로 삶의 만족 태도들은 심지어 개인적인 관점에서도 행복에 대한 불충분한 지표가 될 수밖에 없다. 부탄에 사는 사람들이 최고 수준의 삶의 만족을 보여준다는 사실은 그들이 극단적으로 낮은 기준을 세우고 있다는 사실밖에 보여주지 않는다. 왜냐하면 그들은 단순히 고통의 부재에 만족할 수 있기 때문이다. 반면 미국 시민들은 자신들의 삶에 불만족할 수 있다. 왜냐하면 단순히 그들은 너무 높은 기준을 갖고 있기 때문이다. 자신들이 관심을 갖는 것과 관련해서 불만족스러운 국가에 사는 사람들은 만족스러운 국가에 사는 사람들보다 훨씬 더 잘 살고 있을 수 있다. 예를 들어, 어떤 암 환자는 검진전 자신보다 더 만족하게 된다. 왜냐하면 그는 지금 자신의 삶을 다른 관점(예, 종교적 관점)에서 바라보고 있으며 다른 덕들(겸손이나 현상태에 안주하지 않음보다 용기나 감사)을 강조하고 있기 때문이다. 그러나 그는 자신이 전혀 풍성하지 않다고 생각할 필요는 없다. 단지 그는 자신의 삶을 다르게 바라보고 있는 것이다. 한편 그는 심지어 자신의 삶에 만족함에도 불구하고 자신이 잘못 행하고 있다고 생각할 수도 있다.

따라서 결과적으로 삶의 만족은 행복이 갖추고 있다고 간주된 요소를 전혀 갖추지 못할 수 있다. 이는 삶의 만족과 행복을 동일시하는 주장에 문제를 제기한다. 왜냐하면 대부분의 사람은 행복을 잘 살기의 대용물로 사용하는 것처럼 보이기 때문이다. 따라서 어떤 사람이 행복하다고 하다면, 우리는 그가 잘 행하고 있다고 생각한다. 그러나 어떤 사람이 불행하다고 말한다면 우리는 그가 형편없이 행하고 있다고 생각한다. 물론 그런 추론은 변경될 수 있다. 그러나 비록 행복한 철수의 부인과 친구들이 은밀하게 철수를 미워하고 있다는 점을 우리가 알게 되었다하더라도, 우리는 그가 결국은 행복하지 않다고 결정할 필요가 없다. 단순히 그가 잘 행하고 있다는 결론을 철회하기만 하면 된다. 행복이 대부분의 경우에서 충분히 훌륭하게 잘살기를 따라가고 있다면, 이런 종류의 실행은 완벽하게 존경할 만한 것이다. 그러나 만일 우리가 행복을 삶의 만족과 동일시한다면, 문제가 발생한다. 왜냐하면 철수는 오직 인생에서 좋은 것들에 대해서 감사하는 것에 가치를 부여할 때만 만족하기 때문이다. 이런 종류의 사례는 단순히 이론적인 가능성이 될 수 없다. 아마도 미국과 다른 선진 국가들에서 제시된 스스로 보고하는 삶의 만족도의 매우 높은 비율들은 실질적으로 감사의 규범의 폭넓은 수용과 긍정적인 것들 또는 자신의 삶을 지지하지 않는 것은 자존감의 결여와 동일하다는 의미를 강조하는 일반적인 경향을 반영하고 있기 때문일 것이다. 대부분의 사람들은, 심지어 엄청난 고난을 감내하고 있는 사람들조차도, 자신들의 삶에 대한 만족할 만한 근거들을 쉽게 찾을 수 있다. 왜냐하면 누군가 자신의 삶을 긍정할 수 없게 된다면, 그 삶은 매우 견디기 힘는 것이 될 수 있기 때문이다.

(4) 쾌락주의

두 번째 논쟁거리는 두 가지 정서 이론들, 즉 쾌락주의와 정서 상태이론 사이의 차이점에 관한 것이다. 쾌락주의의 매력은 명확하다. 우리가 경험하는 쾌락은 중요한 의미를 갖는다. 따라서 많은 사람들은 쾌락만이 유일하게 중요한 것이라고 생각한다. 그러나 쾌락주의와 분명히 유사하지만 행복으로부터 많은 쾌락들을 배제하는 정서 상태 이론을 많은 사람들이 지지하는 이유는 무엇일까? 우리가 쾌락보다는 정서 상태에 초점을 맞추면서 얻게 되는 이점은 무엇이 있을까?

매우 직관적인 논증은 다음과 같다. 심리적으로 피상적인 쾌락들은 우리가 얼마나 행복한가라는 점에서 차이를 만든다. 아주 강한 쾌락과 아주 약한 쾌락사이에 차이가 존재한다. 예, 과자를 먹는 즐거움에서 오는 약한 쾌락이나 전혀 감동을 주지 않는 그래서 의미 없는 성행위를 통해서도 발생할 수 있는 오르가즘과 같은 강력한 쾌락. 이런 쾌락의 직관적 차이는 몇몇 고대 철학자들이 주장하고 있는 차이와 유사하다. 예를 들어, 에픽테토스(Epictetos)의 『서설』(*discourse*)에서 그는 다음과 같이 주장한다.

> "나는 두통이 있다. 아프다고 말하지 말라! 내는 귀가 아프다. 아프다고 말하지 말라! 나는 신음 소리를 내는 것이 허용될 수 없다는 점을 말하는 것이 아니라, 오직 당신의 존재의 중심에서 신음하지 말라고 말하는 것이다."

스토아학파는 우리가 즐겁지 않은 감정들을 결코 느끼지 말라고 주장하는 것이 아니다. 그것은 불가능한 일이 될 것이다. 오히려 그런 것들이 우리 안에 침투하지 말도록, 즉 우리의 정서적 상태에 영향을 미치지 못하도록 할 것을 권고한다.

왜 우리는 행복을 정의하면서 그런 차이에 주목해야만 할까? 대부분의 사람들에게 정서 상태 이론에서 행복과 쾌락주의에서 행복 사이에서 쾌락의 차이는 거의 없을 것이다. 그러나 이런 차이로부터 무엇을 얻을 수 있을까? 한 가지 가능성은 우리의 정서적 상태들을 포함하는 좀더 '핵심적인' 감정들은 자아와 특별한 관계를 맺을 수 있다는 점이다. 반면 좀더 '주변적인' 감정들은, (예, 과자를 먹는 즐거움) 우리의 심리작용의 하위 인격적 측면들에 속한다. 잘살기가 일반적으로 자기충족이란 개념과 관련되기 때문에, 이 구분은 이런 상태들의 중요성에 의미 있는 차이를 만들어준다.

단순한 즐거운 경험보다는 정서적 상태를 더 강조하는 두 번째 이유는 정서 상태의 심리적 깊이가 더 깊기 때문이다. 우리의 정신적 삶과 생리학과 행동에 미치는 그것의 충격은 더 깊고 더 침투력이 강하다. 이는 행복의 중요성과 그것의 바람직함을 강화시킨다. 이 견해에 따르면 행복은 단순한 쾌락일뿐만 아니라 쾌락과 사뭇 다른 좋은 결과들의 주요 원천이 된다.[11] 건강이 그 사례가 될 수 있다. 많은 사람들은 건강이 쾌락과 연관되어 있기 때문에 중요한 것으로 생각한다. 정서 상태 이론은 행복이 개인의 심리적 성향 또는 경향성(disposition)에 관련되어 있다는 생각을 포착한다. 행복해지는 것은, 정서 상태 이론에 따르면 단순히 어떤 경험의 결과에 종속되는 것이 아니라, 우리가 자신의 삶의 조건들의 행해서 호의적인 성향을 표명하는 것이다. 그것은 자신의 삶에 대한 일종의 정신적 긍정이다. 이것은 한편 삶의 만족 이론과 유사성을 갖는다. 쾌락주의와는 달리 두 이론은 행복이 실질적으로는 자신의 삶에 대한 호의적인 지향을 포함하는 경향성으로 바라본다. 그러나 둘의 차이는 삶의 만족이론은 좀더 반성적/ 이성적 측면을 강조하는 반면 정서적 상태 이론은 좀더 우리의 정서적 본성을 강조한다고 말할 수 있다.

III. 행복과학: 행복은 과연 측정될 수 있을까?

행복에 관한 경험적 연구가 증가하면서, 행복이 얼마만큼 정확하게 측정될 수 있을까라는 문제가 핵심적 과제로 등장하게 되었다. 사람들이 얼마만큼 행복한가를 측정할 수 있다는 점은 원리상으로는 문제가 없어 보인다. 그러나 오늘날 어떤 연구자들도 행복지수계(hedonimeter)를 신뢰하지는 않는다. 왜냐하면 행복은 정확하게 수량화될 수도 없고 합계를 도출할 수도 없는 다차원적인 것이기 때문이다. 그럼에도 다양한 차원에서 대략적인 행복의 측량값을 얻는 것은 가능하다. 예, 우울증도 정확한 수치로 환산될 수 있는 수량화가 불가능하지만, 부정확한 우울증 수치라도 존재할 수 있다면 그것은 유용하게 사용될 수 있을 것이다. 행복의 경우에도 사람들이 얼마나 흥분하고, 즐겁고, 만족한 상태에 놓여 있는가에 대한 정보에 대한 측정값이 제공될 수 있기 때문에, 그 측정값들은 우리에게 사람들의 행복에 대해서 무엇인가를 말해줄 수 있다. 친구들의 보고서, 웃음빈도, 생리학적 측정값들, 건강도, 장수 등등의 수많은 직관적으로 행복과 관련성있는 변수들을 종합해서 우리는 지금 x가 얼마나 행복한지를 평가할 수 있다.

---

11 Fredrickson, B. L., 2004, "The Broaden-and-Build Theory of Positive Emotions," *Philosophical Transactions of the Royal Society B: Biological Sciences*, 359(1449): 1367-1377.

여기서 중요한 점은 대부분의 과학적 연구가 오직 수많은 개인들에 내재하는 '유형'(pattern)만을 발견할 수 있다는 점이다. 예를 들어, 그것은 과부들이 신혼부부보다 덜 행복한 경향이 있다는 점의 발견이다. 물론 이점은 개인들의 행복을 평가함에 있어서 신뢰도가 떨어진다. 부정확한 온도계는 실제 온도에 대해서 불충분한 지침이 된다. 그럼에도 수많은 불량 온도계들의 측정값을 읽다보면 우리는 실제 온도와 연관성을 찾을 수 있다. 그리고 적어도 "전주가 평양보다는 더 따뜻하다"는 점 정도는 발견할 수 있다. 이 주장은 매우 중요하다. 즉 행복의 측정은 행복한 사람들은 어떠한가와 적합하게 관련될 수 있다. 즉 어떤 부류의 사람들이 더 행복해지는 경향을 갖는지를 말해줄 수 있다. 그러나 그것은 행복의 절대적인 수준에 대해서는 주장하지는 않는다. 예를 들어, 행복에 대한 자기보고(self-reports)는 취업준비생들이 취업자들보다 상당히 덜 행복하다는 점을 정확하게 우리에게 보여줄 수 있다. 그러나 그런 보고들은 모두 잘못될 수 있다. 왜냐하면 모두가 실제로는 불행하지만 행복하다고 주장할 수 있고 그 역도 성립할 수 있기 때문이다. 이와 유사하게 불량 온도계도 어쩌다 한번 전주가 평양보다 더 따뜻하다는 사실을 보여줄 수 있다.

이런 반성들을 통해서 우리는 두 가지 사실을 발견할 수 있다. 첫 번째, 행복에 대한 자기 보고적 측정들은 상대적인 행복에 대한 신뢰할만한 지침이 될 수 있다는 점이다. 그러나 그것은 절대적 의미에서 x가 얼마나 행복한지에 대해서는 주장하는 바가 없다. 즉 우리는 x와 y중에 누가 더 행복한지를 알 수 있지만, x가 정말로 행복한지 아닌지를 알 수 없다. 둘째, 심지어 상대적 행복의 비교들도 부정확할 수 있다. 왜냐하면 비교집단들이 다양한 방식으로 자신들의 보고서를 조직적으로 편향되게 만들 수 있기 때문이다. 이런 걱정은 특별히 행복에 대한 교차 문화적 비교에서 두드러진다. 왜냐하면 행복에 대한 다양한 규범들이 자기보고들의 비교가능성을 저해하기 때문이다. 예, 프랑스 사람들은 미국인들보다 덜 행복하다고 보고할 수 있다. 그러나 그 이유가 자신들의 삶이 덜 만족스럽거나 덜 유쾌하기 때문이 아니라 그들은 물질에 대해서 긍정적인 생각을 하지 않는 경향을 갖기 때문이라고 해보자. 이런 이유 때문에, 문화적 편견에 덜 영향을 받는 생리학적 측정방법들이나 탐침 질문들을 포함하는 도구들을 사용하는 것이 유용할 수 있다.

지금까지의 논의는 사람들이 얼마나 행복한지에 대해서 잘못된 판단을 내릴 수 있다는 점을 가정하고 있다. 어떤 사람들은 자기보고서적인 행복은 원리상으로도 잘못될 수 없다고 주장한다. 왜냐하면 x가 행복하다고 x가 생각한다면, 그것은 공통 감각이기 때문에, x는 행복한 것은 당연하기 때문이다. 그러나 이런 주장은 행복에 관한 쾌락주의 이론이나 정서 상태 이론에서는 타당하지 않다. 왜냐하면 이 이론들은 행복에 대한 판단이 단순하게 x가 지금 어떻게 느끼고 있는가를 포함할 뿐만 아니라 과거 상태들 역시 포함해서 이루어지기 때문이다. 물론 그런 감정들의 기억이 거짓된 것이 될 수도 있다. 게다가 x가 현재 어떻게 느끼는가에 대한 판단들조차 특별히 불안감과 같은 기분에 의해서 종종 잘못될 수가 있다.

따라서 행복에 대한 진실한 자기 보고서들이 오류가 없다는 생각은 행복에 대한 특수한 개념에서만 올바른 것이 될 수 있을 것이다. 그것은 행복에 대한 삶의 만족 이론에 속한다. 이 이론에 따르면 사람들은 전체로서 자신들의 삶에 만족하고 있다는 점을 명백하게 판단할 수 있는 경향성을 갖는 한도 내에서만 자신들의 삶이 만족스러운 것이라고 간주할 수 있게 된다. 행복에 대한 자기보고서들은 사실상 삶의 만족에 대한 판단들에 전체적으로 근거지어 있는 것처럼 보인다. 왜냐하면 사람들은 행복에 대한 물음을 삶의 만족에 대한 물음들로 간주하기 때문이다. 이런 가정들이 유효하다면, 우리는 행복에 대한 자기보고서들이 오류 가능성을 갖지 않는다고 결론을 도출할 수 있다. 그러나 여기서 한 가지 물음, 즉 행복이 정말로 중요한 것인가라는 물음이 제기될 수 있다. 그리고 응답자들이 필연적으로 행복 물음을 삶의 만족 문제로 해석할 것 같지 않다. 어쨌든, 심지어 삶의 만족 이론가들도 이런 변형적인 설명에 망설이게 될 것이다. 왜냐하면 삶의 만족은 때때로 단순히 삶의 만족에 대한 명백하게 보편적인 판단을 포함할 뿐만 아니라 우리가 돌보는 특수한 것들 또는 영역들에 대한 반응들도 포함하기 때문이다. 그렇다면 우리는 자신들의 삶에서 수많은 중요한 것들을 증오하는 사람들을 만족스러운 사람이라고 간주하길 주저할 것이다. 비록 그들이 전체로서 자신의 삶에 대해서 만족스럽다고 주장한다고 할지라도 말이다.

마찬가지로 단순하게 사람들에게 얼마나 그들이 행복한지에 대해서 명백하게 보고하라고 요구함으로써 행복을 측정하는 일반적인 방법은 사람들로 하여금 자신들에 관련해서 행복이 무엇인지를 결정하라고 허용하는 것과 동일한 근거를 갖는다. 이런 추론은 다시 행복에 대한 자기 보고서는 행복에 대한 자기만족 이론을 사용하고 있다는 점을 가정하고 있는 것처럼 보인다. 이 이론은 x가 만족하는가 아닌가(행복한가 아닌가)라는 문제는 x가 관심을 갖고 있는 것에 달려 있다는 생각이다. 이는 문자적으로 응답자에게 '행복'이라는 말이 쾌락적인 상태인지, 정서 상태인지, 삶의 만족이진 아니면 다른 어떤 것을 지칭하는지를 스스로 결정하라고 맡기는 것이 될 것이다. 따라서 '나는 행복해'라고 말하는 한 응답자는 '나의 경험은 일반적으로 유쾌하다'는 것을 의미할 수 있고, 다른 응답자는 '나는 전체로서 나의 삶에 만족하고 있어'라는 것을 의미할 수도 있다. 이런 종류의 모호한 물음들을 전지는 것이 유용한 방법인가라는 점은 분명하지 않다. 왜냐하면 다양한 응답자들이 사실상 다양한 물음들에 대한 답변을 하고 게 될 것이기 때문이다.

따라서 자기 보고를 통해서 행복을 측정하려면 '행복'과는 다른 용어를 사용하는 것이 현명할 것이다. 다시 말하면 연구자들은 무엇을 측정하고 싶은지를 미리 결정해야만 한다(즉 삶의 만족, 쾌락적인 상태, 정서적 상태, 다른 어떤 것). 그런 다음 그들은 그런 상태들을 직접적으로 언급하고 있는 물음들을 던져야 한다. 특별히 이런 전략은 교차문화적인 작업을 할 때 더 필요하다.

| 생각해보기 |

우리가 행복철학자라면

1. 지금까지 우리가 살펴본 행복론은 일반적으로 인간의 심리상태에 기초하고 있다. 따라서 인간의 욕구, 필요, 이해에 대한 자연적 사실에 바탕을 둔다. 그렇다면 이런 경험적 사실들을 기초로 "우리가 모두 행복하게 살아야만 한다"는 도덕적 주장을 어떻게 요구할 수 있을까? 행복은 기본적으로 우리 각자의 이기적인 욕구의 만족에 불과하다. 그런 이기적 욕구의 만족을 위한 수단으로서 도덕적 추론을 과연 도덕적이라고 말할 수 있을까? 도덕적이라는 용어를 사용하려면 행위자 x의 행복 여부와는 관계없이 보편적이거나 일반적인 기준이 필요하지 않을까? 행위자 x의 행복과 관련된 자연적 사실에서 어떻게 보편적 도덕적 당위 주장을 도출할 수 있을까?

2. 행복은 현재 경제경영, 심리, 의학, 뇌과학 분야에서 가장 주목받는(hot) 주제가 되었다. 이들은 행복지수를 산출하고, 우리 뇌가 언제 행복을 느끼는지를 측정하며, 어떻게 하면 행복해질 수 있는지 끊임없이 노출시킨다. 그런데 왜 '지금' 갑자기 행복에 대한 논의가 봇물처럼 쏟아지는 걸까? 이것이 의미하는 것은 무엇일까? 이들은 행복이라는 미명하게 사회구조의 문제를 개인의 문제로 환원시키는 것을 아닐까? 또한 우리의 행복을 증진시킨다는 미명하게 일상적으로 벌어지고 있는 비윤리적인 문제들은 없는걸까? 행복과 웰빙이라는 이 시대의 새로운 '종교'가 어떻게 경영, 금융, 마케팅, 스마트기술 등 우리 일상의 모든 영역에 영향을 미치고 있는 걸까? 가장 사적인 감정의 상업화 등을 통해 공기처럼 우리를 휘감고 있는 '행복'에의 강요에 대해서 당신은 어떻게 생각하는가?

3
동양의 지혜

p h i l o s o p h y

유가철학 유학의 이상과 현실

도가철학 무위자연, 세상을 한 번 거꾸로 보자

불가철학 참된 자아란 무엇인가?

p h i l o s o p h y

3
동양의 지혜

• 유가철학 •

유학의 이상과 현실

진성수

I. 유교의 창시자, 공자

(1) 하·은·주와 춘추전국시대

중국의 노예제 사회는 하(夏), 은(殷: 商), 서주(西周)까지의 시기(B.C.21세기~B.C.771년)이다. 하왕조는 우왕(禹王)~걸왕(桀王)에 이르는 약 500년을 통치한 왕조로서 노예제 사회를 확립한 시기였다. 하왕조가 망하고 은왕조가 들어서자 노예제 사회는 비약적으로 발전했다. 은왕조는 약 600년 간 유지되었다. B.C.11세기 은왕조는 주왕조에 의해 멸망하게 되고, 주왕조는 약 250년 간 지속되었다. 특히 주왕조 시대에는 각종 사회제도가 정비되고 노예제 사회가 최고로 발달한 시기였다.

춘추전국시대는 노예사회에서 봉건사회로 전화되는 시기(B.C.770년~B.C.221년)이다. 주나라가 망하고 도읍을 낙양(洛陽)으로 옮겨 동주(東周)를 세우는데, 동주는 다시 전반기인 춘추(春秋)와 후반기인 전국(戰國)이라는 두 시기로 구분된다. 당시는 철기로 무장한 군대가 수많은 침략전쟁을 일으켜 백성들이 매우 고달픈 시기였다. 특히 춘추시대에서 전국시대까지는 노예사회에서 봉건사회로 변화하는 대전환기였다.

춘추시대는 대략 140여 국가가 서로 경쟁을 벌여 전쟁이 끊이지 않았다. 전국시대는 춘추시대에 비해 국가 간의 경쟁이 더욱 치열해 졌다. 그 결과 진(秦)·초(楚)·연(燕)·제(齊)·조(趙)·위(魏)·한(韓) 등 7개국[전국칠웅(戰國七雄)]을 중심으로 세력이 재편되고, 결국 진(秦)나라에 의해 통일되는 과정을 밟는다. 당시의 혼란한 국제정세로 인해 백성들의 삶은 고통의 연속이었다. 또한 음모와 하극상, 배신과 야합이 그치지 않는 상황에서 위기의식을 느낀 군주들은 정치이론에 통달한 학자를 초빙하여 국가경영에 관한 고견(高見)을 듣고자 했다. 당대의 지식인들은 새로운 학설을 제시하여 해결책을 제시했다. 이때문에 당시 조정(朝廷)은 일종의 사교장이 되었다. 맹자도 그 중 한 사람이었다. 제자백가(諸子百家: 여러 학자와 학파)는 이런 상황에서 등장한 학자들의 총칭이며, 이들의 다양한 학설을 백가쟁명(百家爭鳴: 많은 학파가 활발하게 논쟁함)이라고 말한다. 예를 들면, 공자·맹자를 대표로 하는 유가(儒家), 노자·장자를 대표로 하는 도가(道家), 한비자를 대표로 하는 법가(法家), 묵자를 대표로 하는 묵가(墨家) 등이다. 이러한 사상은 중국 고대사상의 원류가 되었다.

(2) 유학과 유교문화

유학(儒學)이란, 공자(孔子)와 그 제자들의 학설이 담긴 경전(經典)과 이에 근거한 후대 학자들의 학문체계 모두를 가리키는 개념이다. 일반적으로는 공자의 주장에 따르는 후학들의 이론체계를 의미하며, 유교(儒敎) · 유도(儒道) · 유술(儒術) 등과 같은 용어로 사용된다. 역사적으로는 춘추전국시대의 공 · 맹(孔孟) 유학으로부터 송 · 명(宋明) 시대의 성리학(性理學)과 양명학(陽明學), 청대 고증학(考證學)까지 모두 유학의 발전과정으로 볼 수 있다. 한국에서는 유학을 연구하는 사람을 전통적으로 유림(儒林)이라고 말한다. 도가 · 법가 · 묵가 · 명가 · 병가 · 음양가 등의 학파와 구분할 때는 유가(儒家)라고 말한다. 정리하면, 학문체계 전반을 가리킬 때에는 유학, 핵심이론을 지칭하거나 기독교 · 불교 등과 같은 종교적인 분류를 할 때에는 유교, 학파적인 구분을 할 때에는 유가라는 개념을 사용한다.

유교문화는 고대중국의 하 · 은 · 주 삼대(三代) 문화를 기반으로 형성되었다. 삼대문화 이전에는 요(堯) 임금을 대표로하는 당(唐) 왕조와 순(舜) 임금을 대표로하는 우(虞) 왕조가 존재했었다는 사실이 『서경(書經)』에 기록되어 있다. 중국 고대 왕조의 제왕이었던 요 · 순은 공자와 맹자에 의해 이상적인 도덕정치를 실현한 성인(聖人)으로 추앙받았다. 이 때문에 후대에는 사회와 국가의 안정과 평화를 상징하는 태평성대(太平聖代)라는 의미로 요순시대라는 개념을 사용해 왔다. 공자는 『서경』을 비롯한 육경(六經: 詩經 · 書經 · 易經 · 樂經 · 禮記 · 春秋)을 집대성하는데, 이로 인해 공자는 유교의 창시자로 불리게 되었다.

유학은 분류상 동양철학에 속한다. '동양'은 '서양'의 상대적 개념이며, '철학(philosophy)'은 '지혜(sophia)에 대한 사랑(philos)'을 의미한다. 그러나 유학을 서양철학적 개념으로 설명하기란 쉽지 않다. 서양철학에서는 어떤 가설이나 문제제기에 대한 일련의 논증과정과 논리전개 방식을 철학이라고 하지만, 동양철학에서는 논리의 전개과정 보다는 실제적인 체득이나 깨달음, 지식을 통한 실천과 인격완성을 최종 목표로 삼기 때문이다. 이것은 동양철학의 대표적인 특징이기도 하다.

『논어(論語)』 첫 구절에서 공자는 "배우고 때때로 익히면 기쁘지 아니한가? 친구가 오랜만에 멀리서 찾아오면 즐겁지 아니한가? 다른 사람이 나를 인정해 주지 않아도 화를 내지 않는다면 군자가 아니겠는가[學而時習之, 不亦說乎. 有朋自遠方來, 不亦樂乎. 人不知而不慍, 不亦君子乎.]"라고 말한다.

만일 지금의 학생들에게 '공부하는 것이 기쁘냐?'고 묻는다면, '그렇다'고 대답할 학생이 과연 몇 명이나 될까? 아마도 짜증 섞인 목소리로 '미친 소리 하지마라'고 말할 지도 모른다. 일반적으로 학생들에게 공부란 지겹거나 따분한 것, 스트레스를 주는 것, 성공을 위해 어쩔 수 없이 해야만 하는 것 등으로 이해되곤 한다. 그런데 공자는 이처럼 하기 싫고 힘든 공부를 왜 기쁘다고 말한 것일까? 이런 의문을 풀기 위해 공자의 말을 다시 읽어봐도 도무지 자세한 설명은 보이지 않는다. 문맥을 통해 볼 때, '매우 기쁘니 당신들도 한 번 해보라'는 식이다. 세상에 이렇게 불친절한 사람이 또 있을까? 동양의 성인으로 존경받는 공자라면 '좀 더 친절하게 한 두 마디 설명이라도 덧붙여 주면 좋았을 텐데' 하는 아쉬움이 드는 대목이다.

공자의 조상은 은(殷) 왕조의 유민들이 만든 송(宋) 나라에 살던 민공(泯公)이란 사람이다. 민공의 후손 가운데 숙량흘(叔梁紇)이란 사람이 있는데, 그가 바로 공자의 아버지이다. 『사기(史記)』·「공자세가(孔子世家)」에는 다음과 같은 기록이 있다.

> 공자는 노(魯)나라의 창평향(平昌鄕) 추읍(陬邑)에서 태어났다. 그의 선조는 송(宋)나라 사람 공방숙(孔方叔)이었다. 방숙은 백하(伯夏)를 낳고, 백하는 숙량흘을 낳았다. 흘(紇)은 안씨(顔氏) 여인과 야합(野合)하여 공자를 낳았는데, 니구산(尼丘山)에 기도하여 공자를 얻었다. 공자는 노나라 양공(襄公) 22(B.C. 551)년에 태어났다. 태어날 때부터 머리 위쪽 정수리 부분이 움푹 패여 있어서 그의 이름을 구(丘)라고 했다. 자(字)는 중니(仲尼)이고, 성(姓)은 공(孔)씨이다. 공자를 낳고 숙량흘이 죽자 방산(防山)에 장례를 지냈는데, 방산은 노나라 동쪽에 있다. 공자는 그 부친의 묘가 있는 곳을 궁금해 했으나, 그 모친은 가르쳐주기를 꺼렸다.

공자는 어려서 소꿉장난을 할 때부터 제사 그릇인 조두(俎豆: 네모진 제기·동그란 제기)를 진열하고 제례절차를 하며 놀았다. 공자는 모친이 죽자, 오부지구(五父之衢: 노나라의 큰 길)에 빈소를 만들었는데, 이는 무언가 의도하는 바가 있었기 때문이다. 결국 추읍 사람 중에 공자 부친의 상여(喪輿)를 멨던 사람의 어머니가 공자에게 그의 부친 묘를 가르쳐 준 후에야 드디어 방산(防山)으로 가서 양친을 합장(合葬)했다.

(3) 공자의 삶과 죽음

공자(B.C.551~B.C.479)는 춘추시대 말기의 정치가 · 사상가 · 교육자이다. 공자라고 할 때, 자(子)는 남자에 대한 존칭으로서 오늘날 '선생님'이란 뜻이다. 아버지는 공흘(孔紇: 자는 숙량), 어머니는 안징재(顔徵在)이다. 공흘은 60세가 넘어 젊은 안징재와의 사이에서 공자를 낳았다. 안징재는 공자를 낳기 위해 니구산에서 기도를 드렸는데, 이 때문에 공자의 이름이 구(丘)이며, 자가 중니(仲尼)라고 했다는 설이 있다.

공자는 3세 때에 아버지가 돌아가신 후 힘든 유년기를 보냈으나, 젊은 홀어머니 밑에서도 비교적 바르고 엄격한 가정교육을 받았다. 공자는 배우기를 좋아하여 지식이 많은 사람이라면 누구를 막론하고 배웠다. 담(郯)이라고 하는 작은 나라의 제후였던 담자(郯子)에게 고대의 관제(官制)를 배웠으며, 사양자(師襄子)에게는 금(琴)을 배우고, 노자(老子)를 찾아가 예(禮)에 대해 묻기도 하고, 장홍(萇弘)에게 음악을 공부했다는 전설이 있다. 19세 때에 생계를 유지하기 위해 노나라의 위리(委吏: 창고 관리직) 벼슬을 했고, 그 해에 기관씨(亓官氏: 올관씨라고도 함) 집안의 딸에게 장가들어 다음 해에 아들 리(鯉)를 낳았다. 21세에는 승전리(乘田吏: 가축 관리직)가 되었으며, 24세에 어머니 안징재가 세상을 떠났다.

30대에 접어들자 공자에게 제자들이 모여들었다. 당시 공자가 살던 노나라는 정치적으로 매우 혼란하여 공자는 이웃나라인 제(齊) 나라에서 잠시 생활하기도 했다. 공자는 제나라에서 음악의 책임자인 태사(太師)를 만나 음악을 논하고, 순(舜) 임금의 음악인 소(韶)를 듣고 크게 감동하여 한 동안 음악 공부에 심취하기도 했다. 제나라에서 견문을 넓

히고 귀국한 공자는 학문에 힘썼는데, 특히 『주역(周易)』에 몰두했다. 위편삼절(韋編三絶: 가죽으로 엮은 책의 끈이 세 번 끊어짐)은 이때 생긴 말이다. 공자는 51세에 다시 벼슬길에 진출하여 중도재(中都宰: 중도의 총책임자)가 되었으며, 2년 후에는 육경(六卿: 6명의 장관)의 하나인 사공(司空: 국토를 관장하는 벼슬)에 임명되고, 그 이듬해에 대사구(大司寇: 법을 관장하는 벼슬)에 오른 뒤 재상(宰相)의 일까지 겸하게 되었다. 이른바 일인지하만인지상(一人之下 萬人之上)의 자리에 오른 것이다.

공자의 개혁정치가 점차 효력을 보이자 이웃나라인 제나라는 위기감을 느끼고 공자를 제거할 계책을 꾸민다. 이윽고 제나라는 노나라 제후 정공(定公)과 당시 실권을 쥐고 있던 계환자(季桓子)에게 악무(樂舞: 음악·노래·무용)에 능한 미녀 80명과 좋은 말 120필을 보낸다. 이로 인해 향락에 빠진 정공이 정치를 돌보지 않자 이를 막으려고 노력했던 공자는 결국 벼슬에서 쫓겨나고 만다. 당시 공자 나이는 56세였다. 이때부터 공자는 자신의 이상이었던 덕치(德治)를 함께 실현할 수 있는 군주를 찾아 13년 간 천하를 떠돌아다녔으나 결국 실패하고 만다. 공자 나이 68세에 계환자의 아들 계강자(季康子)의 초청으로 노나라에 돌아온 공자는 생을 마감할 때까지 육경(六經)을 편찬하고 제자교육에 힘쓴다. 당시 공자는 최초의 사립학교에 해당하는 행단(杏亶)을 만들어 3,000여명의 제자를 가르쳤다.

공자 나이 69세에는 외아들 리(鯉)가 50세의 나이로 죽고, 70세에는 가장 아끼던 제자 안연(顔淵)이 40세의 나이로 죽었다. 71세에는 노나라 서쪽에서 기린이 잡혔는데, 예로부터 기린은 신성한 짐승이라서 성인이 선한 정치를 할 때 세상에 나타난다는 전설이 있었다. 그러나 난세에 잘못 나와 어리석은 인간들에게 잡혀 죽은 기린을 보고 공자는 자신의 운명을 예감하고 슬퍼했다. 이 때문에 공자가 지은 노나라의 역사서인 『춘추(春秋)』의 내용도 '서수획린(西狩獲麟: 서쪽에서 기린이 잡힘)'으로 끝을 맺는다. 72세에는 위(衛) 나라에서 관직을 하던 제자 자로(子路)가 내란에 휘말려 63세의 나이로 죽었다. 인생 말년에 이런 불행을 경험한 공자는 73세가 되던 해의 4월 기축일(己丑日)에 생을 마감한다. 제자들은 노나라 북쪽의 사수(泗水) 가에 묻었는데, 오늘날 이곳을 공림(孔林)이라고 부른다.

II. 바람과 풀의 정치학

> "군자의 덕은 바람이요, 소인의 덕은 풀이다. 풀 위에 바람이 불면 반드시 바람에 따라 눕는다[君子之德風, 小人之德草, 草上之風, 必偃.]"

공자의 말년, 노나라의 실권은 계강자(季康子)가 쥐고 있었다. 계강자의 아버지는 한때 공자와 함께 노나라의 국정을 책임진 적이 있는 계환자(季桓子)였다. 이런 배경에서 성장한 계강자는 당시 공자에 대해 누구보다도 잘 알고 있었다. 이에 공자에게 공식적으로 인정을 받게 된다면, 당시 백성들에게도 큰 지지를 얻을 수 있을 것으로 생각했다. 이런 생각을 하고 있던 계강자에게 드디어 기회가 찾아왔다. 공자가 오랜 기간 외국에 머물다가 노나라에 귀국했던 것이다. 계강자는 기회를 놓치지 않고, 공자와 대화를 시도했다.

계강자: 요즘 세태가 혼란해져서 나라의 법령을 지키지 않는 사람이 많습니다. 이런 때에 일벌백계(一罰百戒)하는 마음으로 죄인 한 명을 보란 듯이 처벌하여 백성들이 이것을 보고 두려워 떨며 조심하도록 만들면 어떻겠습니까?

공 자: 백성을 교화하고 다스리는 것은 바른 정치에 달려 있습니다. 어찌 형벌만을 강조합니까? 그대가 선(善)한 정치를 하면 백성들도 자연히 선한 마음을 갖게 될 것입니다. 군자의 덕은 바람과 같고 백성들은 풀과 같습니다. 풀 위에 바람이 불면, 풀은 반드시 바람에 따라 엎드리는 것이 자연의 순리입니다.

부국강병(富國强兵)이라는 말에서 '부국'이 국가의 경제력을 뜻한다면, '강병'은 군사력을 의미한다. 한 나라의 정치는 경제력과 군사력의 조화를 통해 국력을 극대화하는 것을 궁극적인 목적으로 삼는다. 이를 위해서는 국민들의 자발적인 참여와 지지가 필요하다. 국민들로부터 자발적인 참여를 유도하기 위해서는 법과 힘에 의한 강압적인 방법이 아니라, '설득과 이해를 통한 감화가 필요하다'고 주장하는 사람이 바로 공자이다. 이를 소프트파워(Soft Power)라고 말할 수 있다. 나라를 통치하는 데 필요한 힘과 법을 하드파워

(Hard Power)라고 한다면, 소프트파워는 지도자의 솔선수범과 신뢰를 바탕으로 한 부드러운 리더십을 의미한다. 독침을 가진 수 만 마리의 꿀벌들을 여왕벌 한 마리가 거느릴 수 있는 것은 여왕벌이 독침을 가지고 있지 않기 때문이라고 말하는 곤충학자도 있다. 꿀벌의 독침이 강력한 '힘'을 상징한다면, 그 힘을 다스릴 수 있는 더 큰 힘은 바로 부드러운 '포용력'이라는 것을 반증하는 셈이다.

말레이시아 밀림에 서식하는 반딧불이는 칠흑같이 어두운 밤에 공중에 날아올라 온 하늘을 반짝이며 장관을 이룬다고 한다. 그런데 놀라운 사실은 날아오른 반딧불이가 처음에는 각기 자신의 리듬으로 반짝이다가 일정한 시간이 지나면 모두 같은 리듬으로 반짝인다는 것이다. 이를 동조현상(同調現象)이라고 하는데, 동조현상이란 '서로 다른 개체가 상호영향을 주고받아 동일하게 되는 현상'을 말한다. 이런 현상으로 인해 반딧불이는 처음에 각기 자신의 템포로 반짝이다가 결국 다른 반딧불이와 함께 같은 리듬으로 반짝이게 되는데, 이것이 매우 자연스럽게 이루어진다는 것이다. 이런 점에서 볼 때, 공자는 정치 지도자와 백성의 동조현상을 '바람'과 '풀'로 비유하고 있다. 백성들이 지도자의 '바람[영향력]'에 따른다고 했을 때, 그 '바람'은 과연 무엇일까?

공자에게는 현실정치에 대해 뛰어난 식견과 능력을 가지고 있던 자공(子貢)이라는 제자가 있었다. 자공은 후에 훌륭한 정치가로 이름을 떨치게 되는데, 자공이 젊었을 때의 이야기이다. 장래에 정계 진출의 꿈을 키우고 있던 자공은 어느 날 공자에게 정치의 핵심에 대해 물었다. 이 때 공자는 정치의 3가지 원칙을 가르쳐 주었다. 첫째, 백성들이 배불리 먹고 기본적인 의식주에 걱정이 없게 하는 것[足食: 경제력]. 둘째, 나라의 군사력을 튼튼히 하여 다른 나라로부터 침략 받지 않도록 하는 것[足兵: 군사력]. 셋째, 백성들이 임금을 믿고 나라의 법률과 정책을 따르게 하는 것[民信之: 신뢰]. 이 말을 들은 자공은 공자의 생각을 좀 더 자세히 듣기 위해 조심스럽게 다시 질문을 한다.

자 공: 선생님! '먹는 것을 풍족하게 하는 것', '국방을 튼튼히 하는 것', '백성들이 신뢰하게 만드는 것' 3가지 중에 부득이 하나를 포기해야 한다면, 과연 어느 것을 먼저 포기해야 합니까?

공 자: 반드시 한 가지를 포기해야 한다면, '군사력'을 먼저 포기해야 한다.

자 공: 잘 알겠습니다. 그런데 부득이하게 나머지 두 가지 중에서 한 가지를 더 포기해야 한다면, 어떻게 해야 합니까?

공 자: 만약 어쩔 수 없이 또 한 가지를 포기해야 한다면, '풍족하게 먹고 사는 것'을 포기해야 한다. 인간은 누구나 한 번 태어나서 죽는 것이 정해져 있다. 그러나 국가의 존립은 백성들의 신뢰가 없이는 단 하루도 지속될 수 없는 것이다.

산 속에 들어가 혼자 살거나 무인도에서 살지 않는 한 세상의 어떤 일도 자기 혼자만의 힘으로 이룰 수 있는 것은 없다. 인생을 살다보면 내가 다른 사람을 도와주어야 할 때도 있고, 다른 사람이 나를 도와주어야 성취되는 일도 있는 것이다. 이것이 세상의 이치이며 자연의 순리이다. 이 때문에 사회생활에서 신뢰와 믿음이 필요한 것이다. 나와 다른 상대를 연결해 주는 것은 결국 상호신뢰를 바탕으로 하는 것이다. 공자는 장차 큰일을 할 수 있는 사람은 '가까운 사람들을 잃지 않는다[不失其親]'라고 말한다. 가까운 동료나 가족에게도 신뢰를 얻지 못하는 사람은 결코 큰일을 할 수 없다는 말이다. 가까운 사람에게 신뢰와 믿음을 얻는 것은 인간관계에서 매우 중요하다. 더구나 많은 사람들을 이끌어야 할 기업의 경영자나 국가의 지도자라면, 그 중요성은 두 말할 나위없다. 이처럼 공자는 위정자의 정당한 권위와 지도력은 국민들에게 진정으로 신뢰를 얻을 때에 비로소 가능하다고 말한다. 이것이 바로 공자가 강조한 덕치사상의 핵심이다.

III. 의리와 이익, 무엇을 따를 것인가?

공자는 "이익에 따라 행동하면 원망이 많아진다[放於利而行, 多怨.]"고 말한다. 이 말은 한 사람이 의로움에 따르지 않고 개인의 이익에 집착한다면, 언젠가는 다른 사람의 이익과 충돌할 경우가 생기기 때문에 결국 갈등과 분쟁이 발생한다는 것이다. 공자는 이러한 개인과 개인의 갈등과 분쟁이 점차 집단과 집단, 국가와 국가 간의 전쟁으로 확대되고 결국 천하가 혼란하게 된다고 생각했다. 이처럼 의로움과 이로움 중에 어떤 것을 따르느냐에 따라 세상의 평화와 혼란이 결정된다고 보았다.

공자는 군자와 소인을 설명하면서도 의리(義理)와 이익(利益)의 관계를 엄격히 구분한다. 공자는 "군자는 의리에 민첩하고, 소인은 이익에 민첩하다[君子喩於義, 小人喩於利.]"라고 말한다. 사람이 무엇을 추구하고 민감하게 반응하느냐에 따라 그 사람의 본질과 수준이 드러난다는 말이다. 이 밖에도 공자는 제자 자하(子夏)가 관직에 나아갈 때, "성급하게 달성하려 하지 말고, 작은 이익을 얻으려 하지 말아야 한다. 성급하게 달성하려고 하면 도달하지 못하고, 작은 이익을 얻으려고 하면 큰일을 이루지 못한다[無欲速, 無見小利, 欲速則不達, 見小利則大事不成.]"라고 조언한다. 이처럼 공자는 작은 이익에 얽매이는 사람은 큰일을 할 수 없다고 말하며 매사에 의리를 선택해야 한다고 말한다. 맹자는 이러한 공자의 의리관을 충실히 따르고 있다. 『맹자』의 첫 구절은 양(梁) 나라 혜왕(惠王)과 맹자의 대화로 시작한다.

양혜왕: 선생께서 천리 길을 멀다하지 않고 여기까지 오셨으니, 장차 내 나라를 이롭게 해 주실 수 있겠습니까?

맹　자: 왕께서는 어찌 이익만을 말씀하십니까? 다만 인(仁)과 의(義)가 있을 뿐입니다. 만일 왕께서 '내 나라를 어떻게 하면 이롭게 할까' 생각하시면, 대부(大夫)가 말하기를 '어떻게 나의 집을 이롭게 할까' 생각하며, 하급 관리와 서민이 말하기를 '어떻게 나의 몸을 이롭게 할까' 생각할 것입니다. 이처럼 상하가 서로 이익을 취하면 결국 나라가 위태롭게 될 것입니다. 만승(萬乘: 천자)의 나라에서 그 임금을 죽이는 자는 반드시 천승(千乘: 제후)의 나라이고, 천승의 나라에서 그 임금을 죽이는 자는 반드시 백승(百乘: 대부)의 집이니, 만에서 천을 취하며 천에서 백을 취하는 것이 대부분입니다. 진실로 의로움을 뒤로 하고 이로움만을 앞세운다면, 모든 사람들이 빼앗지 않고서는 만족하지 않을 것입니다. 어질면서도 자신의 어버이를 버리는 사람은 없으며, 의로우면서도 임금을 뒷전으로 여기는 자는 없습니다. 왕께서는 어짊[仁]과 의리[義]에 대해 말하시지 하필이면 이익만을 말씀하십니까?

공자를 계승한 맹자는 군주가 현실적인 이로움보다는 백성에 대한 사랑[仁]과 의리[義]를 중시해야 한다고 말한다. 만일 한 나라의 군주가 이익만을 앞세우게 된다면, 그 나라의 신하들은 물론 일반 백성들까지도 이익을 우선시 하게 되고, 결국 모든 백성들이 이익을 다투게 된다는 것이다. 따라서 한 국가의 지도자가 올바른 자세를 가질 때만이 나라의 평화와 안정은 물론 상하의 진정한 소통이 이루어진다고 보았다.

맹자는 국가의 지도자와 백성들 간의 진정한 소통과 화합은 즐거움을 함께 나누는 여민동락(與民同樂)에서 비롯된다고 보았다. 제(齊) 나라 선왕(宣王)과 맹자의 대화를 보자.

맹 자: 어떤 신하에게 들으니 왕께서 음악을 좋아한다는 데 사실입니까?

제선왕: (왕은 얼굴이 빨개지며 부끄러운 듯 말했다.) 과인이 좋아하는 음악은 선대(先代)의 훌륭한 왕의 음악이 아니라 유행가일 뿐입니다.

맹 자: 왕께서 음악을 매우 좋아하신다면 제나라는 잘 다스려질 것입니다.

제선왕: 무슨 뜻입니까?

맹 자: 혼자서 음악을 즐기는 것과 여럿이 함께 음악을 즐기는 것 중에 왕께서는 어느 것이 더 좋습니까?

제선왕: 여럿이 함께 즐기는 편이 더 좋습니다.

맹 자: 그러면 음악을 가지고 얘기해 보겠습니다. 왕께서 음악을 연주하는데 백성들이 그 음악을 듣고는 얼굴을 찡그리고 고개를 저으면서 '우리 임금이 음악을 좋아하니까 우리가 이렇게 비참하게 사는 거야!'라고 원망하기도 하고, 반대로 그 음악을 듣고는 서로 기뻐하면서 '우리 임금이 건강하니까 이런 음악을 연주하는 거야. 참으로 다행이네!'라고 말하기도 합니다. 똑같은 음악을 듣는데도 백성들이 각각 다른 반응을 보이는 것은 오직 왕께서 음악을 백성과 함께 하느냐 함께 하지 않느냐의 차이 때문입니다.

제선왕: (그 후 며칠 뒤 맹자를 다시 만나서 말하기를) 과인에게는 재물을 좋아하는 못된 버릇이 있어서 아무래도 왕도정치는 할 수 없을 것 같습니다.

맹 자: (이 말이 핑계인 줄 알았던 맹자가 대답하기를) 그것은 그다지 어려운 문제가 아닙

니다. 왕께서 재물을 좋아하는 것을 백성들과 함께 하십시오. 그렇게 한다면 왕께서도 왕도정치를 할 수 있을 것입니다.

• **제선왕:** …… (맹자의 날카로운 충고에 왕은 아무 말도 할 수 없었다.)

맹자는 국가의 최고 지도자인 군왕은 '천명(天命)을 받은 사람'이라고 생각했다. 또한 천명은 덕이 있는 사람에게 하늘이 부여하는 것이라고 믿었다. 그럼, 하늘의 뜻은 어떻게 알 수 있을까? 맹자는 왕이 다스리는 땅의 백성을 통해서 확인할 수 있다고 말한다. 그것이 바로 민심(民心)이다. '민심은 곧 천심(天心)'이기 때문에 천명은 군왕에 대한 백성들의 마음으로 알 수 있다는 것이다. 이에 여민동락은 국가지도자의 필수 덕목이 될 수밖에 없다. 왜냐하면, 백성과 함께 동고동락(同苦同樂)하는 군왕이라야 백성들로부터 신뢰와 존경을 받을 수 있기 때문이다. 결국 여민동락과 동고동락은 지도자의 기본자세인 셈이다. 이처럼 정치의 근본을 백성에 두는 것을 민본(民本) 정치라고 말한다. 물론 '민본'은 근대 이후에 등장한 '민주(民主)' 개념과는 다르다. '주권재민(主權在民)'의 민주와 '군주민본(君主民本)'이 같을 수는 없기 때문이다.

맹자는 민심(民心)을 잃은 지도자는 천심(天心)을 잃고, 결국 지도자의 자격도 상실하게 된다고 말한다. 그러나 자리를 억지로 지키려는 군주도 있다. 맹자는 걸(桀)·주(紂)를 예로 들며, 이들은 왕이 아닌 '한 사내[一夫]'라고 지칭한다. 폭정을 일삼던 걸·주는 백성들로부터 신뢰를 잃고 탕(湯)·무(武)에게 제거됐다. 탕·무는 혁명을 일으켜 각각 은(殷)·주(周) 왕조를 창업했다. 그들의 이러한 행위를 맹자는 역성혁명(易姓革命)이라고 말하며 긍정적인 평가를 했다. 그 이유는 탕·무는 정치 행위를 군주 한 사람을 위한 것으로 보지 않고 백성을 근본으로 했기 때문이다. "군주는 배요, 백성은 물이다. 물은 배를 띄어주기도 하지만 엎어버리기도 한다[君子舟也, 庶人者水也. 水則載舟, 水則覆舟.]"라는 순자(荀子)의 말처럼 배는 물위를 떠가지만, 물은 배를 전복시킬 수도 있다는 것이다. 그러므로 고대 성왕(聖王)들의 말과 업적을 기록한 『서경』에서는 백성의 마음을 '무상(無常: 변할 수 있음)'하다고 말한다.

IV. 자기완성의 학문, 수기지학

유학은 수기치인(修己治人)을 학문의 목적으로 삼는다. 이것이 가능한 사람을 군자(君子)라고 말한다. 그러나 군자는 '타인을 가르치고 다스리는' 사회적 역할에 앞서 반드시 '자기수양'이 전제되어야 한다. 공자는 『논어』에서 "옛날의 배우는 자는 자기의 부족함을 채우기 위해 공부했는데, 지금 배우는 자는 남들에게 보이기 위해 공부한다[古之學者, 爲己, 今之學者, 爲人.]"라고 비판하며 학문의 본래 목적이 자기완성임을 강조한다. 이것을 수기지학(修己之學)이라고 한다. 그런데 여기에서 말하는 '자기완성'이란 무엇일까?

맹자는 대인(大人)을 '갓난아기 때의 마음을 잃지 않은 사람[不失其赤子之心者]'이라고 정의한다. 대인이란 성인과 같은 경지로서 완성된 인격체를 가리킨다. 그런데 이러한 대인이 갓난아기 때의 마음을 보존한 사람이라는 것은 도대체 무슨 뜻일까? 이는 "만물이 모두 나에게 갖추어져 있다[萬物皆備於我]"라는 맹자의 말을 통해 그 실마리를 얻을 수 있다. 맹자에 따르면, 인간은 본래 도덕적으로 완전한 존재로 태어나지만 오랜 기간 일상생활에서 다양한 요인[욕심 · 유혹]들로 인해 점차 그 온전함을 잃게 된다는 것이다. 따라서 맹자에게 학문의 1차적인 목표는 하늘로부터 부여받은 선한 본성의 회복, 즉 '자기 본래성 회복[復其性]'으로 귀결된다. 이것이 바로 공자가 말한 '위기지학(爲己之學)'이다. 이러한 맥락에서 맹자는 '학문의 길은 다름이 아니라 그 놓아버린 마음을 찾는 것[求其放心]'이라고 말한다.

맹자에게 잃어버린 자기 본래성을 찾는 학문의 길이란 하늘의 명령[天命]을 따르는 것이다. 즉 하늘과 하나가 되는 것, 만물일체의 회복을 의미한다. 이것을 천인합일(天人合一)이라고 말한다. 이러한 천인합일의 경지란 『주역(周易)』에서 말하는 '천지(天地)와 그 덕을 같이 하고, 일월(日月)과 그 밝음을 같이하며, 사시(四時)와 그 질서를 같이 하고, 귀신(鬼神)과 그 길흉을 같이하며, 하늘보다 먼저 하여도 하늘이 어기지 않고, 하늘보다 뒤에 하여도 천시(天時)를 본받는' 대인의 경지를 의미한다. 따라서 무한한 천지자연의 생명력을 본받아 만물과 조화를 이룰 수 있는 인간의 본래성이 회복된다면, 인간은 누구나 '자기 목숨을 버리고 인(仁)을 이루는[殺身成仁]' 희생적이고 헌신적인 완전한 인격을 갖추게 되는 것이다. 이렇듯 부족한 자신을 완성시켜 나아가는 과정에서 자기의 욕심과 욕망을 극복하고 모든 사람과 화합해 나아가는 것은 '만물과 하나가 됨'을 위한 중요한 전제조건이 된다.

『중용(中庸)』에서는 인간의 본질에 대해 '하늘이 명하는 것을 성(性)이라 한다[天命之謂性]'고 정의한다. 이는 하늘의 속성이 인간 내면에 선천적으로 갖추어져 있다는 뜻이다. 따라서 학문은 반드시 자신의 본래성을 회복하는 자기완성에 초점을 두어야 한다는 것이다. 공자는 말년에 자기 인생을 돌아보며 "나는 15세에 학문에 뜻을 두었고, 30세에 자립하였으며, 40세에 사물의 도리를 판단할 때 혼란을 일으키지 않았고, 50세에 하늘의 뜻을 알았고, 60세에 귀로 듣는 대로 모든 것을 이해하게 되었고, 70세에는 마음이 하고자 하는 대로해도 법도를 어기지 않게 되었다[吾十有五而志于學, 三十而立, 四十而不惑, 五十而知天命, 六十而耳順, 七十而從心所欲, 不踰矩.]"라고 말한다. 이를 통해 공자의 인생은 학문에 뜻을 두기 시작한 15세부터 어떠한 행동을 해도 법도에 어긋나지 않는 도덕적 절대자유의 경지인 70세에 이르기까지 모두 자기완성의 과정에 초점을 두고 있음을 짐작할 수 있다.

공자는 "아침에 도(道)를 들으면 저녁에 죽어도 좋다[朝聞道, 夕死, 可矣.]"고 말한다. 공자에게 아침이란 살아있는 시간을 의미한다. 따라서 삶의 시간을 통해 진리를 깨달을 수만 있다면 죽음도 아깝지 않다는 말로 이해할 수 있다. 또한 단순히 생명을 연장하는 것만으로는 진정한 삶이 될 수 없으며, 삶의 시간적 길이보다는 내용적 충실함이 인생에서 더욱 중요하다는 뜻이기도 하다. 인생에 대한 공자의 이런 생각은 유학에서의 삶과 죽음에 대한 기본적인 태도로 계승된다. 결국 인생이라는 긴 시간 동안 끊임없는 자기완성의 과정을 통해 궁극적으로 도달하는 도덕적 완성체가 바로 군자요 성인(聖人)인 것이다.

V. 덕으로 이끌고, 예로 다스려라!

유학에서는 수양을 통해 개인의 도덕을 완성하는 것뿐만 아니라 도덕적으로 성숙한 개인이 사회와 국가발전에 적극적으로 참여해야 한다고 말한다. 이런 사회참여 역시 자기 완성의 과정이며, 군자와 성인이 되는 길이라고 생각하기 때문이다. 따라서 유학에서는 개인윤리와 가정윤리, 사회윤리와 국가윤리의 통합을 지향한다. 개인의 도덕적 완성이 사회윤리의 완성으로 발전하고, 궁극적으로는 국가윤리와 세계윤리의 완성으로까지 확장된다는 동심원의 구조인 셈이다. 이러한 사고방식은 자연스럽게 한 국가의 지도자 역시 도덕적으로 군자가 되어야 한다는 왕도정치(王道政治)의 이상으로 구체화된다.

왕도정치는 요(堯)·순(舜)·우(禹)·탕(湯)·문(文)·무(武)·주공(周公) 등 성왕들의 이상적인 정치이념을 말한다. 『서경』에서 처음 등장하는 왕도의 개념을 구체화시키고 발전시킨 사람은 맹자이다. 맹자에 의해 이론적으로 체계화된 왕도정치는 본래 공자의 덕치주의(德治主義)에 기초한 것이었다. 공자는 정치에 대해 "법으로써 이끌고 형벌로써 다스리면 백성들은 도망쳐서 형벌을 면하더라도 잘못에 대한 부끄러움이 없게 된다. 덕으로써 이끌고 예로써 다스린다면 백성들은 잘못에 대한 부끄러움도 있게 되고 스스로 바르게 된다[道之以政, 齊之以刑, 民免而無恥. 道之以德, 齊之以禮, 有恥且格.]"고 말한다. 이처럼 공자는 덕(德)과 예(禮)를 통해 백성을 올바르게 이끄는 것이 진정한 의미의 정치라고 말한다. 이에 공자는 정치에 대해 묻는 계강자(季康子)에게 "정치는 백성들을 바르게 만드는 것이다. 그대가 백성들을 바른 도리로 이끈다면 누가 감히 바르지 않겠는가[政者, 正也. 子帥以正, 孰敢不正.]"라고 말한다. 이러한 공자의 정치관은 제(齊) 나라 경공(景公)이 정치에 대해 물었을 때, "임금은 임금답고, 신하는 신하답고, 아버지는 아버지답고, 자식은 자식다운 것이다[君君臣臣父父子子]"라고 말한 대목에서도 잘 드러난다.

덕치주의는 법치주의와 상대되는 개념으로서 덕으로써 백성을 교화하고 예에 따라 백성을 다스리는 것을 의미한다. 공자가 볼 때, 덕과 예가 아닌 법과 형벌로 다스리는 것은 힘과 강제에 의한 통치행위로서 진정한 의미의 정치가 될 수 없다. 맹자는 이것을 왕도(王道)의 상대 개념으로 패도(覇道)라고 말한다. 패도정치란, 인간을 도덕적으로 변화시키고 교육하여 선도하는 것이 아니라, 힘이나 법과 같은 강제적인 수단을 동원하여 위정자 자신의 목적을 달성하는 정치행위를 말한다. 따라서 패도정치는 덕치주의보다는 법치주의에 좀 더 가깝다고 말할 수 있다. 그러나 공자의 덕치주의를 법치주의와 정반대

개념이라고 말할 수는 없다. 왜냐하면, 공자의 덕치주의는 법 자체를 완전히 부정하는 것이 아니라 개인의 도덕적 자각을 중시하는 정치이념이기 때문이다. 다만, 유학에서의 법이란 덕치를 보완하는 보조적 역할에 지나지 않는다. 형벌의 부과라는 현실적 측면에서만 법이 불가피하게 활용될 뿐이다. 따라서 유학에서 지향하는 대동사회(大同社會)에서의 법이란 궁극적으로 소멸할 수밖에 없다. 이러한 공자의 덕치주의 이념은 맹자에게로 계승된다.

맹자는 정치의 핵심은 인의(仁義)라고 말한다. 따라서 맹자는 "한 가지 일이라도 불의를 행하며, 한 사람이라도 죄 없는 사람을 죽여서 천하를 얻는다고 하더라도 그것을 취하지 않겠다[行一不義, 殺一不辜, 而得天下, 皆不爲也.]"라고 말한다. 이러한 왕도정치 사상은 이론적으로 그의 성선설(性善說)에 바탕을 두고 있다. 맹자는 제나라 선왕(宣王)과의 대화에서 다음과 같이 말한다.

> 사람들은 누구나 '차마 사람을 해치지 못하는 마음[不忍人之心]'을 가지고 있다. 선왕(先王)은 '차마 사람을 해치지 못하는 마음'을 가지고 '차마 사람을 해치지 못하는 정치[不忍人之政]'를 시행했다. 만일 임금께서 '차마 사람을 해치지 못하는 마음'을 가지고 '차마 사람을 해치지 못하는 정치'를 행하신다면, 천하를 다스리는 것은 손바닥 위에 놓고 움직이는 것처럼 쉬운 일이 될 것입니다.

맹자는 위정자가 자기 내면에 있는 본성인 인의예지(仁義禮智)에 따라 정치를 한다면, 백성들은 누구나 쉽게 따를 것이라고 말한다. 이처럼 맹자는 인간의 본성이 왕도정치의 핵심이라고 주장한다. 그러나 맹자는 이런 주관적인 조건 외에도 객관적인 조건으로서 경제적 토대에 대해서도 주목한다. 맹자는 '백성들은 일정한 물질적인 조건이 갖추어지지 못한다면 도덕적인 행위를 할 수 있는 마음이 없어진다[無恒產者, 無恒心]'라고 말한다. 인간의 도덕적 행위는 단순히 내면적 수양을 요구하는 것만으로 이루어지는 것이 아니라 일정한 물질적 조건이 갖추어져야 한다는 말이다. 따라서 맹자는 '왕도정치의 출발점을 백성들이 살아있는 사람을 봉양할 수 있으며, 죽은 사람을 장례지내는 데에 어려움이 없게 하는 것[養生喪死無憾, 王道之始也.]'이라고 말한다. 맹자는 여기에서 한 발 더 나아가 상하의 인화(人和)를 강조한다. 추(鄒) 나라 목공(穆公)과 맹자의 대화를 보자.

> 목 공: 이웃 나라와 전쟁 중에 관리들은 33명이나 죽었는데, 일반 백성들은 1명도 죽은 자가 없습니다. 그 책임을 물어 백성들을 벌한다면 죽일 자가 너무 많고, 책임을 묻지 않는다면 앞으로도 그러한 일이 생길 텐데 어찌하면 좋습니까?
>
> 맹 자: 흉년이 들어 많은 백성들이 굶어 죽거나 먹을 것을 찾아 사방으로 흩어졌는데도 임금의 창고는 가득 차 있었는데, 그 실정을 임금께 보고한 관리가 한 명도 없었습니다. 이는 윗사람이 자기 임무에 태만하여 백성을 해친 것이니, 이제 와서 백성들이 그것을 되갚은 것입니다. 임금께서는 벌하지 마십시오. 만일 임금께서 어진 정치를 행한다면, 백성들은 윗사람과 친하게 되고, 윗사람들을 위해 죽을 수도 있을 것입니다.

이처럼 맹자는 물질적인 조건이 백성들의 마음을 변하게 한다고 보았다. 따라서 백성들의 도덕적 행위 역시 일정한 물질적인 조건이 없다면 보장될 수 없다고 말한다. 뿐만 아니라 백성의 어려움에 대해 위정자들이 어떤 태도를 취했는지에 따라 백성들도 그들의 위정자들을 대할 것이라고 경고한다.

이상과 같은 맹자의 왕도정치를 현대정치와 관련하여 설명하면 2가지로 정리할 수 있다. 첫째, 정치지도자는 국민을 존중해야 한다. 맹자가 살던 전국시대는 끊임없는 전쟁으로 인해 백성들이 심각한 어려움에 처해 있었다. 따라서 정치의 급선무는 도탄에 빠진 백성을 구제하는 것이었다. 이에 맹자는 당시의 군주들에게 "백성이 가장 귀하고, 사직은 그 다음이며, 임금은 가장 가벼운 존재[民爲貴, 社稷次之, 君爲輕.]"라고 말한다. 당시가 철저한 봉건사회였다는 점을 고려한다면, 이러한 맹자의 위민(爲民) 정신은 매우 혁신적인 것이었다. 둘째, 정치지도자는 민심(民心)을 얻어야 한다. 맹자는 '왕이 지위를 얻거나 잃게 되는 것은 모두 민심에 달려있다'고 보았다. 따라서 맹자는 "걸·주(桀紂)가 천하를 잃은 것은 백성을 잃었기 때문이며, 백성을 잃었다는 것은 백성의 마음을 얻지 못한 것이다[桀紂之失天下也, 失其民也, 失其民者, 失其心也.]"라고 말한다. 결국 민심이 곧 정치의 필수요건임을 강조한 말이다. 맹자는 임금이 자신의 힘만을 믿고 백성들을 업신여긴다면 백성의 한이 깊어져 마침내 임금의 지위도 잃게 된다고 경고하고 있다.

VI. 한국사회와 유교

(1) 유교의 한반도 전래와 동이(東夷)

공자는 '인간에 대한 사랑'을 뜻하는 인(仁)을 사람이 갖추어야 할 가장 중요한 덕목으로 생각했다. 『논어』에 보면, 제자 안연(顔淵)이 공자에게 인(仁)에 대해 질문하는 대목이 나온다. 공자는 "자기의 욕심을 이기고 예를 실천하는 것이 인이다[克己復禮, 爲仁]"라고 말한다. 안연이 좀 더 자세한 설명을 요구하자 공자는 "예가 아니면 보지 말고, 예가 아니면 듣지 말며, 예가 아니면 말하지 말고, 예가 아니면 행하지 말라[非禮勿視, 非禮勿聽, 非禮勿言, 非禮勿動]"고 말한다. 하루하루 생활하면서 작은 일부터 '자기의 사욕에서 벗어나 공공의 이익을 도모'하라는 말로 이해할 수 있다. 이것을 줄여서 사물(四勿)이라고 하는데, 공자는 그 기준을 예(禮)라고 말한다.

공자는 사회규범이자 사회질서를 의미하는 예를 확립하면, 혼란한 사회와 국가를 안정시킬 수 있다고 믿었다. 특히 공자는 배움을 통해 수기(修己: 자기 수양)에만 머물지 말고 치인(治人=安人: 타인 완성)에 적극적으로 노력할 때 진정한 유자(儒者: 선비)가 될 수 있다고 말한다. 자신을 도덕적으로 완성해 가면서 타인을 가르쳐 바른 길로 이끌어 사회와 국가를 안정의 길로 인도하는 주체를 공자는 '군자유(君子儒)'라고 말한다. 공자는 제자인 자하(子夏)에게 "너는 군자유가 되어야지, 소인유가 되어서는 안 된다[女爲君子儒, 無爲小人儒]"라고 말한다. 이것은 선비 중에서도 군자다운 진정한 선비가 있고, 이름뿐인 소인같은 선비가 있다는 말로 이해된다. 결국 공자는 군자를 바람직한 인격의 표상으로 보고 있는 것이다.

중국 유학이 한반도에 전해진 시기와 발전과정에 대해 정확히 알 수는 없다. 다만 4가지 유력한 학설이 있다. 첫째, 한대(漢代)의 오경(五經) 사상을 수용하여 국가의 통치이념으로 활용된 삼국시대의 유학이다. 둘째, 고려 말엽에서 조선 초기로 이어지는 성리학의 도입이다. 셋째, 조선중기의 퇴계와 율곡을 중심으로 하는 성리학 융성기이다. 넷째, 조선후기 실학이 중심이 되었던 시기이다. 어쨌든 중국의 유학사상이 한반도에 전해진 뒤 큰 마찰과 충돌 없이 한국 문화에 수용되었던 것은 엄연한 사실이다. 그 이유에 대해 한민족의 민족성 혹은 민족 고유사상과 깊은 연관이 있다는 주장이 있다. 물론 이런 주장을 전적으로 믿을 수는 없지만 그렇다고 완전히 배제할 수도 없다. 왜냐하면, 중국인들은 한반도에 사는 우리 민족을 동쪽에 사는 오랑캐라고 폄하하여 동이족(東夷族)이라고 불렀지만, 그들 스스로 '동이의 나라는 군자의 나라이며, 어진 사람들이 모인 곳이다'라고 말했기 때문이다.

동이족에 대한 중국인들의 평가는 여러 문헌에서 찾아볼 수 있다. 『산해경(山海經)』에서는 동이를 '군자의 나라'로 지칭하고, 『후한서(後漢書)』에서는 '성품이 어질고 유순하며 도(道)를 아는 훌륭한 민족'으로 평가하고 있다. 공자는 『논어』에서 도가 행해지지 않는 당시 세태를 한탄하며 '구이(九夷)에서 살고 싶다[子欲居九夷]'는 말을 했다. 누군가가 '문명이 없는 누추한 곳인데 왜 그곳으로 가려고 하는지 묻자, 공자는 군자가 사는 곳인데 어찌 누추하겠는가[或日 陋如之何. 子日 君子居之, 何陋之有]'라고 반문하고 있다. 뿐만 아니라 공자는 '도가 행해지지 않으니 뗏목을 타고 바다를 건너고 싶다[道不行, 乘桴浮于海]'라고 말하고 있는데, 이것을 보면 '동이'를 '군자의 나라'로 생각했던 것은 분명해 보인다. 이런 사실로 비추어 볼 때, 유학이 한반도에 들어와 우리 민족의 고유사상과 비교적 쉽게 혼합될 수 있었던 이유는 우리 민족성과 어느 정도 연관성이 있는 것이 아닌가 하는 추측도 충분히 가능하다.

(2) 한국 유교의 현실

유교는 한국의 주요 전통문화 중 하나로서 2천여 년에 걸쳐 다양한 형태로 계승·발전되어 왔다. 한국인의 종교·문화관을 분석해 보면, 자각적이든 잠재적이든 간에 유교적 의식과 가치관이 광범위하게 작용하고 있음을 알 수 있다. 유교는 한국인들에게 일상생활과 사유방식의 토대문화로 인식되고 있는 것이다.

현대 한국사회에서 유교의 이미지는 긍정과 부정의 교묘한 콜라주(collage)로 보인다. 조선 500백년의 찬란한 역사와 문화를 말할 때의 유교는 의리(義理)를 대표하는 선비들의 품위와 멋스러움, 검소함을 바탕으로 한 여유와 풍류의 정신적 원천으로 언급된다. 그러나 언론에서 대기업의 족벌경영이나 금수저들의 갑질 문제 등이 사회적인 이슈(issue)가 될 때의 유교는 아직도 청산하지 못한 구태의연한 인습(因襲)으로 치부되곤 한다. 소위 오피니언 리더(opinion leader)라고 불리는 지성인들도 한국사회의 집단성 문제나 구태의연한 문화현상을 비판할 때에는 간혹 그 원인을 '유교적 가치관'에서 찾곤 한다. 물론 유교 진영에서 보면, 이런 현상에 대해 불만이 없을 리 없다. 전통문화를 비판적으로 보는 사람들이 말하는 유교란 조선시대 붕당정치나 부패한 정치세력, 무능한 지도자의 보수적 태도만을 한정하는 경우가 대부분이기 때문이다. 그들의 주장대로 한국인들에게 남아있는 부정적 가치관이 모두 유교문화의 잔재라면, 한국인의 잠재력과 같은 긍정적 측면은 불교나 샤머니즘 혹은 서구의 종교와 사상 덕분이란 말인가? 여기에서 한 가지 중요한 사실은 한국 전통문화의 부정적인 요소를 모두 유교의 문제로 치부해 버리는 것이 합리적이지도 않을뿐더러 균형있는 시각도 아니라는 점이다.

그럼에도 불구하고 한국 유교에 대한 부정적인 시각과 사회적 현상에 대해 주목해 볼 필요가 있다. 유교의 입장에서 볼 때에는 다소 일방적이거나 치우친 주장이라 하더라도 이미 상당수 국민들의 눈높이가 이와 크게 다르지 않기 때문이다. 이 점에 착안하여 2000년대 이전에 진행된 한국 유교에 대한 성찰 내용을 검토하고, 2000년대 이후 한국유교의 현황을 살펴보자.

2015년도 통계청국가통계포털(http://www.kosis.kr) 자료에 따르면, 한국에서 유교는 현재 불교·개신교·천주교·원불교·천도교 등과 함께 7대 종교 중 하나로 분류되어 있다. 아래 〈한국 종교인 통계〉를 통해 한국 유교의 인구수 변화를 보자.

〈한국 종교인 통계〉

구분	종교인	불교	개신교	천주교	儒教	원불교	천도교	기타
1985년	42.56%	46.8%	37.7%	10.8%	2.82%	0.53%	0.15%	1.3%
1995년	50.72%	45.7%	38.8%	13.1%	0.93%	0.38%	0.12%	1.2%
2005년	53.08%	42.9%	34.5%	20.6%	0.41%	0.52%	0.18%	1.0%
2015년	43.94%	35.35%	44.89%	18.04%	0.35%	0.39%	0.30%	0.66%

[총인구] '85년: 40,419,652명/'95년: 44,553,710명/'05년: 47,041,434명/'15년: **49,052,389명**
[종교인] '85년: 17,203,296명/'95년: 22,597,824명/'05년: 24,970,766명/'15년: **21,553,674명**
* 불교·개신교·천주교 등의 통계 수치는 총인구 중 종교인(100%) 수에서 해당 종교인 비율임.
* 종교인구 중 대순진리회, 대종교 등 소수 종교는 기타 란에 합산함.
★ 2015년 현재 유교 종교인수: 75,703명 (총인구 대비 유교 인구 비율: 0.154%)

위 표를 보면, 두 가지 관점으로 한국 유교를 진단할 수 있다. ①한국유교는 시간이 흐름에 따라 자연적으로 소멸할 것이라는 견해, ②한국유교는 결코 소멸하지 않을 것이라는 견해이다.

먼저 한국 유교를 '자연적으로 소멸할 것'으로 보는 견해에 대해 생각해 보자. 이런 견해를 가진 사람들은 대체로 '유교가 종교인가?'라는 근본적인 물음을 가지고 있을 가능성이 많다. 이런 물음에 기초한 관점은 '유교는 종교인가? 아닌가?'라는 의문에서 나온 것이 아니라, 대체로 서구의 기독교적 입장으로 유교를 바라보는 시각이라고 말할 수 있다. 따라서 이런 관점에서 보면, 종교가 아닌 유교는 결국 역사 속에서 사라질 것으로 보일 수밖에 없다. 종교가 아닌 유교의 미래는 적어도 그들이 말하는 엄연한 현실인 '종교인 통계'에서 자연히 소멸할 가능성이 높기 때문이다.

다음으로 한국 유교는 '결코 소멸하지 않을 것'으로 보는 견해이다. 이러한 견해를 가진 사람들은 '유교를 현대 종교 중 하나로 받아들이는 사람들이 줄고 있으나, 그것이 한국 유교의 소멸을 의미하는 것은 아니다'라고 주장한다. 왜냐하면 유교는 조선조 500년의 역사 위에 서있으며, 현재에도 한국의 토대문화로서 기능하며 미래에도 한국인의 가치관 속에 여전히 존재할 것으로 보기 때문이다. 따라서 그들은 유교문화를 보존·계승하는 것이 한국 유교를 살리는 일이라고 생각한다. 이런 입장에서 보면, 호주제 폐지(2005년), 새로운 가족법 시행(2008), 핵가족화의 가속화로 인한 가족주의 약화, 가부장 질서의 붕괴, 새로운 가족형태의 등장은 유교의 미래를 비관적으로 바라보게 만드는 원인이 되기 십상이다.

그러나 이러한 두 가지 관점 모두 유교의 본질과는 다소 거리가 있다. 왜냐하면 공맹의 유교에서는 결코 '현대 종교로서의 유교'를 주장한 적이 없으며, 현대사회의 문화적 혼란과 위기는 공맹시대의 유교도 겪었던 문제였지만 결과적으로는 유교가 소멸하지 않았기 때문이다. 문화적인 위기는 인류역사가 시작되었을 때부터 현재까지 존재하는 우환의식(憂患意識)의 한 형태이다. 따라서 이러한 인류문명의 흐름에서 유교 역시 예외일 수는 없다. 역사현상을 인간정신의 소산(所産)으로 보는 문화사(cultural history)적 관점에서 보면, 예술·사상 등 정신문화의 역사가 지속되는 한 유교는 소멸하지 않을 가능성이 높다. 더구나 한국적 현실에서 유교적 가치관이나 유교문화는 단기간 내에 사라지지 않을 가능성이 높아 보인다.

(3) 유교전통에 대한 성찰

유교는 한국인들에게 전통문화의 대명사로 인식된다. 전통이란 '어떤 공동체에서 과거로부터 계승된 바람직한 사상·관습·행동 따위가 계통을 이루어 현재까지 전해진 것'을 말한다. 그러나 전통이라고 해서 단순히 보존하고 지켜서만 유지되는 것은 아니다. 오랜 기간 변화과정을 거쳐 계승·발전되기 때문이다. 따라서 전통을 제대로 계승하기 위해서는 고수(固守)를 통해 지킬 것과 혁신(革新)을 통해 바꿀 것을 엄밀히 구별하는 지혜가 필요하다.

시대의 흐름에 따라 변화와 혁신을 통해 생명력을 유지할 수 있는 것이 전통이다. 만일 어떤 전통이 역사에서 능동적으로 변화하지 못한다면, 그 전통은 점차 대중의 관심에서 멀어지거나 외면 받게 될 것이다. 이러한 전통은 결국 시대와 소통되지 않는 인습(因

襲)이 되어 머지않아 사라지고 말 것이다. 이처럼 전통이란 능동적 개혁을 통해서만이 창조적 계승이 가능한 것이다. 전통의 온전한 계승은 '보존과 유지'만이 아니라 '변화와 혁신의 연속과정'을 통해 성취되는 것이다.

한국 유교의 역사는 변화와 혁신의 과정이었다. 유교에서는 성인과 군자의 역사적 기능을 '옛 성인을 계승하고 미래의 학문을 열어주는 것[繼往聖開來學]'이라고 말한다. 이는 학문적 진리가 끊임없이 변화·발전함을 의미한다. 스승과 지도자의 덕목에 대해 공자가 '온고지신(溫故知新: 옛것을 익혀 새것을 앎)'이라고 말한 것과 같은 맥락이다. 맹자 역시 '천하는 한 번 다스려지고 한 번 어지러워지는[一治一亂]' 변화과정으로 역사를 인식했다. 이러한 유교적 역사관은 청말(淸末) 강유위(康有爲)가 말한 '거난세(據亂世)~승평세(升平世)~태평세(太平世)'와 『예기(禮記)』·「예운(禮運)」의 '소강(小康)~대동(大同)'을 역사 발전의 법칙으로 생각했던 것까지 연결된다. 이처럼 유교에서 말하는 역사란 '닫혀 있는 시간과 공간'이 아니라 '미래를 향해 열려있는 발전과정'인 셈이다.

현대를 흔히 총체적 위기의 시대라고 말한다. 환경의 위기, 생명의 위기, 정치와 경제 및 종교와 문화의 위기 등 인간 삶의 거의 모든 분야에서 위태로운 지경에 이르렀다는 말이다. 그렇다고 그저 비관할 일만은 아니다. 인류역사 전체에서 보면, 인간은 언제나 위기에 '직면했거나'·'직면하고 있거나'·'직면할 것'으로 보는 것이 오히려 타당할지 모르기 때문이다. 한국사회에서 유교는 이미 정치·사상·문화적 헤게모니(hegemony)를 모두 상실한 상태다. 그러나 이것이 단기간 내에 한국사회에서 유교의 소멸을 입증하는 증거가 될 수는 없다. 왜냐하면, 한국 유교는 '제도종교에의 귀속감 보다 가치관이나 생활관습의 성격이 강한' 특징을 가지고 있기 때문이다. 한국사회의 유교는 제도종교와 공존하면서 한국인의 의식 및 관습과 밀접한 관련이 있다. 이는 한국 유교가 여전히 가정윤리와 인생관·가치관 등에 상당한 영향을 주고 있음을 반증한다. 따라서 유교전통에 대한 올바른 성찰은 유교의 순기능과 역기능을 함께 고려할 필요가 있다. 이러한 문제의식을 바탕으로 역사적 성찰을 통해 한국 유교의 지향과제를 검토한 금장태 교수는 『한국 현대의 유교문화(1999)』에서 한국 유교전통의 문제를 3가지로 요약하고 있다.

첫째, 유림(儒林)의 부패와 현실 개혁의지 부족이다. 장지연(張志淵, 1864~1921)은 최초의 한국유교 통사(通史)인 『조선유교연원(1922)』에서 "하늘과 땅과 사람에 통하는 것이 유교"라고 정의한다. 그러나 근세의 산림학자(山林學者)에 대해서는 "명성을 낚고 벼슬살이를 교묘하게 하는 마음과 당파를 수립하고 사사로움을 경영하는 계책을 가진 무리"라고 비판한다. 이는 유교의 본원적 가치는 인정하면서도 당파적이고 허세와 위선에 빠진 유림을 비판한 것이었다. 또한 그는 유교의 쇠퇴 원인을 '근대의 유자(儒者)들이 장구(章句)와 훈고(訓詁)에 빠져 구습(舊習)을 묵수하여 신학문을 배척했기 때문'이라고 지적하며, 이는 공맹의 도에 위배되는 것이라고 말한다. 따라서 공맹의 정신을 회복하는 것이 유교의 참모습을 회복하는 길이라고 주장한다. 또한 조선 패망의 직접적인 원인은 붕당정치이며, 유교의 이름을 빌어 군주를 속인 무리들 때문이라고 말한다. 이처럼 장지연은 진실한 유교와 거짓 유교를 분별하고, 유교와 정치를 구별하여 취사선택하는 것을 유교개혁의 한 가지 방법으로 제시했다.

둘째, 민족의식과 대중기반의 부족이다. 신채호(申采浩, 1880~1936)는 종교를 '국민에게 감화를 주는 하나의 큰 기관'으로 정의한다. 그러나 '종교의 노예가 될 뿐, 국가 관념이 없는 종교'와 '종교의 신도가 될 뿐, 국민의 정신이 없는 종교'는 20세기 신국민의 종교가 될 수 없다고 말한다. 또한 "보수(保守)를 변화시켜 실천에 힘쓰며, 옛 습관을 변화시켜 새롭게 나아감에 힘쓰며, 침정(沈靜: 침묵과 고요함)을 변화시켜 활동에 힘쓰면, 반드시 백성의 지혜를 진흥하며 국가의 주권을 옹호하여 유가의 큰 광채를 번쩍일 날이 있을 것"이라고 말한다. 이는 폐쇄적·보수적인 사회질서를 비판하고, 능동적이고 진보적인 새로운 가치관 정립을 통해 국민계몽과 국가주권을 확보해야 한다는 그의 유교개혁론의 기본방향이었다. 이에 신채호는 민족과 국가·국민 관념이 있는 새로운 유교로 일신해야 한다고 주장한다.

셋째, 열린 정신과 종교적 자각 부족이다. 정인보(鄭寅普, 1893~?)는 조선시대 수백 년 동안 정주(程朱)를 신봉하며 남긴 폐단을 ①정주학(程朱學)으로 자신의 편의를 도모했던 사영파(私營派), ②중화(中華)의 정통을 조선에 이식하려는 존화파(尊華派)로 구분한다. 그는 정주학자들이 평생 심성(心性)을 강론하면서도 실심(實心)을 저버리고 헛된 학문과 가식적 행동만을 일삼았다고 비판했다. 이에 양명학적 입장에서 실심을 기준으로 전통을 새롭게 인식하고 신학문을 수용할 것을 주장한다. 정인보가 말한 실심은 그가 제시한 '조선얼'로서 민족정신으로 발휘되는 것을 의미한다. 한편 한인공교회(韓人孔教會)를 창설했던 이승희(李承熙, 1847~1916)는 유교의 잘못을 허상(虛想)·혼동(混同)·부회(附會)로 설명한다. 이승희는 ①허상에 대해서는 실심으로 실천할 것을 요구하고 ②혼동에 대해서는 공자·예수·노자·부처의 차이를 엄격히 분별하는 실견(實見)의 필요성을 말하며 ③부회에 대해서는 유교이론의 견강부회를 지적했다. 또한 서양종교와 무리하게 관련짓지 말고 독자적 진리를 확보해야 한다고 주장했다.

한편, 신옥희 교수의 연구(1982)에서는 유교사상의 특성을 ①합리주의 ②인본주의 ③덕치주의라고 정의한다. 이에 각각의 특성이 내포하고 있는 긍정적 측면을 전제하면서 조선시대 윤리의식의 부정적 측면을 제시하고 있다.

먼저 유교적 합리주의 한계로는 배타주의적 폐쇄성, 전통주의적 보수성, 현세 순응적 정체성을 지적한다. 첫째, 배타주의적 폐쇄성이란 '주자학의 절대적 권위로 인해 이성(理性)의 활동이 제한되고 경직되어 유교의 자기부정과 자기초월을 통한 폭넓고 개방적인 발전의 원동력의 상실'을 말한다. 진리와 이성에 대한 윤리의 우위를 강조한 유교는 결국 주자학 일변도의 교조주의적 독단에 빠져 반성과 비판이 불가능한 배타주의적 폐쇄성이 부각되었다는 것이다. 둘째, 전통주의적 보수성이란 '유교의 윤리와 의례는 성인(聖人)이 아니면 누구도 만들거나 고칠 수 없기 때문에 제도화된 유교전통은 절대적 권위를 가지며 보수성과 상고주의(尙古主義)로 표출됨'을 의미한다. 이로써 우주와 인간의 수시변역(隨時變易)을 인정하고 시중(時中)을 통한 합리적인 태도를 강조했던 공맹의 유교는 결국 합리주의적 자기모순에 빠졌다는 것이다. 셋째, 현세 순응적 정체성이란 '인간과 자연의 조화와 공생을 중심으로 한 유교적 윤리의식이 일원론적 세계관에서는 신(神)과 인간과 자연이 화해함으로써 천인합일(天人合一) 경지에 도달함'을 의미한다. 이는 결과적으로 유교정신의 불변성과 소극성을 강화시켜 학문적·정치사회적 발전을 저해했다는 것이다.

유교적 인본주의의 핵심을 이루는 인성론의 한계로는 개체적 특수성 상실, 자연적 성향의 경시, 주체적 자아의식의 결여를 지적한다. 첫째, 개체적 특수성 상실이란 '인간의 보편적 본성을 전제한 유교는 이상적 인간형으로서 성인을 제시하고, 각 개인의 고유한 특수성을 간과하는 경향이 있음'을 의미한다. 이로 인해 유교적 모범교육과 모방교육만을 강조하여 개성적 특징이나 개인의 내면적 특수성을 충분히 고려하지 못했다는 것이다. 둘째, 자연적 성향의 경시란 '인간의 본성을 천리(天理)와 인욕(人慾)이라는 두 가지 특징으로 대립시키는 도덕주의적 인간이해는 현실에서의 인간존재를 전체적으로 포용할 수 없음'을 의미한다. 특히 '멸인욕(滅人慾: 인욕을 제거함)'을 '존천리(存天理: 천리를 보존함)'의 선결조건으로 강조하는 금욕주의적 윤리관은 인간의 생물학적 측면을 충분히 고려하지 못했다는 것이다. 셋째, 주체적 자아의식 결여란 '자연과의 합일을 지향하는 유교윤리의 특징 때문에 현실에서 인간의 주체적 실천을 강조하는 본래 의도와는 반대로 자연에서 독립된 인격과 자아의식이 약화됨'을 의미한다. 이로 인해 자연에 대한 인간의 자주적 주체의식 및 윤리적 파토스(pathos)가 약화되었다는 것이다.

유교적 덕치주의의 한계로는 상황중심의 적당주의, 혈연중심의 파벌주의, 신분중심의 차등주의를 지적한다. 상황중심의 적당주의란, '행위의 법칙이나 규범이 본래 인간에게 내재되어 있다고 생각하는 유교에서는 객관적 법률보다 내면적 도덕성을 우위에 놓기 때문에 준법정신이 결여될 수 있음'을 의미한다. 이로 인해 유교에서 강조하는 중용(中庸)의 윤리는 자기중심적 이익 추구를 정당화하는 기회주의적 행동을 유발할 수 있다는 것이다. 혈연중심의 족벌주의란 '가족공동체에서 효친(孝親)·경장(敬長)의 윤리를 사회·국가적 결속의 기초로 삼는 유교의 정치관은 혈연에 대한 사랑을 최우선으로 삼기 때문에 편협한 족벌주의를 야기할 위험성이 있음'을 의미한다. 이로 인해 조선시대의 유교정치가 보여준 족벌주의적 정권투쟁의 참상은 가족주의적 정치의 한계를 드러내게 했다는 것이다. 신분중심의 차등주의란 '삼강오륜을 중심으로 한 유교사회에서는 개인의 개체성보다는 사회적 위계에 종속된 계층성이 강조되기 때문에 정치적으로 지배계층에 의한 민본주의에 머물 수밖에 없음'을 의미한다. 이로 인해 가부장 제도를 합리화하거나 전제주의를 강화하는 데에 기초가 되었다는 것이다.

| 생각해보기 |

우리가 유가철학자라면

1. 공자는 말년에 자기 인생을 돌아보며 “나는 15세에 학문에 뜻을 두었고, 30세에 자립하였으며, 40세에 사물의 도리를 판단할 때 혼란을 일으키지 않았고, 50세에 하늘의 뜻을 알았고, 60세에 귀로 듣는 대로 모든 것을 이해하게 되었고, 70세에는 마음이 하고자 하는 대로해도 법도를 어기지 않게 되었다”라고 말했다. 한편 퇴계(退溪) 이황(李滉, 1501~1570)은 고향 안동에 있는 도산서원에서 제자를 교육하며 생을 마감했다. 퇴계는 자신이 지은 12수로 된 연시조인 『도산십이곡(陶山十二曲)』 중 11곡에서 “청산(靑山)은 어찌하여 만고(萬古)에 푸르르며, 유수(流水)는 어찌하여 주야(晝夜)에 그치지 아니하는가, 우리도 그치지 말아 만고상청(萬古常靑)하리라.”고 읊조리고 있다. 이것은 ‘푸른 산이 푸르름을 간직하고 흐르는 물이 밤낮으로 쉬지 않고 흐르듯이 자신과 제자들 모두 부지런히 학문에 힘써 자기완성을 위해 노력하자!’는 뜻이다. 공자와 퇴계의 사례를 통해 자신이 알고 있는 학문을 권장하는 시(詩) 혹은 명언(名言)이 있다면 발표하고, 각자 자신의 생각을 이야기해 보자.

2. 『명심보감(明心寶鑑)』·「교우(交友)」편에 보면, “길이 멀면 말의 힘을 알 수 있고, 날이 오래되면 사람의 마음을 알 수 있다[路遙知馬力, 日久見人心.]”라는 구절이 있다. 이것은 ‘사람의 마음은 좀처럼 알기 어렵다’는 뜻이다. 그러나 다른 각도에서 보면, 인간이 마주하게 되는 수많은 선택상황에서 하나의 올바른 도리를 일관되게 실천하는 것이 얼마나 어려운가를 표현하는 말로도 이해할 수 있다. 공자는 『논어』에서 군자가 갖추

어야 할 9가지 마음자세를 구사(九思)라고 말했다. 그 내용은 “매사에 분명하게 보고 들으며, 표정과 용모는 온화하고 공손하며, 언행은 진실하고 신중하며, 궁금한 것은 반드시 묻고, 분노를 잘 다스리며, 이익을 보면 의로움을 생각한다[視思明, 聽思聰, 色思溫, 貌思恭, 言思忠, 事思敬, 疑思問, 忿思難, 見得思義.]”이다. 이 중 아홉 번째인 견득사의(見得思義: 이익을 보면 의로움을 생각함)는 자본주의 시대를 살고 있는 현대인에게 어떻게 이해될 수 있을까? 의로움을 추구하면서도 자본주의 경제체제에서 개인이 정당한 이익을 취할 수 있는 방법에 대해 자신이 알고 있는 사례를 들어 이야기해 보자.

---

3. 다산(茶山) 정약용(丁若鏞, 1762~1836)은 『여유당전서(與猶堂全書)』에서 군자와 소인에 대해 다음과 같이 말하고 있다. “대체로 헐뜯는 말을 꾸미는 사람은 반드시 남의 언어와 문자에서 앞뒤를 마음대로 잘라내어 그 문맥을 바꾸곤 한다. 이것은 본래 그들의 수법이기 때문에 특별히 이상하게 여길 것도 없다. 선비가 벗과의 사이에서 혹시라도 과실이 있게 되면, 그 내용을 분명하게 설명하고 드러내놓고 말함으로써 서로 바로잡아주고 경계하는 것이 군자의 일이다. 만약 몰래 헐뜯고 교묘하게 일러바치며 기회를 틈타 인간관계를 망치게 하는 것은 소인의 일이다. 옳고 그름, 흑과 백이 이처럼 분명하게 구분되어 있으니, 그대는 무엇을 택해야 하는지 알 수 있을 것이다.” 이와 같은 다산의 글을 읽고 대인관계에서 과연 어떻게 하는 것이 유학에서 말하는 군자다운 태도인지에 대해 이야기해 보자.

---

4. 교산(蛟山) 허균(許筠, 1569~1618)이 쓴 「소인론(小人論)」에 보면, “요즈음 나라에는 소인이 없다. 또한 군자도 없다. 소인이 없다면 나라에는 다행이지만, 만약 군자가 없다면 어떻게 나라를 다스릴 수 있겠는가? 아니다. 그렇지는 않다. 군자가 없기 때문에

소인도 없는 것이다. 만약 나라에 군자가 있다면, 소인들이 그들의 행적을 감히 숨기지 못한다. 군자와 소인은 음과 양, 낮과 밤 같아서 음이 있으면 반드시 양이 있고 낮이 있으면 반드시 밤이 있으니, 군자가 있다면 반드시 소인도 있다. 옛날에 요·순 때에도 그랬으니 하물며 후세에 그렇지 않겠는가? 대개 군자라면 바르고 소인이라면 간사하며, 군자라면 옳고 소인이라면 그르며, 군자라면 공적으로 일을 처리하고 소인이라면 사심으로 일을 처리한다. 윗자리에 있는 사람이 간사함과 정당함, 옳음과 그름, 공적인 것과 사적인 것을 분별하여 살핀다면, 저들 소인들이 어떻게 감히 그들의 속마음을 숨길 수 있겠는가? 지금의 소위 군자와 소인이란 서로 간에 큰 차이가 없다. 왜냐하면, 자기들과 뜻을 같이하면 모두 군자로 여기고, 뜻을 달리하면 모두 소인으로 생각하기 때문이다. 저쪽 편이 이쪽 편과 다르다면 배척하여 간사하다 하고, 이쪽 편과 뜻을 같이하는 사람이라면 치켜세워 정당하다고 여긴다." 이와 같은 허균의 글을 읽고 현재 한국사회에서 필요로 하는 바람직한 지도자와 지식인의 조건과 참모습은 무엇인지에 대해 이야기해 보자.

p h i l o s o p h y

3
동양의 지혜

• 도가철학 •

무위자연, 세상을 한 번 거꾸로 보자

황갑연

Ⅰ. 『도덕경』과 『장자』가 보여주는 역설-느림의 순기능

현재 세계 문명을 주도하고 있는 핵심 이념은 무엇인가? 과학이 바로 그것이다. 과학문명 흐름 양상을 한 마디로 규정하면 '빠름'이다. 걷는 보다는 뛰는 것이 빠르고, 뛰는 것보다는 말을 타는 것이 훨씬 빠르다. 산업혁명 이후 과학문명은 급속도로 발전하여 증기기관차와 자동차가 발명되었고, 뒤이어 비행기가 출현하였으며, 이제는 로켓으로 발진하여 우주비행도 가능하게 되었다. 편리함이라는 측면에서만 보면 과학의 효과는 글과 말로 형용하기 부족할 정도이다. 그러나 그러한 과학의 비약적 발전에는 오로지 인류의 행복만이 내재되어 있는가? 부작용 역시 문명의 빠름 속도 그리고 행복의 양과 정비례한다. 걷다가 넘어지면 다리가 삐끗할 뿐이지만, 뛰다가 넘어지면 상처가 날 수 있다. 낙마를 하면 팔다리가 부러지고, 자동차 사고는 죽음을 수반하기도 하며, 비행기 사고는 살아남는 것 자체가 기적이다. 그러나 우리는 대부분 팔다리가 부러지거나 죽음을 먼저 생각하기보다는 빠름이 수반하는 긍정적 효과만을 생각한다.

어떤 학자들은 중국 춘추전국 시대에 발생한 노자와 장자를 중심으로 하는 도가철학자들을 반문명론자로 규정하기도 한다. 노자와 장자 사상의 외형만을 보면 반문명적 색깔이 강하게 드러난다. 그러나 그들이 지향하는 가치관과 문명 방향을 잘 분석해보면, 그들은 결코 문명 자체를 반대하지 않는다. 단지 빠름보다는 느림의 문명을 선호할 뿐이다. 그래서인지 노자 『도덕경』과 장자 『남화진경』에는 '무엇을 한다'는 유위(有爲)보다는 '무엇을 하지 않는다'는 무위(無爲)라는 표현이 자주 등장한다. 사실 도가철학에서 무위는 인위와 조작 그리고 집착을 하지 않는다는 의미일 뿐 판단 중지 혹은 '아무 것도 하지 않음(不爲)'을 의미하지 않는다.

도가철학의 핵심인 무위 의미를 다음과 같은 방식으로 이해하면 좀 더 쉬울 것 같다. 하나의 원이 인생이라면, 그 원에서 인생 흐름은 두 가지로 설정할 수 있다. 오른쪽으로 돌아가는 방식과 왼쪽으로 돌아가는 방식이 그것이다. 오른쪽은 빠름의 방식이고, 왼쪽은 느림의 방식이다. 현재까지 인류문명은 오른쪽으로 진행되었고, 인류에게 많은 편리와 이익을 제공하였다. 그러나 과학문명의 빠름은 그것과 비례하여 대규모 인명살상과 환경파괴 등의 부작용도 함께 수반하였다. 반면 왼쪽으로 진행되는 방식은 비록 느리지만 그것과 비례하여 부작용이 적다.

빠름이라는 문명에서 필연적으로 요구되는 것이 분석이다. 물론 모든 과학문명은 종합에 의하여 출현되지만 기본적으로 분석이 전제되어 있다. 반면 느림의 문명에서는 분석을 배척하지는 않지만, 종합이라는 기본적인 틀에서의 분석이다. 즉 분석에서 나타나는 서로 간의 차이가 대립으로 설정되지 않고 조화로 구성된다. 또한 빠름의 방식에서는 개인의 차이성을 존중하기보다는 전체의 힘과 이익을 더욱 중시한다. 따라서 국가의 영토를 확장하고 전 세계를 하나의 규범과 이데올로기로 규약하려고 한다. 반면 느림의 방식에서는 전체성보다는 개인의 차이성을 존중한다. 그 결과 하나의 획일적인 이데올로기와 규범의 가치가 그리 중시되지 않는다. 중국 철학발전사에서 보면 도가철학은 느림의 형태에 속한 이념이다. 따라서 도가의 무위는 '하지 않음'이 아니라 억지와 조작으로써 빠름을 조장하지 않고, 비록 느리지만 역작용을 최소화하는 또 하나의 '하는(爲)' 방식이다.

빠름의 방식에 대하여 오로지 부정적 태도만을 취할 필요는 없고, 느림의 방식에 대해서도 무조건 긍정적 태도를 취할 필요도 없다. 두 가지 서로 다른 방식은 세계와 인생을 바라보는 차별적인 시각에서 비롯되었지만, 모두 하나의 이상향을 지향한다. 즉 차별적인 시각은 일정 부분 주관적이라는 비판이 수반될 수밖에 없고, 이상향을 지향한다는 점에 대해서는 긍정적 태도를 취할 수 있다.

Ⅱ. 무위자연 철학의 선구자-은자(隱者)

은자의 문자적 의미는 '숨어사는 사람'이다. 철학서에서 은자라는 용어가 제일 먼저 출현한 곳은 『도덕경』과 『장자』가 아니라 공자 언행을 기록한 『논어』이다. 『논어』에서 은자들은 천하의 정치 질서를 바로 잡고 예악 문화를 부흥하려는 공자를 '안 되는 줄 알면서도 하려고 하는 우매한 사람' 혹은 '덕이 쇠락한 사람' 혹은 '세상 사람들이 피하는 사람'

등으로 조롱한다. 『논어』에 소개되어 있는 은자들의 행태와 언설들을 분석하면, 그들은 '공동체의 이익보다는 먼저 개인의 이익을 중시하는 사람(爲我主義)', '관직 혹은 명예 등의 외적인 것으로 말미암아 생명의 가치를 훼손하지 않으려고 하는 사람', '초야에서 유유자적하면서 일체 세상사로부터 초탈하려는 사람' 등으로 해설할 수 있다. 『논어』에 소개된 은자 이념에 관한 고사 두 가지만 소개해보겠다. 이들의 언사와 행태를 보면 도가 철학자들이 추구하는 세계가 어떤 형태인지 짐작할 수 있을 것이다.

공자의 제자인 자로가 성문에 늦게 도착하여 성안으로 들어가지 못하고 성 밖에서 유숙하였다. 아침에 성문을 열어 주는 사람이 은자였는데, 자로의 범상치 않는 모습을 보고서 두 사람이 마치 서로 속내를 읽으면서 선문답을 한다. 문지기가 먼저 자로에게 "어디서 왔는가"라고 묻는다. 이 말은 '누구의 제자인가'라는 의미이다. 자로가 '공자의 제자이다'라고 대답하자 문지기는 '불가능한 줄 알면서도 하려고 하는 사람'이라고 하면서 빈정댄다. 즉 공자가 추구하는 인정(仁政)이 당시의 시대적 상황에서 실현될 가능성이 없는데, 그럼에도 불구하고 공자는 인정의 실현을 위하여 노력하니 얼마나 어리석은 사람인가?

또 다음과 같은 은자의 고사가 있다. 장저와 걸익이라는 두 사람이 함께 밭을 갈고 있었다. 마침 공자의 일행이 강을 건너야 하는데 나루터를 찾지 못하고 그 옆을 지나가게 되었다. 공자가 제자인 자로로 하여금 두 사람에게 나루터가 어디에 있는지 묻게 하였다. 자로가 장저라는 사람에게 나루터가 어디에 있는지 묻자 장저가 "저기 수레 고삐를 잡고 있는 사람이 누구인가"라고 묻는다. 자로가 "공자이다"라고 대답하자, 장저가 "노나라의 공자 말인가"라고 또 묻자, 자로가 "그렇다"고 대답하자 장저는 "공자는 나루터가 어디에 있는지 알 것이다"라고 대답한다.

이 대화를 통해 공자와 은자들의 처세관 차이를 확연하게 발견할 수 있다. 공자가 강을 건너야 하는데 나루터가 어디에 있는지를 모르자 공자의 제자인 자로가 논에서 일하고 있는 장저와 걸익에게 나루터가 어딘지 물었다. 그러자 장저가 수레를 잡고 서있는 사람이 누구냐고 묻자 자로가 공자라고 대답하니 장저는 뜬금없이 공자는 나루터가 어디에 있는지 알 것이라고 말한다. 왜 장저는 나루터가 어딘지 몰라서 묻는 사람에게 '공자는 나루터를 알고 있을 것'이라고 딴소리를 한다. 여기에서 나루터는 천하를 다스리는 원리 혹은 길을 의미한다. 강을 건너려면 나루터를 알고 있어야 하듯이 천하의 질서를 올바르게 잡으려면 정치의 원리와 방법을 꿰뚫고 있어야 한다. 공자가 천하를 다스리겠다고 공언한 것을 보면 이는 그가 이미 천하의 질서를 올바르게 다스리는 원리와 방법을 알고 있다는 것이 아닌가? 따라서 그들은 공자가 나루터를 알고 있을 것이라고 비아냥한 것이다.

Ⅲ. 노자철학의 주요 개념과 사상

(1) 도(道)와 무위(無爲) 및 자연(自然)

도가철학에는 다양한 개념과 용어들이 출현하지만 그것들은 무위(無爲)라는 하나의 개념으로 통괄할 수 있을 것 같다. 혹자는 노자철학은 '도'에서 시작하여 '도'로 끝난다고 하지만, 도의 실제 내용은 무위이고, 자연은 도의 유행, 즉 무위에 대한 형용이다. 만일 도와 자연을 무위와 독립시켜 이해하면 도와 자연 두 개념에 대한 설명 방식이 너무나 추상적이어서 마치 미로를 헤매는 것 같은 느낌이 들 것이다.

먼저 『도덕경』「1장」에서 "도가도, 비상도(道可道, 非常道)"라는 말부터 살펴보자. 일반적으로 "말로 표현할 수 있는 도는 영원히 변치 않는 도가 아니다"라고 번역한다. 말로 표현할 수 없다는 것은 언어(개념)로써 정의할 수 없다는 것인데, 언어로써 도를 규정할 수 없다면 무엇으로써 도를 해설할 수 있는가? '도가도 비상도'라는 구절을 보자. 언어로 규정할 수 없다고 하면서 총 여섯 글자 중에서 2/1에 해당하는 세 글자를 '도' 자로 표현하였다. 노자 자신은 이처럼 언어를 중시하면서 왜 다른 사람들에게는 언어로써 도를 규정해서는 안 된다고 생각하는가?

사실 언어 외에는 별다른 방법이 없다. 혼자 고요히 정좌하면서 깨달을까(黙識)? 그렇다면 도는 공개할 수 없다는 말인가? 그렇지는 않다. 노자의 『도덕경』 역시 문자로 기록되어 있다. 노자는 단지 도를 전적으로 언어에만 의존한다면 언어가 갖고 있는 상대성에 제약을 받기 때문에 언어에 담겨있는 의미를 초월해야 함을 강조한 것일 뿐이다.

도는 언어로써 표현할 수밖에 없는데, 그렇다면 언어 자체의 한계를 최대한 피할 수 있는 가장 좋은 개념은 무엇인가? 노자는 '무(無)'를 선택하였다. '무'에는 다양한 의미가 내재되어 있다. 첫 번째가 어떤 고정적인 형상이 없다는 무형(無形)이고, 그 다음이 개념화될 수 없다는 무명(無名)이다. 형상이 있다면 그것은 감각기관에 의하여 인식될 수 있는 존재이기 때문에 도의 초월성을 드러낼 수 없다. 또한 이름이 있다면 그것 또한 이미 지각되었고, 지각되었다면 곧 유형의 존재이기 때문에 도의 초월성과 무한성을 드러낼 수 없다. 때문에 노자는 '유형(有形)'과 '유명(有名)' 대신에 '무형'과 '무명'으로써 도를 형용하려고 한다. 그러나 무형과 무명 역시 '아무 것도 없는 것', 즉 공무(空無)라는 오해를 불러일으킬 수 있기 때문에 노자는 '황홀(恍惚)'이라는 말로써 도가 아무 것도 없는 '공무'가 아님을 해설한다.

노자철학에서 '유'와 '무'는 모두 본래의 한계가 있지만, '유'보다는 '무'를 선택한 이유는 '무' 자에 포함되어 있는 작용의 의미 때문이다. '유'에 무엇을 한다는 '위(爲)' 자를 첨가하면 '유위(有爲)'가 되고, '무' 자에 '위(爲)' 자를 첨가하면 '무위(無爲)'가 된다. 유위는 인위(人爲)와 연결되어 '억지로 한다'는 집착의 의미를 수반한다. 반면 무위는 무작위와 연결되어 '억지로 꾸미지 않고 자연스러움에 맡겨둔다'는 의미가 된다. 그러나 '무' 자가 아무 것도 없다는 '공무' 의미로 오해될 수 있는 가능성이 있는 것처럼 무위 역시 '아무 것도 하지 않는다(不爲)'로 오해될 수 있는 여지가 있다. 따라서 노자는 무위에서 쉽게 연상될 수 있는 '불위(不爲)'의 의미를 해소하려고 "억지로 하지 않지만 이루지 못함이 없다(無爲而無不爲)"고 한 것이다.

그렇다면 어떻게 억지로 하지 않음에도 불구하고 이루지 못함이 없을 수 있는가? 여기에서 노자는 사람과 땅 그리고 하늘 및 도를 상하관계로 정립하고서 그곳에 자연이라는 하나의 원리와 방식을 제공한다. 즉 사람은 쉽게 억지로 꾸미고 포장하면서 자기의 본모습을 숨기려고 한다. 반면 땅은 어떤 억지스러움도 없이 텅 비면 무엇을 채우고, 채우면 그것이 넘쳐흐른다. 땅은 온갖 만물로 하여금 생장과 소멸을 반복하게 하면서 이루지 않은 것이 없지만, 땅은 어떤 것에도 집착하지 않는다. 따라서 사람은 땅의 도리를 본받아야 한다. 하늘 역시 마찬가지이다. 봄과 여름 그리고 가을과 겨울이라는 순환을 계속하지만, 그 어떤 계절에도 미련을 두지 않고 순환하면서 천지만물의 변화를 모두 완전하게 실현할 뿐이다. 때문에 사람은 하늘의 도리를 본받아야 한다. 노자는 땅과 하늘이 어디에도 집착하지 않고 유행하는 것을 도로 표현하였고, 그것의 실질적인 모습을 자연으로써 형용한 것이다.

어떤 학자는 『도덕경』「25장」의 "사람은 땅의 원리를 본받고, 땅은 하늘의 도리를 본받으며, 하늘은 도를 본받고, 도는 자연스러움이다(人法地, 地法天, 天法道, 道法自然)"라는 구절을 해석하면서 사람으로부터 자연까지를 상 · 하위 개념으로 이해하지만, 그렇게 해석하면 어딘지 문자의 표현에 구속받는 답답한 풀이 같다. 인간을 제외한 땅과 하늘 그리고 도에는 어떠한 억지도 없다. 즉 어떤 인위도 없는 자연스러움이다. 단지 무위가 도의 실질 내용이고, 자연이 무위의 원리이고 방식임을 강조하기 위하여 이러한 표현 방식을 선택하였을 뿐이다.

(2) 도는 어떻게 알 수 있는가?

노자는 도를 '유형'과 '유명' 그리고 '유'와 '유위'로 해석하지 않았다. 즉 도는 어떤 특별한 형체도 없기 때문에 이름을 붙일 수도 없다. 무엇을 하려고 해도 어떤 특별한 형상에 의지할 수도 없기 때문에 집착할 대상도 없다. 그렇다면 이러한 도를 어떻게 인식할 수 있는가? 이에 관하여 노자는 "대문 밖으로 나가지 않아도 천하를 알 수 있고, 창틈으로 엿보지 않아도 천도를 볼 수 있다. 나갈수록 더욱 멀어지고 알수록 더욱 작다"고 말한다.

일반적으로 천하를 알려면 대문 밖으로 나가서 천하의 사물들을 직접 관찰하여 견문지식을 넓혀야 하고, 창틈으로 고개를 내밀고 무엇인가를 보아야 한다. 그런데 노자는 정반대로 해설한다. 노자는 도를 인식할 수 있는 어떤 하나의 고정적인 방식을 제시하지 않는다. 단지 일반적인 경험 방식으로는 인식 불가하다는 점만을 강조할 뿐이다. 이것이 바로 노자가 애용하는 부정의 방식이다. 즉 '도를 어떻게 체득할 수 있는가'의 방식을 밝히지 않고 '이렇게 하면 도를 체득할 수 없다'는 것만을 제시한다. 그렇기 때문에 밖으로 나가면 나갈수록 도에 대한 인식은 더욱 멀어지는 것처럼 일반적인 방식을 사용하여 도에 관한 지식을 축적하려고 하면 도에 대한 인식은 더욱 작아지는 것이다. 다시 말하면 경험적인 방법인 주객 대립의 사고방식으로서는 도를 체득할 수 없고, 그러한 방법을 사용하면 할수록 도에 대한 인식은 더욱 불가능하다는 것이다.

그렇다면 도는 알 수 없는가? 결코 그렇지 않다. 일반적으로 사물을 인식하는 방법과 전혀 다른 방식을 사용해야 한다. 어떤 외적인 사물에도 마음을 빼앗기지 않고, 어떤 선입견에도 의지하지 않는 무심(無心)의 상태에서 자기 성찰과 반성을 통해야만 도를 체득할 수 있다. 밖의 것은 눈 · 코 · 입 등의 감각기관을 의지할 수밖에 없다. 자기의 눈이 무엇에 유혹되면 그것을 아름답다고 한다. 입과 코가 어떤 향과 미각에 도취되면 그 음식을 맛있는 음식이라고 한다. 그러나 그것은 일시적이고 유한적인 판단일 뿐이다. 도의 입장에서 보면 본래 아름다운 것도 없고, 맛있는 것도 없다. 배고플 때 먹는 자장면은 맛있지만, 포만 상태에서는 산해진미도 끌리지 않는다. 그렇다면 맛있는 음식이 있는가? 따라서 마음을 비우고서 만물의 정(正)과 반(反) 그리고 상과 하 등 양면을 두루 관조하면서 판단해야 한다.

(3) 무위의 덕(上德)과 유위의 덕(下德)

노자철학에서 도와 덕의 관계는 "도는 만물을 생하고, 덕은 만물을 기른다"는 말에 잘 나타나 있다. 도는 만물의 생성과 관련된 것이고, 덕은 도의 원리에 따라서 만물을 얻는 것과 관련된 것이다. 만물을 얻는 주체는 누구인가? 바로 인간이다. 따라서 덕은 인간의 행위와 관련된 것이다. 그렇다면 덕은 무엇 때문에 만물을 얻을 수 있는가? 그것은 다름 아닌 무위의 작용 때문이다. 어떻게 해야만 무위의 작용인가? 노자는 "덕은 만물을 생성하였다고 해서 자기 소유로 하지 않고, 자기가 한 일이라고 해서 뽐내지 않으며, 만물의 수장이라고 해서 그것들을 주재하려고 하지 않는다. 이것을 일러 현덕(玄德)이라고 한다"고 하였다. 일반사람들은 자신의 노력이 조금이라도 가해져 성공이라는 결과를 이루었다면 공적을 내세워 그 공로를 차지하려고 한다. 오로지 나만 그런가? 다른 사람도 마찬가지로 공로를 내세워 그 결과를 소유하려고 한다. 다툼은 바로 이것 때문에 발생하는 것이다. 그러나 성인은 자기가 이루었음에도 불구하고 그것을 소유하려고 하지 않고, 자기의 능력을 뽐내지도 않으며, 자기가 이루었다고 해서 그것을 부리려고도 하지 않는다. 이것이 바로 무위이다. 노자에 의하면 이러한 무위를 내용으로 한 덕이 가장 좋은 덕(玄德-上德)이다.

또 노자는 가장 좋은 행위를 무위의 덕으로 규정하고, 그 다음으로 인(仁)과 의(義) 그리고 마지막으로 예(禮)를 제시한다. 일반적으로 노자는 유가철학에서 긍정하는 인의의 가치를 부정한다고 하는데, 반드시 그런 것은 아니다. 노자에 의하면, '인'은 심성(心性)의 자연스러움이고, '의'는 인의 자연스러운 유출을 유도하기 위하여 객관적인 조건과 규제를 하는 것이다. 그러나 도 혹은 덕의 무위와 비교해 볼 때 인위가 있음을 부정할 수 없다. 인의로써도 안 되면 객관적인 형식인 '예'가 도입될 수밖에 없다. 이는 더 큰 인위이다. 사실 노자가 전면적으로 부정적인 태도를 취하고 있는 대상은 유가의 인의가 아니라 바로 유가의 '예'이다. 노자는 유가철학에서 강조하고 있는 '예'를 인위의 꾸밈, 즉 가식으로 평가하고서 모든 혼란과 병폐의 근원으로 삼았다.

독자들은 예에 대한 노자의 비평을 보면서 한 가지 의문을 가질 수 있을 것이다. 노자는 분명 인위를 반대하고 무위자연을 주장하였는데, 가장 인위적이고 억지스러우면서 우리의 자유를 제한하는 것은 무엇인가? '인'인가? '의'인가? 아니면 '예'인가? 누가 보아도 법(法)이다. 『도덕경』 이전에 법가 사상은 존재하였지만, 노자는 법가에 대해서는 별다른 비평을 하지 않는다. 오히려 모든 비난의 화살을 유가의 '예'에만 집중시키고서 쏘아댄다. 즉 노자에 의하면 유가의 예가 가장 근본적인 적폐의 대상인 것이다. 왜 그런가? 이는 노자의 무위자연 사상이 바로 공자를 근본으로 한 유가철학에 대한 비평을 시작으로 성립된 것이기 때문이다.

Ⅳ. 장자철학

(1) 비유의 달인 장자

『장자』라는 책에는 우화를 이용한 간접화법이 많이 등장한다. 대표적인 예화를 소개하면 다음과 같다.

1) 호접몽(胡蝶夢)

호접(胡蝶)은 호랑나비이다. 장자는 꿈이 많은 사람이었다고 한다. 하루는 장자가 꿈에서 나비가 된 적이 있었다. 잠시 나비가 되었다가 또 잠시 뒤에 사람인 장자로 된다. 몇 차례 나비와 장자로 왔다 갔다 하다 보니 장자가 나비가 되었는지 나비가 장자가 되었는지 알 수 없었다고 한다.

장자의 호접몽 고사에는 최소한 두 가지 의미가 내재되어 있다.

첫째, 허상에 대한 깨달음이다. 꿈은 하나의 허상이다. 꿈속에서 사람인 장자가 실상인지? 아니면 나비가 실상인지? 장자는 잘 모르겠다고 한다. 그런데 깨어보니 자신은 나비가 아니라 장자였다. 이는 허상에 대한 자각을 의미한다. 우리의 인생도 마찬가지이다. 명예가 전부인 줄 알았지만, 그것도 허상이다. 재물이 인생의 목적인 줄 알았는데, 재물 때문에 위험에 빠지기도 한다. 장자는 나비의 꿈을 소재로 하여 우리로 하여금 허상에서 탈출할 것을 주문한다.

둘째, 장자의 꿈에서 나비가 되기도 하고, 다시 장자의 모습으로 환원되기도 한다. 장자와 나비는 분명 다른 존재이다. 장자는 장자이고 나비는 나비일 뿐이다. 그런데 장자는 꿈속에서 장자와 나비가 구분되지 않는다고도 한다. 왜 그런가? 장자는 모든 현상은 도의 현현이라고 한다. 드러난 현상은 차별적이지만 그 안에 내재되어 있는 도는 공통이다. 도는 원의 중심에 있는 센터와 같다. 이 중심에서 같은 거리에 있는 점들의 집합이 바로 원이다. 원을 이루고 있는 무수한 점들이 바로 현상이다. 이 현상의 모습은 비록 차별적일 수 있지만 모든 현상은 원의 중심에서 같은 거리에 존재한다. 어떤 주장도, 어떤 사상도, 또 어떤 사물도 도의 입장에서 보면 모두 도의 현현으로서 '같음'일 뿐이다. 따라서 도를 공통분모로 삼으면 자타와 물아는 사실상 분계가 모호하게 되는 것이다. 장자는 나비의 꿈을 소재로 물아양망(物我兩忘)의 무대(無對) 세계관을 제시한다.

2) 썩은 쥐를 얻은 솔개

혜시가 위(魏)나라의 재상으로 있을 때 장자가 친구인 혜시를 보러 갔다. 혜시의 참모가 혜시에게 "장자가 위나라로 오게 되면 장자의 재능이 당신보다 뛰어나니 당신을 대신하여 재상이 될지 모릅니다." 이 말을 듣고서 혜시가 불안하여 자신의 심복으로 하여금 장자의 거동을 3박 4일 동안 살피게 하였다. 장자는 이러한 혜시를 행동을 보고서 매우 서운하고 화도 났지만, 이내 참으면서 혜시를 만나자 다음과 같은 이야기를 해주었다.

> "남방에 원추라는 새가 있는데, 그대는 그 새를 아는가? 이 새는 남해에서 출발하여 북해로 날아가는데, 오동나무가 아니면 쉬지 않고, 대나무의 열매가 아니면 먹지 않으며, 달콤하고 청량한 물이 아니면 마시지 않는다. 이때 한 마리의 솔개가 이미 죽은 쥐를 얻고서 날아가는데, 원추가 그때 마침 그 솔개 위를 날아갔다. 솔개는 커다란 원추가 위에서 날고 있는 모습을 보고서 원추가 썩은 생쥐를 빼앗아 갈까봐 소리를 지르면서 소란을 피웠네."

이는 장자가 혜시의 인생 태도를 힐난한 것이다. 장자가 위나라 군주의 부름을 받고서 위나라 수도인 대량(大梁)으로 떠났다. 대량에는 장자의 친구인 혜시가 이미 위나라 관리로 일하고 있었다. 장자의 재능이 자신보다 뛰어남을 익히 알고 있는 혜시는 혹시 장자가 대량에 오면 자신의 위치가 흔들릴까 두려워 사람을 파견하여 장자를 감시하였다. 후에 장자는 혜시를 만나자 원추라는 새와 솔개를 예로 들어 혜시가 자신을 감시한 행태를 힐난한다.

장자에 의하면 원추는 아침에 남해에서 출발하여 저녁에 북해로 돌아간다. 날아가는 중간에 오동나무와 대나무가 없으면 쉬지도 먹지도 않는다. 그런데 원추가 날아가다가 아래를 보니 솔개가 썩은 쥐를 물고 날아가면서 혹시 원추에 의해서 썩은 쥐를 빼앗길까

봐 온갖 소리를 내면서 금이야 옥이야 감추면서 두려워하는 것이었다. 이곳에서 원추는 장자 자신이고, 혜시는 솔개이며, 썩은 생쥐는 관직이고, 솔개의 소리는 심복을 파견하여 장자를 감시하는 행위이다. 장자는 결코 혜시를 직접 비난하지 않았지만, 혜시가 받은 심리적인 모욕은 그보다 심할 것이다.

3) 조릉(彫陵)의 고사

『장자』에 다음과 같은 고사가 있다.

> "장자가 조릉의 밤나무골에서 산책을 하고 있을 때 한 마리 이상한 까치가 남쪽에서 날아왔다. 날개는 7척이나 되었고, 눈은 1촌정도 길었는데, 바로 눈앞에 있는 장자도 보지 못하고 날개로 장자의 이마를 스치면서 밤나무 숲속으로 날아갔다. 장자는 이상한 새를 보고서 '무슨 새인가? 날개는 이처럼 크고서도 멀리 날지 못하고, 눈은 이처럼 크고서도 앞에 물건도 제대로 보지 못하는구나'하고 중얼거리면서 옷을 여미고서 빠른 걸음으로 그 새를 쫓아가 탄궁을 잡고서 까치의 움직임을 살폈다. 이때 한 마리의 매미가 시원한 곳에 몸을 숨기고서 자신의 존재마저 잊고 있었다. 이때 또 한 마리의 사마귀가 자신을 숨기고서 매미를 잡으려고 하였다. 사마귀도 매미처럼 자신의 형체를 잊고 있는 것 같았다. 이때 밤나무숲으로 날아갔던 까치가 이 기회를 틈타 사마귀를 잡으려고 하였다. 매미는 사마귀가 자신을 노리고 있는데도 그것을 모르고, 사마귀는 까치가 자신을 노리고 있는데도 매미만을 노리고 있으며, 까치는 장자가 탄궁으로 쏘려고 하는데도 그것을 모르고 사마귀만을 잡아먹으려고 한다. 왜 그런가? 이는 오로지 이익만을 탐하고서 자신의 본래 모습을 잊은 것이다. 이때 장자도 깜짝 놀라면서 깨달았다. 아이고! 모든 것은 서로 이처럼 위험에 물려있는 것인데, 이는 서로 자신의 욕심만을 생각하기 때문이다. 그러고서 탄궁을 버리고 바로 도망갔다. 이때 관리인이 밤을 훔치는 도둑인 줄 알고 쫓아오면서 장자를 잡으려고 하였다."

장자는 어느 날 큰 저택 부근에서 탄궁을 메고서 사냥을 즐기고 있었다. 그러나 그 저택은 무단출입이 금지된 곳이었다. 장자는 그곳에서 담장 안에 있는 까치를 보고서 까치를 쏘려고 하였다. 그런데 그 까치는 장자에 대해서는 아랑곳하지 않고 무엇인지를 뚫어지게 노려보고 있었다. 장자가 이상하게 생각하고 그것을 보자 다름 아닌 사마귀였다. 또 그 사마귀도 무엇인지를 노려보고 있었다. 그것은 다름 아닌 매미였다. 장자는 이 장면을 보고서 자신의 인생에 대하여 크게 탄식하였다고 한다. 즉 자신의 위험도 모르면서 어느 한 면에 집착하여 희열과 희망에 싸여있는 자신의 모습이 마치 까치와 사마귀 그리고 매미에 비유되었던 것이었다. 우리는 외물의 유혹에 빠지면 죽음의 그림자가 다가와도 이를 감지하지 못한다.

4) 우물 안 개구리

"무너진 낡은 우물 안에 살고 있는 개구리가 동해에 사는 자라에게 말했다. '나는 즐겁다. 밖에 나오면 우물 난간 위에서 깡충 뛰놀고 안에 들어가면 깨어진 벽돌 끝에서 쉬며, 물위에 엎드릴 때는 두 겨드랑이를 물에 찰싹 붙인 채 턱을 들고, 진흙을 찰 때는 발이 빠져 발등까지 잠겨 버린다. 장구벌레와 게 그리고 올챙이를 두루 살펴보아도 나만한 것이 없다. … 이것 또한 최고이다. 자네도 이따금 들어와 보는 것이 어떻겠는가?' 동해의 자라는 그 말을 듣고 우물 안에 들어가려 했으나, 왼발도 채 들어가기 전에 오른 쪽 무릎이 우물 입구에 꽉 끼여 버렸다. 그래서 망설이다가 뒤로 물러나서는 개구리에게 바다 이야기를 해주었다. '무릇 천리의 먼 거리도 바다의 크기를 형용하기에는 충분하지 못하고, 천 길의 높이도 바다의 깊이를 나타내기에는 부족하다. 우임금이 아직 요임금 밑에서 치수를 맡고 있을 때에는 십 년 동안에 아홉 번이나 홍수가 났지만, 바닷물은 조금도 불어나지 않았다. 탕 임금 때에는 팔 년 동안에 일곱 번이나 가뭄이 들었지만, 바닷물은 조금도 줄어들지 않았다. 무릇 시간이 짧고 긴 데 따라 변화하는 일도 없고, 비가 많고 적음에 따라 불어나거나 줄어들거나 하는 일도 없었다는 것, 이것이 동해의 커다란 즐거움일세. 무너진 우물 안에 살고 있는 개구리는 이 말을 듣고 깜짝 놀라서 그만 얼이 빠져 버리고 말았다."

개구리가 살고 있는 우물은 비가 조금만 와도 넘친다. 그런데 동해 바다는 어떠한가? 우임금이 요임금 밑에서 황하의 치수를 담당하고 있을 때 십 년 동안에 아홉 번이나 홍수가 났다. 그런데 바닷물은 조금도 불어나지 않았다. 탕 임금 때는 팔 년 동안에 일곱 번이나 가뭄이 들었지만, 바닷물은 조금도 줄어들지 않았다. 이 동해의 물이 바로 도이다. 도의 입장에서 보면 아무런 변화가 없는 것이다. 그런데 우물물의 증감에 예민하고, 우물 안에 살면서 동해를 한 번도 보지 못한 개구리가 과연 도를 알겠는가? 이는 여름벌레에게 겨울을 말하는 것과 같다. 장자가 말한 개구리와 여름벌레는 다름 아닌 바로 우리 자신일 것이다.

5) 새를 기르는 방식으로 새를 기른다(以鳥養養鳥)

> "옛날에 어떤 아름다운 바닷새가 노나라의 교외로 날아왔다. 노나라의 임금은 크게 기뻐하여 그 새를 맞아 묘당에서 연회를 베풀고 구소(九韶)를 연주하고 태뢰(太牢)의 성찬을 베풀었다. 그러나 그 새는 오히려 눈이 어지럽고 마음이 슬퍼서 고기 한 점도 먹지 못하고, 물 한 모금도 마시지 못한 채 사흘 만에 죽고 말았다."

노나라 임금이 그렇게 극진하게 새를 대접했는데, 왜 그 새는 죽었을까? 설마 음식이 입에 맞지 않아서일까? 아마 새도 노나라 임금의 환대에 기뻤을 것이다. 그러나 문제는 방식의 차이이다. 왜 노나라 군주는 자신이 원하는 방식으로 새를 대접하는가? 새가 원하는 방식, 즉 새의 본성에 맞는 방식으로 새를 대접해야만 새가 기뻐할 것이다. 이것이 바로 소통의 원리이다. 소통에서 가장 중요한 것은 바로 상대방의 차이성을 존중하는 것이다. 새를 기르는 방식은 분명 사람과 다르다. 무한의 창공에서 훨훨 날아다니게 하는 것이 바로 새의 본성에 맞는 방식이다.

(2) 소요유(逍遙遊)와 자유주의

장자철학에 매료된 사람들에게 물어보라. 무엇 때문에 장자라는 사람에게 푹 빠지게 되었는가? 아마 대부분의 사람들은 「소요유」 편에 소개된 무한 세계를 비행하는 대붕이 자신을 장자의 사유로 이끌었다고 대답할 것이다. 나 역시 『장자』의 많은 편 중에서 「소요유」 편을 읽을 때 가장 흥분되었다. 장자가 제시한 우화들은 우리의 삶, 그중에서도 추구해온 가치에 대하여 한 번쯤 회의할 수 있는 계기를 마련해준다. 그러나 「소요유」는 우리에게 일종의 해방감을 준다. 선악의 분계도 없는 것 같고, '삶의 궁극적인 목적이 무엇인가'라는 물음도 갖지 않는다. 단지 무한 세계에서 마치 산책하듯이 노닐고 있다는 느낌을 준다. 「소요유」도 우화의 형식으로 전개된다. 「소요유」의 내용은 다음과 같다.

"북해에 물고기가 있는데, 그 이름이 곤이다. 이 곤의 크기는 몇 천리나 되는지 알 수 없다. 이 고기가 변하여 새가 되는데 이 새의 이름이 붕이다. 이 붕의 등은 몇 천리가 되는지 알 수 없다. 그놈이 기운을 떨쳐 날면 그 날개는 마치 하늘에 드리운 구름과 같다. 이 새는 바다 기운(해풍 혹은 조류)이 한번 크게 움직일 때에 따라서 남해로 옮겨가니, 남해는 곧 천지다. 제해라는 것은 기이한 일을 기재한 책인데, 이 제해란 책에 '붕조가 남해로 옮기려 할 때는 삼천리나 되는 물결을 치면서 회오리바람을 일으켜 타고 구만리를 날아올라 가서 여섯 달 만에 쉰다'고 하였다. 아지랑이와 먼지는 생물들이 서로 불어주는 것이다. 하늘이 푸르게 보이는 것은 그것이 본래 푸르기 때문에 그런가? 아니면 단지 멀어서 그렇게 보이는 것일까? 하늘에서 내려다보면 땅도 푸르게 보일 것이다. 그리고 물이 얕으면 큰 배를 띄울 힘이 없다. 한 잔의 물을 마루의 푹 패인 곳에 붓고서 그곳에 아주 작은 풀잎을 놓으면 하나의 작은 배가 될 수 있다. 그러나 그곳에 하나의 잔을 놓으면 곧 가라앉게 된다. 이는 물은 얕고 배는 크기 때문이다. 풍력이 강하지 않으면 날개가 힘을 쓰지 못한다. 대붕이 구만리 창천을 날 수 있는 것은 아래에 거대한 바람이 있기 때문이다. 그런 후에 그 바람을 타고서 푸른 하늘을 날면 어느 것도 그것을 막지 못한다. 그런 후에 남해로 날아갈 수 있다. 쓰르라미와 비둘기가 대붕을 비웃으면서 말하였다. 우리는 힘을 써 날아가 유수나무 위에 멈추기도 하고, 어떤 때는 그곳에 이르지 못하고 땅에 떨어지기도 한다. 그런데 뭘 그리 힘들게 구만리를 날아 남해로 날아가는가? 근교로 나가는 사람은 세끼의 식사를 준비하여 그날 돌아오더라도 배가 부르다. 백리의 길을 떠나는 사람은 하루 묵을 식량을 준비한다. 천리를 떠나는 사람은 3개월의 식량을 준비한다. 그런데 쓰르라미와 비둘기가 어떻게 그러한 이치를 알겠는가? 소지는 대지에 미치지 못하고, 소년은 대년에 미치지 못한다. 왜 그런지 아는가? 예를 들어 조균은 햇빛을 보면 곧 죽어버리기 때문에 하루라는 시간을 알지 못한다. 봄에 태어나서 여름에 죽거나 여름에 태어나서 가을에 죽는 벌레는 일 년이라는 시간을 알지 못한다. 이것이 바로 소년이다. 초나라에 명령이라는 나무가 있는데, 오백년을 봄으로 삼고, 오백년을 가을로 삼는다. 또 옛날에 대춘이라는 나무가 있는데, 팔백년을 봄으로 삼고, 팔백년을 가을로 삼는다. 이것이 대년이다. 팽조가 7백년을 살자 그 명성이 지금도 전해져 모든 사람이 그를 흠모하는데, 이것이 어찌 큰 슬픔이 아니라고 할 수 있겠는가?"

소요유에서도 장자는 비유법과 과장법을 사용하고 있다. 원래 과장법은 인간의 이성적 사유가 만들어낸 개념에 대하여 부족감을 느꼈을 때 사용한다. 즉 인간의 이성적 사유에서 벗어나려고 할 때 사용한다. 과장법은 분명 허구이다. 동시에 사실 세계 혹은 경험적 인식의 제한을 박차고 나가고 싶을 때 사용되는 언어의 유희이다.

우선 첫 단락의 내용을 보자. 곤(鯤)은 물고기의 알을 의미하지만, 이곳에서는 알에서 부화하여 거대한 형체로 성장한 물고기를 지칭한다. 알에서 물고기로 변화하였다는 것은 어떤 욕구에 의한 성장을 의미한다. 성장을 하면 만족감이 수반되지만, 이전의 공간에 대한 부족감을 느꼈던 것처럼 현재의 공간에 대해서도 곧 부족감을 느낄 것이다. 그렇기 때문에 곤은 다시 한 번 대붕으로 변화를 시도하는 것이다.

이곳에는 두 개의 바다가 나온다. 하나는 북해(北冥)이고, 다른 하나는 남해(南冥)인데, 장자는 남해를 천지(天池)라고 한다. 장자가 명확하게 북명(北冥)이라는 공간을 비하하지는 않지만 곤은 이곳을 버리고 남명(南冥)으로 삶의 터전을 옮기려고 한다. 왜 장자가 북명을 버리려고 할까? 그것은 북명이 곧 온갖 갈등과 대립 그리고 상대적 가치관이 혼재되어 있는 무명(無明)의 공간이기 때문이다. 남명은 이와 달리 이상적인 공간으로 시비와 선악 그리고 미추의 대립이 없는 무대(無對)의 공간이다.

그러나 장자에게 있어 남해 역시 완전한 이상향은 아니었던 것 같다. 장자는 "하늘이 푸르게 보이는 것은 그것이 본래 푸르기 때문에 그런가? 아니면 단지 멀어서 그렇게 보이는 것일까? 하늘에서 내려다보면 땅도 푸르게 보일 것이다"라고 한다. 장자가 말한 푸름(蒼蒼)은 '이상'을 의미하는데, 아래에서 보니 하늘(남해-천지)이 푸르게 보여 그곳을 이상향이라고 생각하였는데, 막상 천지에 이르자 오히려 저 아래의 세계가 또 푸르게 보인다. 이곳에서 장자는 다시 한 번 자신의 세계를 전환한다. 즉 앞에서는 상향(上向)을 추구하였다면, 상향에 이르고서는 하향(下向)을 한다. 하향의 세계는 내가 살고 있는 인간세(人間世)이다. 비록 이곳에는 삶과 죽음 그리고 아름다움과 추악함 등의 차별이 있지만, 그것에 구속되지 않고 원융무애의 삶을 살아간다면 그곳이 진정한 이상향일 것이다.

장자는 "풍력이 강하지 않으면 날개가 힘을 쓰지 못한다. 그렇기 때문에 대붕이 구만리 창천을 날 수 있는 것은 아래에 거대한 바람이 있기 때문이다. 그런 후에 그 바람을 타고서 푸른 하늘을 날면 어느 것도 그것을 막지 못한다. 그런 후에 남해로 날아갈 수 있다"고 한다. 장자는 앞에서 대붕으로의 비상을 꿈꾸었지만, 대붕 역시 아래에서 강한 바람이 불어주지 않으면 9만리를 날아갈 수 없다. 대붕 역시 의타적 존재인 것이다.

모든 존재가 의타적 존재라면, 그러한 한계와 속성에 대한 올바른 인식을 해야 한다. 쓰르라미와 비둘기가 이러한 도의 원리를 자각하였다면, 대붕을 비웃을 필요가 없다. 왜냐하면 자신들은 비록 대붕처럼 9만리 창천을 비행할 수는 없지만 큰 바람의 도움 없이도 작은 공간에서 자유자재로 날아다닌다. 자신의 본성에 대한 만족은 곧 타자의 본성에 대한 긍정을 의미한다. 그러나 쓰르라미와 비둘기는 대붕의 본성을 파악하지 못하였다. 이는 곧 자신들의 본성을 이해하지 못하고 있음을 의미한다.

또 장자는 초나라 남쪽에 산다는 명령이라는 나무와 대춘이라는 나무를 내세운다. 명령은 500년을 봄으로 삼고 500년을 가을로 삼는다. 또 대춘은 800년을 봄으로 삼고 800년을 가을로 삼는다. 그러나 명령과 대춘 누구도 자신이 장수하였다고 생각하지 않는다. 왜냐하면 영원이라는 시간 속에 자신의 삶은 그저 하나의 점도 차지하지 못하기 때문이다. 그런데 팽조라는 사람은 7백년을 살았다고 한다. 그러자 사람들이 팽조를 흠모한다.

과연 팽조는 장수하였고, 자신들은 요절한 것인가? 한 나절도 살지 못하고 죽는 조균(朝菌)과 70년 자신의 삶을 비교해보자. 과연 짧은 삶이라고 할 수 있을까? 조균은 비록 하루를 알지 못하지만, 팽조를 부러워하지 않는다. 그런데 왜 70년을 살다 죽은 사람이 팽조를 부러워하는가? 이상의 비유를 통하여 장자는 진정한 행복이 무엇인가를 자각하게 한다. 행복은 먼저 자신의 본성을 올바르게 인식하는 것에서부터 출발한다. 인간은 본래 유한하다. 그렇다면 무한을 꿈꾸지 말아야 한다. 생(生)이라는 개념은 사(死)와 짝을 이룬다. 삶이 없으면 죽음도 없다. 태어났다면 죽음을 부정하지 말아야 한다. 이러한 인간 존재의 본성(실상)을 정확하게 파악하였다면 삶은 더 이상 기쁨이 아니고 죽음 역시 불행이 아니다. 삶과 죽음 어디에도 속박되지 않은 삶, 그것이 곧 소요유의 삶인 것이다.

(3) 제물론(齊物論)과 평등주의

『장자』 두 번째 편명이 「제물론」이다. 「소요유」 편도 어렵지만, 그래도 「소요유」 편은 우리에게 시원하고 자유스러움이라는 청량감을 주기 때문에 그리 어렵게 느껴지지 않는다. 그러나 「제물론」은 우선 '제물'에 관한 해설부터 분분하다. 대표적으로 두 가지가 있다. 하나는 '제물'이라는 말을 그대로 번역하는 것이다. '물, 즉 존재를 가지런히 하다.' 이때의 '물'은 유형적인 사물만이 아니라 자연현상 · 사회현상 · 희로애락과 같은 심리현상 · 신분의 귀천 · 혼란과 안정의 치란(治亂) 등 현상 세계의 모든 것이 물의 범주에 속한다. 모든 존재에는 모두 도가 내재되어 있고, 모두 도를 드러내고 있기 때문에 외적인 형상 측면에서 보면 서로 다르지만, 도라는 공통분모에서 보면 서로 동일한 '하나'일 뿐이다. 이것이 '제물'의 첫 번째 의미이다.

다른 하나는 '물에 관한 논의를 가지런히 하다'는 의미이다. 물에 관한 논의는 존재에 관한 사람들의 주장인데, 춘추전국 시대에는 사회현상과 치란 혹은 가치 등에 문제에 대한 사상가들의 주장이 참으로 다양하게 전개되었다. 백가쟁명(百家爭鳴)은 바로 이를 형용한 사자성어이다. 이러한 주장들을 가지런히 한다는 것이 바로 제물이다. 나는 두 번째의 해석이 제물론의 본래 의미라고 생각한다. 따라서 두 번째 해석을 따르겠다.

장자가 「소요유」 편에서 비평하는 대상은 유가철학자들이다. 장자는 공자를 비롯한 유가철학자들은 인의라는 형식에 사로잡혀 그 밖의 세계를 보지 못한다고 힐난한다. 반면 「제물론」에서는 유가철학자가 아닌 혜시처럼 진리의 상대성을 주장하는 명가철학자들을 비평의 대상으로 삼는다. 명가철학자들은 때로는 정연한 논리로, 때로는 궤변으로 유가와 도가의 학자들을 곤혹스럽게 하였다. 그러나 이러한 논리는 사람들의 마음을 복종시키지는 못하였다. 왜냐하면 논리는 지식론에는 적용될 수 있지만 복잡한 사람과 사람 사이의 삶에 관한 문제에는 논리가 적용되지 않는 경우가 너무 많기 때문이다. 명가철학자들은 시비에 관한 논리를 현실 정치에 적용시키려고 하였지만 정치적인 문제나 사회의 시비 분쟁은 언제나 상대방이 있어 자신의 의견에 동의하지 않을 경우 논리와는 관계없이 분쟁을 계속한다. 왜냐하면 시비가 논리에 있는 것이 아니라 심리적 요소 그리고 관념적 요소와 함께 더불어 있기 때문이다.

장자는 먼저 시비가 발생하는 원인을 밝힌다. 장자에 의하면, 시비의 발생 원인은 객관적인 논리의 오류에 있지 않고 각자의 선입견과 편견에 있다. 선입견과 편견, 이것을 장자는 성심(成心)이라고 하였다. 자신의 사유에 제한되어 성심을 지나치게 신뢰하면, 이 성심은 그 사람의 시비선악 판단의 기준이 된다.

장자에 의하면, 시비가 생기기 이전에 이미 시비가 생길 수밖에 없는 원인을 가졌다. 성심이 시비 발생의 근본 원인이다. 이미 성심이 서고, 그것 때문에 시비가 일어나는 것이라면 그 시비는 또 시비를 낳아 시비는 그치지 않게 된다. 제 삼자가 나온다고 할지라도 시비는 종식되지 않는다. 장자는 시비의 대립에서 양행(兩行)을 내세운다. '행'은 '되다', 즉 긍정의 의미이다. 따라서 양행론은 양시론(兩是論)과 유사한 의미이다.

양행은 둘 다를 긍정하는 것이기 때문에 언뜻 보기에 문제의 핵심을 피해나가는 것 같다. 그러나 실제로는 남의 의견을 용인하는 너그러운 심정의 표현이다. 내가 상대방을 부정하면, 상대방에 의하여 나 역시 부정되고, 내가 상대방을 긍정하면, 상대방 역시 나를 긍정한다. 그렇다면 서로 상대방보다 손해를 보았다는 생각을 하지 않을 것이다. 우리는 자신의 입장에서 상대방의 이론을 부정해서는 안 된다. 타인의 입장에서 보면 오히려 내 견해가 부정될 수 있다. 따라서 어떤 이론도 완전하게 긍정될 수도 없고 부정될 수도 없다. 이것이 바로 대립을 종식시키는 소극적이면서도 가장 원만한 해결책이라는 것이다. 장자는 소요유로서 내면의 자유세계를 표현하였으며, 제물로서 외면의 대립을 종식시켰다. 다음의 조삼모사(朝三暮四)가 바로 양행이 필요한 경우이다.

"사람들은 정신을 허비하면서 헤매는데, 이는 만물은 본래 서로 동일하여 다름이 없다는 원리를 모르기 때문이다. 이것을 일러 조삼이라고 한다. 조삼이 무슨 의미인가? 원숭이를 기르는 사람이 아침에 세 개 주고 저녁에 네 개를 주겠다고 하자 원숭이들이 화를 냈다. 그렇다면 아침에 네 개를 주고, 저녁에 세 개를 주겠다고 하자 원숭이들이 기뻐하였다. 3과 4라는 명(名) 그리고 그 순서를 바꾸어도 모두 7이라는 내용(實)은 변화가 없는데, 기뻐하고 화냄으로 반응하였다. 이것 역시 원숭이들의 심리상태이다. 그렇기 때문에 성인은 시비를 비평하지 않고 조화의 원리를 적용하여 (피차의 구별이 없는) 본연의 상태로써 시비를 종식시키려고 한다. 그것이 바로 양행이다."

'아침에 세 개 주고, 저녁에 네 개를 주는 조삼모사(朝三暮四)'와 '아침에 네 개를 주고 저녁에 세 개를 주는 조사모삼(朝四暮三)'이 실제로 다른가? 조삼모사와 조사모삼은 모두 7이다. 그런데 왜 조삼모사에는 화를 내고, 조사모삼에는 기쁨을 표현하는가? 본래 인간관계는 자타(自他)로 이루어졌는데, '타'를 보지 못하고, 오로지 '자'만을 보기 때문이다. 마찬가지로 자타라는 인간관계가 본래 모습이라면 타자를 긍정해야만 내가 긍정될 수 있다. 즉 너의 견해도 너의 입장에서 보면 옳고, 나의 견해도 나의 입장에서 보면 옳은 것이다. 모두 부분적으로 옳다. 이것이 바로 양행이다. 만일 자기의 주장만을 옳다고 하고, 상대방의 주장은 모두 그르다고 한다면 이는 소지에 불과한 것이고, 전체의 입장에서 보면 양면의 일면적 지혜와 판단에 불과한 것이다. 따라서 장자는 태양이 만물을 골고루 보조(普照)하듯이 밝은 지혜로써 쌍방을 모두 비추어야 한다고 주장한다.

| 생각해보기 |

우리가 도가철학자라면

1. **1등은 정말로 행복한 사람인가?** 현대는 무한경쟁의 사회이다. 오로지 1등만을 추구하고, 일류대학 진학이 고등학생들의 인생 최대 목적이다. 무엇을 위해서인가? 이구동성으로 행복이라고 한다. 그렇다면 과연 1등은 행복한 삶을 사는가? 1등이 행복하다고 하지만, 1등은 추락할 가능성밖에 없다. 따라서 1등을 유지하기 위하여 모든 밤낮을 쉬지 않고 모든 정력을 다 쏟아야 한다. 일단 추락하면 불안의 심리가 필연적으로 수반되고, 바로 1등을 회복하면 다행이지만, 그 끝은 보이지 않는다. 따라서 1등은 고독한 존재일 뿐 행복한 사람이 결코 아니다. 반면 최하위 꼴등을 보자. 꼴등은 순위가 올라갈 가능성밖에 없다. 그래서 꼴등이 행복한 것이다. 성적비관으로 자살한 사람은 성적이 상위 층에 속한 학생이지 하위 층에 속한 학생이 아니다. 그래도 1등을 행복하다고 할 수 있겠는가? 또 순위가 올라갈 가능성밖에 없는 꼴등은 자신 스스로 행복하다고 하는가?

2. **돌잔치와 환갑잔치는 과연 기쁨의 축제인가? 아니면 죽음으로 가는 파티인가?** 1년 동안 건강하게 자란 아이를 위하여 성대하게 잔치를 벌여 축하해준다. 그러나 그 아이의 생을 거꾸로 보자. 사실 아이는 1년을 이미 산 것이기 때문에 죽음의 시간이 1년 앞당겨진 것이다. 환갑잔치는 어떤가? 만 60년을 살았다면 이제 남은 시간은 별로 없다는 것인데도 잔치를 벌여 축하를 해야 하는가? 도가의 입장에서 보면 오히려 슬퍼해야 한다.

3. **요절과 장수의 기준은 있는가?** 지금은 60세 환갑잔치를 벌이는 경우가 적지만, 과거에는 흔한 일이었다. 전설 속의 인물인 팽조가 700년을 살았다고 해서 다들 그를 부러워한다. 그러나 초나라에 있는 대춘이라는 나무는 800년을 봄으로 삼고, 800년을 가을로 삼는데, 몇 천 년을 살았는지 모른다. 대춘의 1년은 우리의 3,200년이다. 그런데 대춘은 한 번도 자신이 장수했다고 자랑하지 않는다. 왜냐하면 영원이라는 시간에서 보면 대춘의 인생도 하나의 점에 불과하기 때문이다. 20년을 살다가 죽으면 요절하였다고 애통해한다. 하루살이라는 벌레가 이 광경을 보면 어떻게 생각할까? 그의 입장에서 보면 20년이 요절일까? 장수일까?

4. **목숨이 중요한가?** 명예가 중요한가? 황산벌이라는 영화를 보면 계백장군과 계백의 아내 간의 의미심장한 대화가 나온다. 계백이 신라와의 결전을 앞두고 처자식을 죽이려고 한다. 계백이 호랑이는 죽어서 가죽을 남기고 사람은 죽어서 이름을 남긴다는 점을 강조하면서 명예롭게 죽을 것을 강요하자, 계백의 아내는 호랑이는 가죽 때문에 죽고 사람은 이름 때문에 죽는 것이라고 대답하면서 계백을 힐난한다. 계백의 입장은 유가에 해당하고, 계백 아내의 입장은 도가에 해당한다. 호랑이의 가죽이 아름답지 않다면 사람들에게 죽임을 당할 이유가 없다. 사람이 명예에 집착하지 않으면 명예를 지키고자 죽을 이유가 없다. 가죽과 생명 그리고 명예와 생명 중에서 무엇이 귀중한가?

p h i l o s o p h y

3
동양의 지혜

• 불가철학 •

참된 자아란 무엇인가?

유지웅

I. 불교철학: 발생적 배경

불교는 우리가 잘 알 듯이 기원전 6세기경에 고타마 싯다르타(Gautama Siddhārtha)가 제시한 사상이다. 흔히 우리는 싯다르타를 부처라고 부르는데, 싯타르타는 부처가 출가하기 전의 속세(俗世)의 이름이며, 부처는 싯타르타가 출가 후에 '깨달은 자'라고 하여 높여 부르는 이름이다. 이외에도 석가모니라도 부르는데 이것은 싯다르타가 샤키야(Sākya)족(族) 출신이기에 샤키야를 한자로 음역(音譯, 외국어를 한자의 음으로 바꾸는 것)하면 석가(釋迦)이고 모니(牟尼)는 무니(muni)를 음역한 것으로 성자(聖者)라는 의미이다. 따라서 석가모니(釋迦牟尼)는 '샤카야 족 출신의 성스러운 사람'이라는 뜻이다. 이외에도 여래(如來), 세존(世尊), 사주(師主) 등 매우 다양하게 불리지만, 일반적으로 우리는 부처라고 부른다. 사실 엄격하게 부처는 고유명사가 아니다. 왜냐하면 부처라는 이름이 '깨달은 자'를 가리키기에 불교에서는 중생(衆生)들 모두 '부처'가 될 수 있다고 주장하기 때문이다. 다시 말해 부처는 석가모니를 가리키는 고유명사이면서 또 다른 한편으로는 보통명사가 될 수 있다. 따라서 여기에서 우리는 싯다르타가 깨달음을 얻고 난 후에 제시한 사상을 주로 이야기하기에 일단 석가모니라고 부르도록 하자.

불교는 석가모니 사상을 근본으로 한다. 하지만 석가모니가 제시한 근본 불교를 시작으로 석가모니 입멸 후 100년이 지난 후 근본불교에 대한 교리와 계율을 둘러싸고 여러 개의 교단으로 분열된다. 이를 부파불교(部派佛敎)라 하며, 또 부파불교는 소승 불교라 부른다. 그리고 이에 반발하여 대중불교의 성격을 가미한 대승 불교도 탄생한다. 따라서 우리가 일반적으로 알고 있는 소승불교와 대승불교의 성립은 석가모니 입멸 후 근본불교의 해석을 둘러싼 여러 교단의 분열을 통해 이루어졌다. 그리고 지역적으로도 중국 불교 · 한국 불교 · 일본 불교가 제각기 다른 지역적 특색을 지니고 있고, 스리랑카 · 타이 · 베트남 등등 동남아 국가의 불교 역시 또 다른 특징을 지니고 있다. 그러나 불교의 내용이 아무리 복잡하고 다양하더라도 그것들은 모두가 석가모니의 사상을 근간으로 한 근본불교에서 비롯된 것임은 분명하다. 그래서 불교의 근본적인 문제의식과 그 성격을 이해하기 위해서는 무엇보다도 석가모니 사상의 내용을 알아야 한다.

먼저 석가모니가 제시한 여러 가지 사상, 즉 연기설(緣起說), 사성제(四聖諦) 등을 살펴보기 전에 먼저 석가모니 사상이 출현하게 된 배경에 대해서 이해할 필요가 있다. 예컨대 공자의 유학(儒學) 역시 아무런 이유 없이 불쑥 등장한 것이 아니듯이, 석가모니의 사상 역시 여러 가지 배경으로 인해 출현한다. 철학은 그 시대의 문제의식의 발로이자, 철학자의 고민이 담겨져 있다. 다시 말해 그 시대에 대한 시대정신의 결과로서 새로운 철학이 탄생한다. 따라서 석가모니 사상의 발생 배경을 살펴봄으로써 우리는 석가모니가 왜 연기설을 비롯하여 사성제 등을 제시했는지 이해할 수 있을 것이다.

석가모니는 원래 지금의 인도와 네팔 국경 근처에 있던 고대 인도의 샤키야족이 세운 카필라(kapila)국의 왕자로 태어났다. 이 무렵은 고대 인도 사회가 정치와 경제, 그리고 사회, 사상 등 각 영역에 걸쳐 격심한 변화를 보이던 전환기였다. 먼저 문화의 중심 무대가 과거의 인더스 강 상류 지역에서 갠지스 강 중류 지역으로 옮겨 온 때였다. 정치적으로는 아직 하나의 통일 국가를 이룩하지 못하고, 군소 국가들이 출현하여 서로 세력을 다투는 상황이었다. 한편 갠지스 강 중류 지역은 기온이 농업에 적합하였고 토질 또한 비옥하여 농업이 크게 발달하였고 수확도 풍족하였다. 또 농업의 발달은 결과적으로 중소 도시에서 상공업이 발달하는 요인이 되었다. 이와 같은 정치·경제적인 변화에 따라 정치적인 통치권은 왕족이 행사하게 되고, 경제적 실권은 부상(富商)들이 행사하게 되었다. 따라서 과거 제정일치의 풍토에서 모든 권력을 독점했던 바라문 승려들은 두 가지 실권을 잃고 무력해질 수밖에 없었다. 특히 카스트 제도의 붕괴는 두드러진 사회적 현상이었다.

카스트제도의 붕괴는 기존의 정통 종교인 바라문교의 영향력을 더욱 약화시켰다. 뿐만 아니라 이 시기에는 원주민들과 아리안족 사이에서 출현한 혼혈이 증가했는데, 그들은 기존의 바라문 종교에 입각한 전통문화를 받아들이려 하지 않았다. 거기에다 산업의 발달로 인해 경제적으로 부유한 생활 여건이 조성되자 당시 일반인들은 물질적인 향락과 퇴폐적인 생활에 탐닉하였고, 또 전쟁으로 인한 정치적 혼란은 사상과 언론의 자유를 보장해주었다. 이런 여건에서 수많은 신흥 사상가들이 출현하여 자기 나름의 사상을 제시하였다. 심지어 노예 계층에서도 사상가가 나와 새로운 사상을 주장하였다. 한편으로는 쾌락주의를 내세우는가 하면, 또 다른 한편으로는 고행주의를 주장했고, 혹은 운명론을, 혹은 유물론을, 혹은 도덕 부정론을 외치곤 하였다. 공통적으로 그들이 바라문교를 불신 또는 배척하였음은 물론이다. 이리하여 기성 바라문교는 그 시대를 이끌어갈 사상적 기능을 거의 상실하게 되었다. 당시의 바라문교는 지나치게 형식적인 제사 만능주의의 타성에 빠져있었고, 그런 점에서 미신적인 요소가 너무 많았다. 석가모니가 일찍이 신앙을 빙자하여 살아가는 바라문 승려들을 가리켜, '성스러운 말을 팔아 무위도식하는 사기꾼이요, 돈을 벌기 위해 일부러 굶주리고 있는 점장이들'이라고 비난한 것을 보아도 그 점을 짐작할 수 있다. 뿐만 아니라 바라문교의 철학인 우파니샤드(Upanishads)의 철학도, 그 아트만(Atman)과 브라만의 전변설(轉變說 ; 우주에 존재하는 모든 것은 일원(一元)의 실재인 Brahman이 스스로 전개 변화하여 생성되었다는 형이상학적 주장)을 중심으로 한 내용은 격동적이고 격변하는 사회의 당시 민중의 관심을 끌기에는 너무도 고답적인 형이상학에 지나지 않았던 것이다.

그렇다고 신흥 사상가 중에서 바라문교에 대신할 만한 사상이 있었는가 하면 그렇지도 않았다. 당시 신흥 사상가 중에 고행을 한 사상가가 있었지만, 차르바카(Carvaka)파로 불리는 일련의 유물론자들은 도덕 자체를 부정하고 감각적인 쾌락만을 최고의 가치라고 주장하면서, 정신적인 타락과 향락적인 퇴폐풍조에 부채질만 하고 있는 상황이었다. 그들은 무책임한 주장과 행동만을 일삼았을 뿐이지, 당시 인도인들의 마음에 건전한 이념이나 사상을 심어 주려는 노력은 하지 않았다. 그들은 심지어 살아있는 생명을 죽이고, 남이 주지 않는 것을 훔치고, 강도짓을 하고, 간통하고, 거짓말하는 등의 나쁜 짓을 해도 그것은 악을 지은 것이 아니라고 주장하였다. 따라서 당시 사상계의 상황은 한 마디로 정신적 혼돈의 상태라고 할 수 있었다.

이러한 사회적, 종교적, 사상적 상황에서 석가모니의 사상이 출현한다. 먼저 석가모니는 기존의 사상과 신흥 사상을 종합, 지양하는 철학을 구축한다. 그리고 그것을 바탕으로 당시 인도인들에게 새로운 삶의 길을 제시하였다. 즉 우파니샤드의 전변설과 차르바카 파의 유물론적 요소설을 종합, 지양하는 철학[緣起說]을 바탕으로, 당시 인도인들에게 자기 자신의 노력으로 고통과 고뇌를 극복할 수 있으며, 그것을 극복한 뒤에 찾아오는 안락과 평온에 대한 희망을 전파하였다. 따라서 석가모니는 사상적인 전환기에 그 시대가 요구하는 시대정신을 명확하게 파악하고, 시대의 요구에 대한 하나의 건전한 해답을 제시하려고 하였다. 이제 우리는 석가모니가 제시한 주요한 사상을 살펴봄으로써 참된 자아를 발견하고 고통으로부터 해방될 수 있는 행복의 길이 무엇인지를 확인할 수 있을 것이다.

Ⅱ. 사문유관(四門遊觀)과 출가

석가모니가 활동하던 당시 인도사회는 정치, 경제, 사회는 물론 사상적으로 매우 혼돈의 상태였다. 그리고 이러한 인도사회의 혼란이 석가모니가 새로운 사상을 제시하게 된 원인, 즉 출가를 한 배경 가운데 하나이지만, 이러한 외적인 배경 못지않게 인간 실존에 대한 그의 내적인 관심사 역시 출가의 배경이었다.

앞서 살펴보았듯이, 석가모니는 왕자의 신분으로 평생을 경제적으로 풍요롭고 안락한 삶을 살 수 있었다. 하지만, 석가모니는 왕자로서의 삶을 버리고 출가를 한다. 따라서 석가모니가 누리고자 했던 풍요는 물질적인 풍요가 아닌 정신적인 풍요였음을 짐작할 수 있다. 정신적인 풍요에 대한 깨달음을 추구하려 했던 석가모니의 지향은 우리가 한번 쯤 들어 봤을 사문유관(四門遊觀, The four passing sights of the four gates)을 통해 확인할 수 있다.

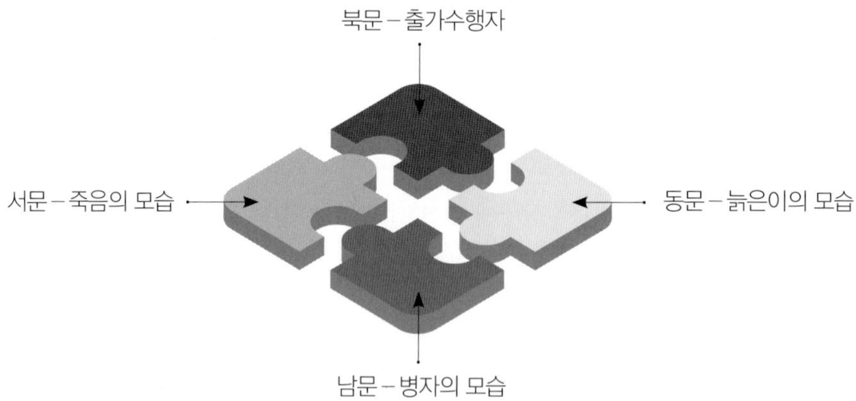

〈사문유관〉

석가모니는 오랜 시간 화려한 궁중 생활을 하였지만, 궁중에서의 생활은 생각보다 답답하고 자기 자신의 정신적인 만족을 주지 못하는 공간이었다. 뿐만 아니라 오랜 시간 궁중에서만 생활하다보니 바깥 세상에 대한 궁금증도 나이가 들면서 점점 커져만 갔다. 그래서 서른 살 가까이 되던 어느 날 궁을 벗어나 바깥세상을 둘러보고 싶다는 생각을 들어 아버지에게 허락을 구하고 자신의 마부와 함께 궁 밖을 나가게 된다. 바로 사문유관의 시작이다.

석가모니는 먼저 동문 밖으로 나간다. 동문 밖에서 석가모니가 처음 본 모습은 나이가 많은 노인이었다. 그 노인은 허리가 구부러져 지팡이에 온 몸을 의지한 채 걷는 것조차 힘겨워 하고 있었다. 그러자 석가모니는 그 모습에 적지 않은 충격을 받고 다시 궁으로 돌아 왔다.

또 다른 어느 날 석가모니는 또 다시 궁 밖으로 나가게 된다. 이번에는 남문 밖의 광경을 보았다. 그런데 그곳에는 길가에 쓰러져 시름시름 앓고 있는 병든 사람이 있었다. 그 사람은 금방이라고 숨이 넘어갈 듯 고통의 몸부림을 쳤다. 동문에서 '노인'을 봤던 석가모니는 이번에도 적지 않은 충격을 받은 듯 다시 서둘러 궁으로 돌아왔다. 또 다시 석가모니는 궁 밖으로 나갔는데 이번에는 서문이었다. 하지만 서문의 광경은 이전의 동문과 남문에서 봤었던 광경과는 다른 충격 그 자체였다. 서문에는 죽은 사람의 장례 행렬을 보게 된다. 석가모니는 자기 자신이 죽은 것과 같은 큰 충격을 받고 다시 궁으로 돌아온다. 무엇보다도 죽음이라는 운명은 자기 자신을 포함한 모든 인간이 피할 수 없는 고통임을 짐작한 듯하다.

또 다른 어느 날 석가모니는 마지막으로 북문 밖 광경을 보게 된다. 하지만 북문에서 본 광경은 석가모니가 고통이라 여겼던 것들과는 다른 평온함 그 자체였다. 즉, 석가모니는 북문에서 모든 고통의 근원으로부터 온전히 해방되기 위해 출가한 수행자를 보게 된다. 그리고 석가모니는 그 수행자의 모습에서 비로소 생로병사의 근원적 고통을 해방시킬 수 있는 길을 찾은 것으로 보인다.

하지만 우리가 사문유관에서 한 번 생각해 볼 문제는 석가모니가 "왜 이렇게 큰 충격을 받았을까?" 이다. 즉, 북문을 제외한 동문, 남문, 서문에서의 광경들은 우리가 지금 살고 있는 인간 세상에서 다분히 일어나는 현상들인데 왜 석가모니는 이 광경을 보고 충격을 받았을까? 사람이 태어나면 당연히 나이가 들면서 신체적으로 변화가 일어나 늙어가는 것이고, 또한 늙어감에 따라 병이 들 수 있으며, 사람마다 차이가 있지만, 사람은 유한적인 존재이기 때문에 언젠가는 죽음이라는 삶의 최종적인 단계에 도달한다. 따라서 단순히 생각하면 생로병사의 시간적 단계는 매우 자연스러운 현상이다. 그렇다면 석가모니는 왜 네 개의 문 밖에서 벌어진 광경에 대해 그렇게 충격을 받았다는 것인가? 성인이었던 석가모니가 인간 삶의 기본적인 사실들을 아직도 모르고 있었다는 것인가? 물론 정통적 답은 그가 그런 것들을 '처음' 보았기 때문이라는 것이다. 즉, 석가모니는 고대 인도의 군소국가의 왕자이기는 하였지만, 어쨌든 한 국가의 왕자였다. 따라서 당연히 석가모니는 궁중에서의 생활이 일체(一切)라고 생각했을 것이다. 다시 말해 궁중의 언어, 궁중의 음식, 궁중의 문화, 궁중의 사람들 등 궁중의 생활이 여태껏 자신이 경험했던 일체인데 사문(四門)에서 일어나는 일체는 자신이 한 번도 경험해보지 못한 또 다른 일체이기에 충격을 받은 것이다. 사실 궁중과 궁중 바깥의 생활은 전혀 다르다. 이와 관련하여 한 가지 흥미로운 이야기를 하자면, 조선시대에는 왕과 신하가 회의를 할 때 신하들의 말을 왕에게 따로 전달해주는, 지금으로 말하면 전문 통역사가 있었다고 한다. 석가모니와 마찬가지로 조선시대 왕은 궁중 생활을 했기에 궁중의 언어만을 사용한다. 궁중의 언어는 분명 궁중 밖의 언어와는 다른 언어일 것이며, 조선시대 당시에는 지금 보다도 훨씬 심한 사투리를 써서 왕이 신하들의 언어를 이해하지 못했다고 한다. 그래서 신하들의 말을 왕이 이해할 수 있게 다시 전달해주는 전문 통역사가 늘 있었다고 한다. 이처럼 석가모니도 어렸을 때부터 성인이 되기까지 그가 경험한 일체는 모두 궁중의 일체였기에 궁중 밖의 경험은 자신이 경험하지 못했던 새로운 것이기에 적지 않은 충격을 받았을 것이다. 하지만 그렇다고 해도, 서른 살의 성인이 사문유관의 모습에 충격을 받았다는 것은 상식적으로 이해가 되지 않는 부분도 있다. 석가모니 자신도 어린 시절을 거쳐 30세에 이르기까지 늙어가는 것을 알았을 것이고, 자신의 아버지 역시 늙어가는 것을 보았을 것이며, 궁중의 식구들이 병들고 죽는 다는 것을 알았을 것인데 왜 이렇게 충격적으로 다가온 것일까?

의사이자 심리학자인 칼 융(Carl G. Jung, 1875~1961)은 30대 전후에 이르면 인생에 대해 진정한 고민을 하게 되는 '개인화 과정(individuation process)'을 겪게 된다고 한다. 석가모니도 30세에 접어들면서 인간사에 대한 여러 가지 문제들이 석가모니 자신의 문제로 비로서 인식하게 된 것이라 할 수 있다.

일부 학자들은 사문유관이 석가모니를 미화하기 위해 설정한 허구라고 하기도 하는데, 어쨌든 인간 실존에 대한 석가모니의 고민은 바로 철학적인 고민일 것이며, 이 고민에 대한 해답을 찾기 위해 석가모니는 수행자로서의 길을 떠나게 된다.

석가모니는 뒷날 진리를 깨달은 다음, 그는 자신의 출가 동기를 아래와 같이 회상한다.

> 내가 출가한 것은 병드는 것이 없고, 늙음이 없고, 죽음이 없고, 근심 걱정번뇌가 없고, 더러움이 없는, 가장 안온한 행복의 삶(열반)을 얻기 위해서였다.([증아함] 권56 라마경); 이 세상에 만약 늙고, 병들고, 죽는 이 3가지가 없었다면 여래(如來, 석가모니)는 세상에 출현하지 않았을 것이다.([잡아함] 권14, 346경)

사문유관의 극적인 묘사나 사문유관에 대한 석가모니 스스로의 술회 역시 모두 그의 절실한 출가 동기가 무엇인지를 잘 말해주고 있다. 석가모니는 일찍부터 늙고 병들고 죽는 것에 대하여 생각했고, 인간의 힘으로는 어쩔 수 없는 필연적인 인생의 괴로움을 슬퍼하였으며, 불완전한 인간 세상의 모순을 괴로워했다. 그 끝에 마침내 그러한 것들을 모두 해결할 수 있는 참된 자아의 길을 찾아 왕궁을 버리고 출가를 단행했던 것이다.

그렇다면 석가모니가 찾고자 했던 진리는 무엇일까? 그 첫 번째는 일체에 대한 석가모니의 진단이다.

Ⅲ. 연기(緣起)의 법칙

석가모니는 깨달음을 얻은 후에 다음과 같이 말을 했다고 한다.

此有故彼有, 이것이 있으므로 말미암아 저것이 있고,

此生故彼生. 이것이 생김으로 말미암아 저것이 생긴다.

此無故彼無, 이것이 없음에 말미암아 저것이 없게 되고,

此滅故彼滅. 이것이 없어짐에 말미암아 저것이 없어진다."

이것이 바로 우리가 한 번쯤을 들어 봤을 '연기설(緣起說, the theory of dependent origination, or the law of causation)'이다. 연기설은 한편으로는 정말 단순하면서도 또 다른 한편으로는 상당히 복잡한 구조로 되어 있다. 즉, 당연히 이 세계의 모든 것은 원인과 결과로 나타나는 일체라는 것은 매우 상식적이다. 예를 들어 저녁 때 즈음의 시간이 되면 태양이 지기 때문에 어두워진다. 다시 말해, 저녁 때 즈음에 어둠이 오는 결과에는 반드시 그 원인이 있는데, 그것이 바로 태양이 지기 때문이다. 하지만 이 단순한 법칙이 기원전 6세기, 그러니까 지금으로부터 약 8,000년 전에 발견되었다는 것에 우리는 주목해야 한다. 연기라는 말 속에서는 단순히 모든 것의 원인과 결과를 설명하는 것이 아니라, 철학적인 내용까지도 포함되어 있기 때문이다. 그럼 연기에 대해 조금 더 자세히 살펴보자.

이 연기라는 말의 빠알리(pali)어의 의미는 '조건에 의한 발생'이며, 한역(漢譯)으로는 '말미암아 일어난다'는 뜻이다. 석가모니는 태어나서 변해가는 모든 존재의 실상을 관찰한 결과, 존재하는 모든 것은 그럴만한 조건이 있어서 생겨난 것이며, 따라서 그것들은 또한 그럴만한 조건이 없어지면 그 존재도 없어지고 만다는 결론을 내리게 되었다. 이렇게 볼 때, 연기란 결국 인간을 포함한 만물이 '여러 가지 다른 것들과의 관계에 의하여 생긴다는 사실'을 말함을 알 수 있다. 예를 들어, 내가 지금 여기에 바로 나 자신으로서 존재하는 것은 나 자신만의 힘으로써도 아니며, 자신의 의지에 의한 것도 아니라는 것이다. 그것은 나에 앞서서 부모가 존재하며, 그에 앞서서 조부모가 존재하고, 또 친구나 지인, 사회가 존재함으로써 그리고 수많은 인간과 사물과의 복잡한 관계 속에서 내가 성장하고 생활함으로써 지금 여기에 내가 있다는 것이다. 산이나 강 그리고 식물도 마찬가지다. 일체의 것이 정확히 알 수 없는 수 많은 현상과 사물 또는 생물 등이 그것과 관련되어 지금 여기에 존재한다. 따라서 인간이든 사물이든 모든 존재하는 것은 오직 연기에

의해 나타난다는 것이 석가모니가 파악한 진리의 내용이었다. 이것을 연기생(緣起生)이라 한다. 다른 한편으로 이 말을 바꾸어보면 동시에 연기에 의해 모든 존재가 사라진다는 것도 쉽게 알 수 있는데, 이를 연기멸(緣起滅)이라 한다. 이렇게 일단 존재의 제일원리를 세워놓고 보면, 거기에는 당연히 절대적인 것, 영원한 것 또는 무조건적인 것과 같은, 즉 무한한 존재를 인정할 수 없게 된다는 결론이 나오게 된다. 다시 말해서 이런 존재론의 입장에 서게 된다면, 신과 같은 창조주는 그 존재 영역을 인정받을 수 없다는 말이 된다. 우리가 흔히 석가모니의 불교를 무신론(無神論)이라고 부르게 되는 이유는 바로 여기에 있다. 왜냐하면 신과 같은 창조주는 절대자로서 어떤 것에도 의존하지 않고, 어떤 것에도 제약받지 않고, 저 혼자 저 스스로의 힘에 의해서 존재하는 것이라고 할 수 있는데, 이런 무조건적인 존재는 석가모니가 파악한 연기의 공식에 의한다면 인정할 수 없게 되기 때문이다. 이러한 연기의 공식은 간혹 달리 모든 존재가 인연(因緣)에 따라 생(生)하고 멸(滅)한다는 표현으로 설명되기도 한다. 이때의 인(因)은 바로 원인을 말하며, 연(緣)은 그 원인이 어떠한 결과를 일으키는 데에 도움이 되는 외적인 '조건'을 가리킨다. 다시 말해서 우리는 여러 가지의 원인과 여러 가지의 조건이 결합되어 지금 여기에 존재하게 되었다는 것이다. 그러다가 새로운 원인이나 새로운 조건이 생기게 되면 우리는 그에 따라 변화하게 된다. 그러므로 인간이 태어나서 병들고 때가 되면 죽게 되는 것은 지극히 당연하고 자연스러운 어쩔 수 없는 현실인 것이다. 이러한 점에서 볼 때, 불교의 존재론은 상당히 냉엄하다. 그것은 우리 인간의 생각과 감정에 좌우되지 않으며, 모든 것이 과학의 인과율(因果律)과 같은 '관계성(關係性)' 속에 존재하고 있음을 보여줄 뿐이다. 이것은 불교가 지니는 종교로서의 격위를 의심스럽게 만드는 이유이기도 하다. 대부분의 종교란 인간의 불안한 마음을 어루만져 주는 기능을 가지고 있는데, 석가모니의 근본 불교는 이 점에서 아주 냉담하다. 그가 우리에게 말해주는 것은 모든 존재는 연기설에 의해서 언젠가는 변해서 사라져 간다는 사실 뿐이다. 거기에는 미래에 대한 약속이라든가 내세에서의 행복 같은 것은 찾아 볼 수 없다. 오직 냉엄한 현실만을 직시하라는 권고만이 있을 뿐이다. 이 점이 여타의 종교나 사상과 다른 불교만이 지닌 특징이면서 동시에 여러 가지 문제를 일으키는 요인이 되기도 한다.

이런 연기설의 내용은 다시 세 측면으로 설명할 수 있다.

첫째는 이 연기설이 모든 사물들 사이의 관계를 나타내는 법칙이라는 것이다. 이것을 관계성(關係性)이라고 한다. 둘째는 이것 역시 앞의 특징에서 이끌어져 나오는 것이다. 즉 모든 사물은 서로 관계 지어 존재하게 되는데, 그 관계는 서로 의존하는 관계라는 것이다. 이것을 상의성(相依性)이라 한다. 특히 석가모니의 10대 제자 중 한 사람인 사리불에게 연기를 설명할 때, 갈대의 묶음은 서로 의지함으로써 비로소 설 수 있는 것과 같이 연기란 서로 의지하는 관계의 성격을 나타낸다고 말한 적이 있다. 셋째는 이 법은 인과성으로서 규정할 수 있다는 것이다. 즉 이런 연기의 관점을 어떤 개체에 관해 적용해 보면, 그 사물이 존재하게 되는 것은 모두가 여러 가지의 인(因) 혹은 조건이 있기 때문에 존재하는 것임을 알 수 있다는 것이다. 즉 인(因) · 과(果)와의 관계로서 사물의 존재 양상을 파악하려는 것이다. 그러나 이런 연기설이 인과의 문제로서 논의되기 시작한 것은 좀 시간이 지난 다음의 일이며, 원시경전에 나타난 석가모니 생전의 설법 내용을 보면 별로 인과를 강조한 것 같지는 않다는 것이 학자들의 이야기다. 즉 연기의 내용을 좀 더 구체적으로 파고들어 간다면 결국 이런 인과의 개념에 도달할 수밖에 없을 것이라는 생각이 들기는 하지만, 석가모니 당시에는 연기설을 명확히 인과성을 나타내는 법칙으로 간주한 흔적은 별로 찾아지지 않는다는 것이다. 다만 앞에서 언급한 것처럼 석가모니는 연기라는 말에 의해서 관계 또는 조건의 개념을 나타내는 '말미암아 일어난다'든지 '조건에 말미암은 발생'이라든지 또는 '상의성'(서로 의지하는 성질)과 같이 절대적이고 독립적인 존재방식을 거부한다는 의미에서 서로 의존하는 관계에 있다는 존재의 방식을 표현하려 했을 뿐이라는 것이다.

사실 우리가 흔히 말하는 인과성이라는 말도 논리적 관계가 아닌 사실적 관계임을 의미한다는 것을 알아야 한다. 또 연기라는 말은 두 측면에서 언급할 수 있는데, 하나는 시간적으로는 인과관계를 의미할 수 있고, 공간적으로는 의존관계를 의미한다는 것이다.

이제까지 연기에 대해서 설명해 왔는데, 마지막으로 여기에 하나 덧붙일 것은 석가모니 자신은 구체적으로 무엇이 존재의 원인이며, 무엇이 조건인가에 대해서는 추구하지 않는다는 점이다. 예를 들어 나를 성립시키고 있는 하나의 원인은 다른 원인의 결과이며, 그 원인에는 그에 선행하는 또 하나의 원인이 있을 수밖에 없을 것이다. 이런 식으로 거슬러 올라가다 보면, 결국 우주의 제일원인에까지 이르지 않으면 안 된다. 석가모니는 이런 것에 대해 인간의 지성으로서 파악할 수 있는 문제가 아니기 때문에, 이를 추구하는 것은 쓸데없는 일이라고 하여 배척하고 있다. 따라서 중요한 것은 갖가지 불안과 괴로움에 직면해 있는 자기의 실존문제를 어떻게 해결할 것인가 하는 점이다. 이를 위해서는 필연적으로 '지금 여기에 나타나 있는' 사실을 있는 그대로 받아들이지 않으면 안 된다는 것이다. 이런 현실 인식을 바탕으로 해서 해결의 실마리가 드러나기 때문이다. 하여튼 이런 연기의 공식은 석가모니와 그 제자들이 모든 존재의 양상을 파악하는 가장 기본적인 내용이었다.

IV. 무아(無我)와 무상(無常)

지금까지 살펴보았던 연기설로부터 무상과 무아의 개념이 도출된다. 흔히 불교사상의 핵심은 삼법인(三法印) 또는 사법인(四法印)이라고 말한다. 즉 제행무상(諸行無常), 제법무아(諸法無我), 열반적정(涅槃寂靜)이라는 삼법인에 일체개고(一切皆苦)를 더하여 사법인(四法印)이라고 말하곤 한다. 우리는 일단 여기에서는 제행무상과 제법무아만 한 번 확인해보기로 하자.

첫째, 제법무아는 모든 것에는 영구불변하는 고정된 실체가 없다는 것이다. 여기서 아(我)라고 하는 것은 고정불변하는 실체, 영구불멸의 실체를 가리키는 것이다. 모든 것은 인연따라 생하고 인연에 의해서 멸한다. 어떤 조건에 따라 생긴 것은 그 조건이 없어지면 따라서 사라질 수 밖에 없는 것이기 때문에 고정불변하는 실체란 없다. 무아의 가르침은 나라는 존재 자체를 부정하는 것이 아니라, 나에 대한 잘못된 고정관념을 부정하는 말이다. 따라서 우리에게 자기 중심적 사고와 아집이 허망한 것임을 가르친다.

둘째, 제행무상은 세상의 모든 것이 변한다는 뜻이다. 사물을 있는 그대로 바라 볼 때 드러나는 존재의 속성은 바로 모든 것이 변한다는 것이다. 우리 인생은 태어나서 늙고 병들어 죽는 과정을 거친다. 아무리 의술이 발달한다고 하여도 인간은 죽음을 면할 수 없다. 자연물 또한 무상함을 벗어나지 못한다. 지금 살고 있는 사회의 정치, 경제, 문화적인 현상도 항상 변하며 고정불변하는 것은 있을 수가 없다. 무상하기 때문에 병약자가 건강해질 수도 있고, 가난한 사람이 부자가 될 수도 있으며 어리석은 사람이 현명한 사람이 될 수도 있는 것이다. 그러나 존재의 밑바탕에서부터 무상을 느끼는 사람은 그리 흔하지 않다. 무상함을 느끼지 못하는 정도만큼 사람들은 유상하다고 본다. 백 년이나 천 년을 살 것 같이 생각하고, 자기의 재산과 권력과 명예는 영원히 갈 것으로 본다. 탐착과 인색과 교만은 이런 생각에서 나오기 마련이다. 불교의 무상설은 중생들의 이러한 뒤바뀐 착각을 깨우치기 위한 것이다. 값싼 감상주의나 비관적인 현실관이 아니다. 올바른 인생관을 수립코자 하면 먼저 현실의 실상을 있는 그대로 볼 수 있어야 하는 것이다.

그렇다면 석가모니가 사용하는 무아와 무상은 정확하게 무엇을 말하는 것일까? 쉽게 말해 나는 없고, 아무것도 존재하지 않는다는 것일까?

무아(anattan, anatman)라는 말은 본래 아(attan, atman)라는 말에 부정의 접두사 a가 붙어서 이루어진 것이다. 석가모니는 다음과 같이 말한다.

> 비구들이여, 색(色, 물질적 존재)은 무상이다. 무상이면 곧 고(苦)다.
> 고면 곧 무아다. 무아이면 곧 이는 아소(我所)가 아니며, 이는 아(我)가 아니며, 이는 아체(我體)가 아니다. 이렇게 바른 지혜로 여실히 관찰하라.(잡아함경)

이 구절을 보면, 석가는 이 '아(我)'를 아소(我所)·아(我)·아체(我體)의 세 가지로 구분하여, 이들 각각을 부정하고 있다. 간단하게 하나 씩 살펴보자.

첫째로 아소(我所)라는 말은 아소유(我所有)를 줄인 말이다. 이는 '나의 것'이라는 정도의 뜻으로서 나에게 속하고 내 마음이 집착하고 있는 대상을 가리키는 말이다. 따라서 '이는 아소가 아니다.'는 주장은 이런 소유에 대한 집착이나 소유관념의 항구성을 부정하는 태도이다. 무아의 입장을 취하는 한 나의 것이란 있을 수 없기 때문이다. 따라서 불교의 무아설은 일단 이런 상식적인 수준에서 자기 소유에 대한 집착을 거부하는 데서부터 출발한다고 할 수 있다.

둘째로 아라는 말은 나 자신을 가리킨다. 그 시대의 인도사상가들 사이에서는 이런 나 자신, 즉 자아에 대한 형이상학적 관념들이 널리 퍼져 있었다. 우파니샤드 사상가들이 개인의 본질인 아트만을 보편적인 실재자의 위치에까지 끌어올려 우주의 원리인 브라만과 동일시함으로써 이른바 '범아일여(梵我一如)'라는 명제를 확립한다. 그런데 이런 주장은 불교의 연기설이나 무아나 무상의 존재론적 입장에서 보면 전혀 용납될 수 없는 것이다. 따라서 이 경우 불교의 무아설은 절대적이고 보편적으로 존재한다고 믿어지는 자아에 대한 형이상학적 관념을 부정하는 것이 된다. 즉 자아라는 형이상학적 관념을 부정하는 것이다.

셋째로 아체(我體)의 부정이다. 여기서 말하는 아체란 아의 본질을 가리킨다. 이 말의 원어는 me atta라고 하는데, 이를 직역하면 '나의 나'가 된다. 이를 중국에서 한역 할 때 아체라고 번역했는데, 그 의도는 그 속에 자아의 항구적이고 불면하는 본체가 포함되어 있다고 보았기 때문이다. 여기서 체(體)란 불변의 본체나 본성 · 본질을 가리키는 것인데, 말하자면 영혼과 같은 육체의 존망과 관계없이 영원히 존속하는 실체를 가리킨다. 그렇지만 불교의 무아설에 의하면 이런 영원히 존속하는 본체나 본질인 아체와 같은 것은 존재할 수가 없는 것이다. 즉 자아의 실체나 본질 · 본체의 존재를 부정하는 것이다.

이처럼 무아는 이 3가지를 모두 부정하는 것으로 "이것은 '나의 것'이다. 이것은 '나'이다. 이것은 '나의 실체'이다."라고 할 만한 것은 아예 존재하지 않음을 주장하는 것이다. 그런데 불교 학자 중에는 석가의 무아설을 자기 존재 자체를 부정하는 것으로 간주하는 것은 옳지 않다고 주장하는 경우가 있다. 불교의 무아설이 부정하는 것은 어디까지나 아나 아소를 고집하는 나 자신에 불과하다는 것이다. 왜냐하면 이 세상에서 실제적으로 선행을 하거나 아집을 억제하면서 살아가는 윤리적 주체로서의 나는 엄연히 존재하기 때문이라는 것이다. 이 점과 관련해서 무아라는 용어가 번역상의 오류라는 주장을 하는 학자가 있다. 그들은 자신의 형이상학적 실체를 부정하는 무아라는 것 보다는 자아라는 자기존재에 대한 집착에서 벗어나라는 의미에서 비아로 번역하는 것이 타당하다고 한다. 그러나 현대의 학자들은 이런 비아인가? 무아인가? 의 주장에 대해 많은 논쟁을 벌이고 있지만 대체적으로 다음과 같이 정리한다. 먼저 비아는 우리가 생각하는 자아란 것은 단지 오온(五蘊)이 임시적으로 모인 화합물, 즉 오온가화합(五蘊假化合)에 지나지 않는 것이기 때문에 자아가 아니라는 의미이다. 따라서 오온이 흩어져 버리면 자아도 흩어져 버린다. 그래서 자아가 아니라는 것, 즉 비아라는 것이다. 다음으로 무아는 오온화합물인 자아 역시 실제로 존재하는 것이 아니라는 말이다. 그것은 오온화합물을 우리가 자아라는 말이나 개념으로 부르는 것에 불과하다는 것이다. 따라서 자아라는 것은 개념 또는 가명에 지나지 않는다는 의미에서 무아라고 하는 것이다. 정리하자면 비아의 의미는 자아가 오온의 임시적인 화합물에 불과하다는 뜻이고, 무아의 의미는 자아라는 것은 실체가 없는 이름이나 개념에 불과하다는 뜻이다. 이처럼 무아이든 비아이든 그 맥락을 파악하고 본다면 그것을 이해하는데 하등의 문제가 없다.

또 하나 석가모니가 존재의 양상을 설명하면서 자주 사용했던 용어가 있는데, 그것은 바로 무상(anicca, anitya)이다. 이 말은 영원한 것을 의미하는 상(nicca)이라는 말 앞에 부정의 접두사 a가 붙어서 이루어진 것이다. 따라서 이 말은 영구적인 것이나 불변적인 것의 존재를 부정하는 말이다. 사실 석가모니의 말처럼 모든 것이 연기생이며 인연생이라면, 그리고 항상 새로운 인과 연이 부가된다면, 이는 '모든 존재가 항상 변하고 있음'을 말하는 것에 지나지 않는다. 무상이므로 사람은 죽는다. 그러나 동시에 무상이기 때문에 사람은 태어나고 성장할 수 있다. 즉 인생과 자연은 모두가 무상한 것이며, 이를 '제행무상'이라고 한다. 따라서 이 무상은 연기라는 동일한 개념을 달리 표현하고 있는 것이다. 여기서 무상의 의미는 둘로 구분된다. 하나는 일정 기간 동안 자기동일성을 유지하는 개체의 경우에서 그 존재가 영원히 지속되지 않고 언젠가는 끝이 난다는 의미에서의 무상이다. 흔히 우리가 '인생무상'이라고 말할 때의 의미가 이 경우이다. 즉 변화와 종말에 대한 허무감을 말한다. 이는 '무상'이란 말이 정서적 맥락에서 사용되는 것이며, 가장 일상적인 용법이기도 하다. 다른 하나는 모든 존재는 매순간 순간을 일정불변하게 머무름이 없이 계속적으로 변화하고 바뀌어 가므로 한 순간의 자기동일성조차도 성립하지 않는다는 의미에서의 무상이다. 즉 연기에 의한 찰나생(순간적으로 생기는 것)과 찰나멸(순간적으로 사라지는 것)에서 오는 무상함으로 이것은 철학적인 내용이다. 석가모니의 존재론에서는 이 존재계의 모든 존재가 찰나적으로 생성과 소멸을 반복하면서 지속되는 하나의 흐름으로 파악하는 것이 기본적 입장이다. 물론 이런 주장이 맞는가 틀렸는가 하는 것을 따지는 것은 의미가 없는 일이다. 그것은 형이상학적 신념이기 때문에 옳고 그름을 판별하는 인식론적 맥락에서 벗어나 있기 때문이다. 다만 그것을 수용하느냐 거부하느냐의 문제만 있을 뿐이다. 물론 이런 석가모니의 찰나생멸론에 대해 인도의 정통철학자들은 엄청난 공격을 가해왔다. 하지만 불교학자들은 이 주장을 끝까지 포기하지 않고 유지하고 있다. 불교에서 말하는 무상은 바로 이런 의미에서의 무상인 것이다. 즉 우리에게 주어진 시간의 한계에 절망한다는 의미의 허무감이 아니라, 존재하는 모든 것들은 언제나 매 순간 순간 변화하는 과정에 있다는 의미에서의 무상, 즉 어떤 것이든 어떤 일정한 상태 그대로 영원히 지속되지 못한다는 의미에서의 무상이라는 것이다.

이제까지의 무아와 무상의 설명을 통해 우리는 석가모니의 중도적인 입장을 재확인하게 된다. 석가모니는 당시의 사상계를 두 입장으로 구분한다. 하나는 바라문의 사상으로서 생성소멸하는 이 세계는 자아(아트만)라고 하는 불변의 실체에 근거한 것이며, 따라서 세계 자체는 궁극적으로 불변의 실재라는 영속론(永續論, 관념론)의 주장이다. 또 하나는 사문의 사상으로서 이 세계의 생성과 소멸은 우연적인 것일 뿐 어떠한 인과관계도 갖지 않는다는 허무론(虛無論, 유물론)의 주장이다.

그러나 궁극적 실재의 존재유무에 관한 논의는 인간의 경험을 넘어선 것으로, 언어와 관념의 유희[獻論]일 뿐이라는 것이 석가모니의 생각이었다. 그래서 석가모니는 양자 모두를 지양하는 중도(中道)를 말한 것이다. 중도란 양극단의 파기를 말한다. 따라서 모든 존재는 연기의 법칙에 따라 생성 소멸하는 일련의 흐름으로, 불변의 실재도 아니지만[非有], 그렇다고 단멸의 허무도 아니다[非無]는 것이다. 이렇게 해서 석가모니는 당시 사상계의 두 흐름을 극단으로 간주하면서 자신의 입장을 양극단을 지양하는 중도의 가르침으로 표방한다. 즉 비유와 비무의 중도라는 것이다.

이런 중도적인 성격은 석가모니의 여러 입장에서 드러난다. 앞으로 확인하겠지만, 그가 수행의 과정에서 고행을 포기한 다음에 채택한 새로운 수행법을 훗날 제자들에게 유물론자들처럼 쾌락의 방법도 아니고, 자이나교도와 같은 고행주의자들이 행한 고행의 방법도 아닌 중도의 방법이라고 설명한다.

V. 사성제(四聖諦)와 팔정도(八正道)

불경을 보면 사성제(四聖諦)라는 것이 자주 나온다. 그것은 고제(苦諦), 집제(集諦), 멸제(滅諦), 도제(道諦)의 사성제(네 가지 성스러운 진리)를 말하는데, 불경에서는 이것을 석가모니가 행한 최초의 설법이라고 하여 흔히 불교의 기본 입장을 가장 명확하게 나타낸 것으로 자주 인용되는 내용이다.

먼저 고제(苦諦), 이것은 인생은 괴로움의 연속이라는 명제이다. 이것은 석가모니 사상을 이해하는 출발점이며, 석가모니가 출가한 이유도 바로 이것 때문이다. 고(苦, dukkha)의 의미는 자기의 생각대로 되지 않는 상태를 말하는 것이다. 그 이유는 인간의 욕망은 결코 채워질 수가 없기 때문이다. 그리고 모든 인간들이 자신의 욕망을 가지고 다른 인간들과 끊임없이 투쟁을 벌이기 때문에 인간 세상에는 고통이 끊일 날이 없다는 것이다. 이런 인간의 실존적 상황 때문에 석가모니는 자신이 행한 최초의 설법을 '인생은 괴롭다'는 명제로 시작한 것이다. 두 번째로 집제(集諦)는 이런 괴로움에는 반드시 원인이 있다는 것이다. 연기설에 의하면 존재하는 모든 사물과 현상은 반드시 그것이 존재하기 위한 조건과 요인이 있다는 것이다. 석가모니가 찾아낸 고통과 괴로움의 원인은 무지와 욕망이었다. 세 번째로 멸제(滅諦)는 이런 고(苦)는 없어질 수 있다는 명제이다. 즉 고(苦)란 어떤 원인(요인·조건)에 의해서 생긴 것이기 때문에 그 원인(요인·조건)을 제거하면 이것 또한 제거될 수 있다는 것이다. 욕망의 격정이 고(苦)의 원인이라면 꾸준한 수행을 통해서 그런 욕망을 단절(정신적으로 자유로운 상태)해야 할 것이며, 무지[無明]가 고(苦)의 원인이라면 참된 진리를 깨우침으로써 무지의 상태로부터 벗어(지적인 면에서 자유로운 상태)날 수 있는 것이다. 이것은 석가모니 자신의 체험과 확신으로부터 나온 것이다. 마지막으로 도제(道諦)는 고(苦)를 제거할 수 있는 구체적인 수행의 방법을 제시하는 것이다. 여기서는 苦의 소멸에 이를 수 있는 여덟 가지의 올바른 길이 제시된다. 그것이 바로 팔정도(八正道)이다. 즉 올바른 견해(正見) · 올바른 사유(正思惟) · 올바른 말(正語) · 올바른 행위(正業) · 올바른 생활(正命) · 올바른 노력(正精進) · 올바른 마음새김(正念) · 올바른 선정(正定)의 여덟 가지가 그것이다. 이것이 석가모니가 주장한 열반에 이르는 길이다. 그런데 여기서 말하는 '正道', 즉 올바른 道란 중도(中道)를 말한다.

중도란 앞서 확인했듯이 서로 대립하는 양극단에서 어느 쪽에도 치우치지 않고 거기에서 벗어나는 것을 말한다. 예컨대 거문고 줄이 너무 느슨하면 소리가 나지 않고 너무 팽팽하면 줄이 끊어지듯이, 해탈이나 열반을 얻기 위한 수행도 역시 극단적인 고행이나 지나친 쾌락을 피하고 중도를 행해야 한다는 것이다. 팔정도는 바로 이와 같은 실천적 중도의 구체적 실현방법이라 할 수 있다. 이미 확인했듯이, 석가모니는 이러한 실천적 중도 이외에도 이론적인 주장들 즉 세계의 실재(有)와 비실재(無), 영속(常)과 단멸(斷), 개별적 자아의 존재유무 등의 문제에 대해서도 양 극단을 파기하는 중도를 취하고 있다. 석가모니가 이런 중도의 입장을 취한 이유는 세계나 자아 같은 것은 고정불변의 실체가 아니라 경험(業)을 통해 드러나는 존재라고 생각했기 때문이다. 다시 말해서 모든 존재는 인연에 의해 생겨난 것(緣起生)이기 때문에 그 자체가 영원한 실재도 아니지만, 그렇다고 허무한 단멸도 아니라는 것이 석가모니의 생각이었다. 바로 이런 이유에서 석가모니는 바라문교의 아트만설을 비판하고 무상과 무아를 주장하면서도, 다른 일반 사문들과는 달리 업(業)을 통해 세계의 연속성을 해명하고자 하였던 것이다. 이것이 여러 차례 강조했던 석가모니의 중도적 입장이며 정도인 것이다.

| 생각해보기 |

우리가 석가모니라면

1. 석가모니는 무아(無我)를 말한다. 하지만 우리는 끊임없이 묻는다. '만일 단일하고 지속적인 자아가 존재하지 않는다면, 누가, 누구를 위해 행위하는 것이며, 그 과보는 누가 받을 것인가? 자아를 부정하는 경우 행위의 결과도 부정하고, 나아가 도덕적 책임마저 부정하지 않으면 안 된다. 여러분들이 석가모니의 무아를 이해했다면 이것을 어떻게 답할 수 있을까?

2. 첫 번째 문제와 연속된다. 현대 불교 교리의 핵심은 윤회이다. 즉, 중생이 죽은 뒤 그 업(業)에 따라서 육도(六道, 여섯 개의 세상)의 세상에서 생사를 거듭한다는 것을 말한다. 하지만 석가모니는 무아를 말한다. 자아가 없다면, 이것은 곧 윤회의 주체 역시 없다는 것을 말한다. 그래서 일부 불교학자들은 무아설과 윤회설은 양립불가능하다고 주장한다. 무아와 윤회는 양립가능한가? 불가능한가? 석가모니라면 어떻게 대답했을까?

3. 석가모니의 사상은 철학이지만, 또 한편으로는 불교(佛教)라는 종교이기도 하다. 일반적으로 종교는 시간과 공간을 초월한 하나의 절대자를 상정한다. 대표적으로 기독교가 그러하고, 우리나라의 고대 민간 종교 역시 마찬가지이다. 뿐만 아니라, 여타의 종

교는 불교에서 말하는 열반 혹은 해탈, 다시 말해 구원받기 위해서는 절대자에게 적극적으로 의지하는 것으로 보인다. 하지만 석가모니가 제시한 연기설과 고(苦)로부터의 해방에 이르는 길 등은 기존의 종교적인 가르침과는 다르다. 여러분들이 석가모니라고 가정한다면, 신을 믿는 종교와 불교는 어떻게 다르다고 답할 수 있을까?

필자 약력

김상득

- 전북대학교 철학과 교수
- 논문: 「배아입양에 관한 윤리학적 연구」(철학연구, 2019), 「소수집단 우대조치에 관한 윤리학적연구」(동서철학연구, 2018), 「의료행위에 있어서 온정적 간섭주의의 정당화 물음」(『한국의료윤리연구』, 2017) 외 다수
- 저/역서: 『윤리학 원리』(아카넷, 2018), 『알기쉬운 윤리학』(철학과현실사, 2013), 『생명의료윤리학』(철학과현실사, 2000) 외 다수
- 〈윤리학〉, 〈정의와 사회윤리〉, 〈철학적 인간학〉 등 강의

김영례

- 전북대학교 철학과 강의초빙교수
- 논문: 「칸트철학에서 지식과 언어」(『철학논총』, 2019), 「뇌의 인지기능과 마음의 관계」(『철학논총』, 2019), 「인공지능 시대에 있어서 인간에 대한 철학적 성찰」(『철학논총』, 2018) 외 다수
- 저/역서: 『사고와 토론』(2015, 전북대학교출판문화원), 『키워드로 배우는 철학의 이해』(2015, 전북대학교출판문화원)
- 〈사고와 토론〉, 〈인문고전읽기〉, 〈논술의이론과실제〉, 〈행복론〉 등 강의

김요한

- 전북대학교 철학과 교수
- 논문: 「진화심리학의 도덕 개념에 대한 비판적 연구」(『동서철학연구』, 2019), 「아리스토텔레스 윤리학에 나타난 감정과 이성의 상관관계에 관한 연구」(『범한철학』, 2014), 「수치심 문화와 죄의식 문화」(『범한철학』, 2012)

- 저/역서: 『서양 고대 그리스와 철학』 (서광사, 2012), 『행복하려면 먼저 자유로워져라』 (매경출판, 2017)
- 〈서양고대철학〉, 〈예술철학〉, 〈사회철학〉, 〈행복론〉 등 강의

박일호

- 전북대학교 철학과 교수
- 논문: 「Confirmation Measures and Collaborative Belief Updating」 (*Synthese*, 2014), 「Correcting Credences with Chances」 (*Synthese*, 2018), 「비정밀 믿음 상태의 비정합성」 (『과학철학』, 2019) 외 다수
- 저/역서: 『입증』 (서광사, 2018), 『사고와 토론』 (전북대학교출판문화원, 2015), 『블랙홀과 시간여행』 (반디, 2015) 외 다수
- 〈과학철학〉, 〈합리적 판단과 의사결정〉, 〈사고와 토론〉 등 강의

박준호

- 전북대학교 철학과 교수, 전북대학교 혁신교육개발원장, 한국과학철학회장
- 논문: 「철학의 단일성 가정 비판-근대 일본의 "哲學"과 "形而上學"의 용어 확정을 중심으로」, (『일본어문학』, 2018), 「우연적 동일성-기바드(A. Gibbard) 반례를 중심으로」,(『범한철학』, 2017), 「토마스 쿤의 공약불가능성 논제-의미와 논증」, (『동서철학연구』, 2015), 「분석의 역설과 역설회피의 전략」 (『논리연구』, 2014), 「독단과 논증의 사이-가설의 방법」, (『동서철학연구』, 2014) 외 다수
- 저/역서: 『형이상학과 존재론』 (전북대학교출판문화원, 2017), 『철학과 형이상학』 (서광사 2013), 『심리철학(Ian Ravenscroft저)』 (서광사, 2012), 『사고와 토론』(공저) (전북대학교출판문화원, 2016) 외 다수
- 〈형이상학〉, 〈심리철학〉, 〈언어철학〉, 〈현대분석철학〉 등 강의

양은석

- 전북대학교 철학과 교수
- 논문: 「Algebraic Kripke-Style Semantics for Relevance Logics」(*Journal of Philosophical Logic*, 2014), 「Basic substructural core fuzzy logics and their extensions: Mianorm-based logics」(*Fuzzy Sets and Systems*, 2016), 「R, Fuzzy R, and Set-Theoretic Kripke-Style Semantics」(『논리연구』, 2019) 외 다수
- 저/역서: 『논리철학』(전북대학교출판문화원, 2015), 『사고와 토론』(전북대학교출판문화원, 2015), 『논리와 구조』(전북대학교출판문화원, 2014) 외 다수
- <논리학의 이해>, <현대논리학>, <실용논리> 등 강의

유지웅

- 전북대학교 철학과 강사
- 논문: 「간재 전우 성리설의 문제의식」(『퇴계학보』, 2017), 「한말 기호학계와 심설논쟁」(『한국철학논집』, 2018), 「유중교는 왜 이항로의 심설을 조보했는가」(『유교사상문화연구』, 2019) 외 다수
- 저서: 『구봉 송익필의 학문, 기호유학에서의 위상』(책미래, 2018), 『19세기 충청유학의 충후(忠厚)와 청풍(淸風)』(충남대학교 출판부, 2018) 외
- <한국고중세철학>, <철학의 이해>, <사고와 토론> 등 강의

이선

- 전북대학교 인문학연구소 학술연구교수
- 논문: 「니체의 여성적 사랑III: 진리를 사랑하는 여자들」(『철학연구』, 2019), 「니체 철학에서의 쾌와 불쾌」(『니체연구』, 2019), 「니체의 언어 비판」(『동서철학연구』, 2019) 외 다수
- 저/역서: 『탄생철학』(공역) (이학사, 2017), 『안셀름 그륀 신부의 어린왕자』(영림카디널, 2019) 외 다수

• 〈여성철학〉, 〈문화예술철학〉, 〈의철학〉,〈사고와 토론〉 등 강의

이충한

• 전북대학교 철학과 강의초빙교수
• 논문: 「본래적 공화주의와 도구적 공화주의」(『철학연구』, 2013),「정의의 차원들, 인정과 분배」(『동서철학연구』, 2017) ,「윤리적 상대주의와 이해불가능성의 긍정」(『철학논총』, 2019) 외 다수
• 저/역서: 『키워드로 배우는 철학의 이해』(전북대학교출판문화원, 2015),『성공의 시그널 밈』(전북대학교출판문화원, 2016)
• 〈행복론〉, 〈논술교수법〉, 〈사고와 토론〉 등 강의

정재민

• 원광대학교 철학과 조교수
• 논문: 「Steadfastness, Deference, and Permissive Rationality」(*Synthese* 194: 5093-5112, 2017),「Conservatism and Uniqueness」(*Philosophical Studies* 173: 2233-2248, 2016)
• 〈인식론〉, 〈논리학〉, 〈비판적 사고〉 등 강의

진성수

• 전북대학교 철학과 교수
• 논문: 「왕부지 사서학의 특징과 청대 실학으로의 전환」(『동서철학연구』, 2018),「한국 유교 현황과 현대화 전략」(『유교사상문화연구』, 2018),「무성서원의 역사적 특징과 원규」(『유학연구』, 2019) 외 다수
• 저/역서: 『중국고대사상문화의 세계』(성균관대출판부, 2008),『중국사상사 2』(일빛, 2015),

『반계 유형원과 동아시아 실학사상』(학자원, 2018) 외 다수
- 〈유가철학〉, 〈성리학〉, 〈인문고전읽기〉 등 강의

황갑연

- 전북대학교 철학과 교수
- 저/역서 :『리학 · 심학 논쟁』(저서 - 예문서원),『心體와 性體』(역서 - 소명출판사)
- 논문 :「조선성리학자의 양명학 비판 논거에 대한 비판적 성찰」(퇴계학보).「화엄 法界觀과 주희 理氣論의 異同을 통해서 본 儒佛의 교섭」(양명학)
- 〈중국고대철학사〉, 〈중국근세철학사〉, 〈동양사상의 이해〉 등 강의

철학 테마 강의

지은이 김상득, 김영례, 김요한, 박일호, 박준호, 양은석, 유지웅, 이선, 이충한, 정재민, 진성수, 황갑연
펴낸이 김동원
펴낸곳 전북대학교출판문화원

초판 1쇄 인쇄 2019. 12. 20
초판 1쇄 발행 2019. 12. 30

전북대학교출판문화원 전라북도 전주시 완산구 어진길 32 (풍남동2가)
전화 (063) 219-5321~2
FAX (063) 219-5323
출판등록 2012년 8월 20일 제465-2012-000021호

값 15,000원

ISBN 979-11-6372-065-2 03100

이 도서의 국립중앙도서관 출판예정도서목록(CIP)은 서지정보유통지원시스템 홈페이지(http://seoji.nl.go.kr)와 국가자료공동목록시스템(http://www.nl.go.kr/kolisnet)에서 이용하실 수 있습니다. (CIP제어번호 : CIP2019051344)